KB272680

인생에 한 번은 읽어야 할

사서삼경

일상과 이상을 이어주는 책 ———

일상이상

인생에 한 번은 읽어야 할
사서삼경 四書三經

ⓒ 2026, 최상용

초판 1쇄 찍은날·2026년 03월 24일
초판 1쇄 펴낸날·2026년 03월 31일
펴낸이·김종필 | 펴낸곳·일상과 이상 | 출판등록·제300-2009-112호
주소·경기도 화성시 효행구 봉담읍 와우로34번길 63 104-905
전화·070-7787-7931 | 팩스·031-225-7931
이메일·fkafka98@gmail.com
ISBN 979-11-94227-13-7 (03140)

옛글의
향기 12

인생에 한 번은 읽어야 할

사서삼경

四書三經

사서삼경, 한 권으로 핵심만 읽는다

최상용 지음

일상이상

사서삼경, 한 권으로 핵심만 읽기 위해

이 책은 필자가 그동안 단행본으로 출간하였던 사서삼경(四書三經) 완역본인 『대학·중용』, 『논어』, 『맹자』, 『시경』, 『서경』, 『주역』을 한 권으로 엮어, 그 핵심철학과 요지를 보다 간결하고 깊이 있게 전하고자 마련한 책입니다. 동서고금을 막론하고 오랜 세월 동안 지혜의 책으로 통하는 사서삼경은 동아시아 사유의 뿌리이자, 인간과 사회를 바라보는 기준을 형성해 온 고전입니다. 그러나 방대한 분량과 난해한 표현 등으로 인해, 오늘날의 독자들에게는 쉽지 않은 고전인 것이 사실입니다. 이 책은 이러한 문제를 해결하고자, 고전의 본뜻을 해치지 않으면서도 반드시 짚고 넘어가야 할 핵심만을 선별하여 한 권으로 정리하였습니다.

사서삼경은 특정 시대의 윤리나 제도를 설명하는 데 그치지 않습니다. 오늘날에도 유효한 지혜를 담은 이 책들은, '사람은 어떻게 살아야 하는가?', '무엇을 기준으로 자신과 세상을 바로 세울 것인가?' 라는 질문에 답해 주고 있습니다. 『대학』과 『중용』은 개인의 수양에서 가정과 사회, 나아가 천하에 이르기까지 삶의 질서를 체계적으로 밝히고 있습니다. 『논어』는 말과 행동, 관계의 기준을 제시하며 인간됨의 출발점을 보여주고, 『맹자』는 인간 마음의 본성과 정의란 무엇인가를 밝히고 있습니다. 또한 『시경』·『서경』·『주역(역경)』은 시적 감성과 역사의 교훈, 미래에 대비하는 힘을 키워주기도 합니다.

그런데 이 다양한 경전들은 결국 하나의 공통된 방향을 가리킵니다. 그것은 바로 자기 자신을 닦는 일, 곧 수신(修身)의 중요성을 일깨웁니다. 사서삼경은 세상을 바꾸는 가장 확실한 길이 외부에 있지 않으며, 제도나 권력 이전에 한 사람의 마음과 태도에 달려 있음을 반복해서 강조합니다. 자신을 바로 세우지 못한 상태에서 이루어낸 것들은 결코 오래가지 못하며, 수신이 바탕이 되어야 가정이 안정되고, 사회도 질서를 갖추며, 나라가 바로 설 수 있다는 지혜를 전하고 있습니다.

이 책은 오늘날의 우리에게 꼭 필요한 사서삼경의 지혜를 소개하기 위해, 핵심구절과 핵심사상만을 선별해 이야기 형식으로 풀어 썼습니다. 모든 내용을 빠짐없이 소개하기보다는, 읽는 이로 하여금 고전의 큰 흐름과 핵심을 한눈에 이해하게 하고, 필요할 때마다 다시 펼쳐 삶의 기준으로 삼을 수 있도록 구성하였습니다. 학문적 해석이나 주석을 나열하기보다는, 고전이 본래 지니고 있던 실천적 지향점과 삶의 지혜를 살리는 데에 무게를 두었답니다.

고전은 과거의 언어로 쓰였으되, 결코 과거에만 머무르지 않는 것 같습니다. 오히려 빠르게 변하고 기준이 흔들리는 시대일수록, 동서고금을 막론하고 통하는 지혜가 더욱 또렷한 방향을 제시합니다. 이 책이 독자 여러분의 지식을 넓히는 데 그치지 않고, 하루의 말과 행동을 돌아보게 하는 계기이자 지혜가 되기를 바랍니다. 또한 인간관계 속에서 흔들릴 때, 선택의 기로에서 망설일 때, 조용히 펼쳐서 마음을 가다듬을 수 있는 한 권의 벗이 되기를 소망합니다.

2026년 2월

휴심재(休心齋)에서 죽곡(竹谷) 최상용(崔桑溶)

제 1 편

대학
大學

대학(大學)

대학(大學)이란 큰 사람인 대인(大)이 될 수 있도록
학문(學)의 목표를 말하는 책

1. 『대학(大學)』 전체의 핵심내용을 압축한 경(經) 제1장

『대학(大學)』은 유가 사상의 핵심을 담고 있는 경전으로서, 자신을 수양하고 가정을 다스리며 국가를 안정시키고 마침내 천하의 평화를 이루기 위한 도리를 체계적으로 소개하고 있습니다. 이러한 『대학』 전체의 핵심사상을 압축한 부분이 바로 경(經) 제1장입니다. 비록 205자의 비교적 짧은 문장으로 구성되어 있으나, 『대학』이 말하고자 하는 도덕수양의 출발점과 궁극적 목적을 간단명료하게 담아내어, 『대학』 전편을 이해하는 데 관문과 같은 역할을 합니다.

경 제1장은 '대학의 도는 명명덕에 있으며, 백성을 새롭게 하는 데 있고, 지극한 선에 다다라 머무는 데 있다'는 문장으로 시작하여,

인간 수양의 근본 목표를 분명히 밝히고 있습니다. 이어서 격물·치지와 성의·정심을 거쳐 수신·제가, 치국·평천하에 이르기까지의 여덟 조목인 팔조목을 단계적으로 제시하는데, 이는 개인의 도덕을 완성해야 가정과 사회, 국가 질서가 확립된다는 유가적 철학을 엿볼 수 있습니다. 이러한 논리는 개인과 사회를 분리하지 않고, 도덕적 자각을 공동체 질서의 기초로 삼는 『대학』 사상의 특징을 분명하게 드러냅니다.

그런데 경 제1장은 그 의미가 매우 함축적이라서, 문자 그대로만 읽을 경우 그 깊은 뜻을 온전히 이해하기가 쉽지 않습니다. 이에 후대 유학자들은 경문의 뜻을 보다 명확히 밝히고자 전(傳) 10장을 덧붙여 상세한 해설을 덧붙였습니다. 이러한 구성과 의의를 염두에 두고, 우선 경 제1장 전체를 읽어봄으로써 『대학』이 지향하는 수양의 길과 그 사상적 의미를 살펴보고자 합니다.

첫머리에 등장하는 『대학』의 세 가지 강령인 삼강령입니다.

큰사람이 되기 위한 배움의 길은 밝은 덕(明德)을 밝히는 데 있으며, 백성들을 새롭게 하는 데 있고, 지극히 순수함(至善)에 다다라 머무는 데 있습니다.

大學之道(대학지도), 在明明德(재명명덕), 在親民(재친민), 在止於至善(재지어지선).

다음으로는 지(知)·정(定)·정(靜)·안(安)·려(慮)·득(得)에 대해 차례대로 이야기합니다.

머무름을 안 이후에야 정해짐이 있고, 정해진 이후에야 고요함을 간직할 수 있으며, 고요한 이후에야 편안해질 수 있고, 편안해진 이후에야 사려할 수 있으며, 사려한 이후에야 도(道)를 얻을 수 있습니다.

知止而後有定(지지이후유정), 定而後能靜(정이후능정), 靜而後能安(정이후능안), 安而後能慮(안이후능려), 慮而後能得(여이후능득).

이어서 사물의 본말과 종시의 이치에 대해 말합니다.

사물에는 근본과 말단이 있으며, 일에는 끝과 시작이 있는데, 그것의 선후를 알면 도에 가까워집니다.

物有本末(물유본말), 事有終始(사유종시), 知所先後(지소선후), 則近道矣(즉근도의).

다음으로 사람을 다스리는 이치인 치인(治人)에 대해 말합니다.

옛날 천하에 명덕을 밝히려 했던 사람은 먼저 자신의 나라를 잘 다스렸으며, 그 나라를 다스리려 했던 사람은 먼저 자신의 가정을 반듯하게 했고, 그 가정을 반듯하게 하려 했던 사람은 먼저 자신의 몸을 닦았으며, 그 몸을 닦으려 했던 사람은 먼저 자신의 마음을 바르게 하였고, 그 마음을 바르게 하려 했던 사람은 먼저 자신의 의지를 진실되게 하였으며, 그 의지를 진실되게 하려 했던 사람은 먼저 자신의 지혜를 이루었고, 지혜를 이루는 것은 사물을 정확히 헤아리는 데 있습니다.

古之欲明明德於天下者(고지욕명명덕어천하자), *先治其國*(선치기국). *欲治其國者*(욕치기국자), *先齊其家*(선제기가), *欲齊其家者*(욕제기가자). *先修其身*(선수기신). *欲修其身者*(욕수기신자), *先正其心*(선정기심), *欲正其心者*(욕정기심자), *先誠其意*(선성기의), *欲誠其意者*(욕성기의자), *先致其知*(선치기지), *致知在格物*(치지재격물).

이어서 자기 자신을 수양하는 것부터 시작해 천하세상을 다스리는 것까지에 이르는 여덟 단계인 팔조목에 대해 말합니다.

사물을 헤아린 이후에야 앎을 이룰 수 있고, 앎을 이룬 이후에야 의지를 진실되게 할 수 있으며, 의지를 진실되게 한 이후에야 마음이 바르게 될 수 있고, 마음이 바르게 된 이후에야 몸을 닦을 수 있으며, 몸을 닦은 이후에야 가정을 반듯하게 할 수 있고, 가정을 반듯하게 한 이후에야 나라를 다스릴 수 있으며, 나라를 다스린 이후에야 천하를 화평하게 할 수 있습니다.

物格而後知至(물격이후지지), *知至而後意誠*(지지이후의성), *意誠而後心正*(의성이후심정), *心正而後身修*(심정이후신수), *身修而後家齊*(신수이후가제), *家齊而後國治*(가제이후국치), *國治而後天下平*(국치이후천하평).

결론적으로 자신을 먼저 닦아야 한다고 강조하며 마무리 짓습니다.

천자로부터 일반 백성에 이르기까지 하나같이 모두가 수신을 근본으로 삼아야 합니다. 그 근본이 어지러운데 지엽이 잘 다스려지는 일은 없었으며, 그 후덕하게 할 것을 엷게 하고 그 엷게 할 것을 후덕하게 하는 일은 일찍이 없었답니다.

自天子以至於庶人(자천자이지어서인), 壹是皆以修身爲本(일시개이수신위본). 其本亂而末治者否矣(기본란이말치자부의), 其所厚者薄(기소후자박), 而其所薄者厚(이기소박자후), 未之有也(미지유야)!

2.『대학(大學)』의 삼강령과 팔조목에 관하여

『대학』은 유교의 사서(四書) 가운데 하나로, 수양을 통해 도덕적 완성과 사회적 조화를 이루는 길을 제시한 고전입니다. 본래『예기(禮記)』의 한 편이었으나, 송나라 주자(朱子)가 한 권의 경전으로 편집하면서 유교 윤리의 기초 교과서로 자리 잡았습니다.

『대학』의 핵심은 삼강령(三綱領)과 팔조목(八條目)으로 요약되며, 이는 개인의 도덕적 수양에서 출발하여 가정, 국가 그리고 세상의 평화를 이루는 방법을 제시하고 있습니다.

앞서 읽어보았던『대학』의 첫 문장을 다시 읽어봅시다.

큰사람이 되기 위한 배움의 길은 밝은 덕(明德)을 밝히는 데 있으며, 백성들을 새롭게 하는 데 있고, 지극히 순수함(至善)에 다다라 머무는 데 있습니다.

大學之道(대학지도), 在明明德(재명명덕), 在親民(재친민), 在止於至善(재지어지선).

이 첫 구절이 바로『대학』전체의 핵심내용인 삼강령입니다.

◆ 삼강령(三綱領)

明明德(명명덕): 인간의 본성은 본래 밝고 선하지만, 욕심과 혼탁한 마음으로 인해 그 덕이 가려집니다. '명명덕'은 마음속의 선한 본성을 깨닫고 드러내어, 자신의 인격을 밝히는 것을 뜻합니다. 즉, 수양의 출발점은 자신 안에 있는 본래의 밝음을 되찾는 데 있습니다.

親民(친민): '친민'은 문자 그대로 백성과 친해지는 것을 의미하지만, 주자는 이를 '신민(新民)', 즉 '백성을 새롭게 한다'로 해석했습니다. 자신이 닦은 덕을 세상에 널리 펼쳐, 다른 사람들도 함께 선을 추구하도록 이끄는 것을 뜻합니다. 도덕적 완성에 이르려면 개인 안에 머물지 않고 사회적 실천으로 확장되어야 한다는 의미입니다.

止於至善(지어지선): '지어지선'은 '가장 높은 선에 머문다'는 뜻으로, 인간이 도달해야 할 궁극의 목표입니다. 모든 수양과 실천은 순간적인 선행에 그치지 않고, 완전한 도덕적 경지로 나아가야 합니다. 『대학』은 '지선(至善)'이라는 절대적 선을 향해 지속적 노력해야 한다고 말합니다.

삼강령이 『대학』의 핵심내용이자 원리라면, 팔조목은 그 원리를 실천으로 옮기는 단계입니다. 『대학』에서는 "물격이후지지物格而後知至(사물이 바로 세워진 뒤에야 앎을 이룰 수 있다)"고 하여, 내면의 수양에서 시작해 세상을 다스리는 여덟 단계를 체계적으로 설명합니다.

◆ 팔조목(八條目)

格物(격물): 사물의 이치를 탐구하여 진리를 깨닫는 단계입니다. 세상의 모든 현상 속에 깃든 '이치(理)'를 바로 보고자 하는 학문의 출발점입니다.

致知(치지): 격물을 통해 얻은 앎을 완전히 다듬어 참된 지식에 이르는 단계입니다. 단순한 지식이 아니라, 도덕적 깨달음과 실천적 지혜를 말합니다.

誠意(성의): 자신의 뜻을 진실되게 하는 단계로, 거짓된 마음이나 사사로운 욕심을 버리고 정직한 의지를 세웁니다. 마음속의 불순함을 제거해야 다음 단계로 나아갈 수 있습니다.

正心(정심): 마음을 바르게 하는 단계입니다. 성의가 이루어져야 비로소 마음이 안정되고, 외부의 유혹이나 감정에 흔들리지 않게 됩니다.

修身(수신): 바른 마음을 바탕으로 자신의 몸과 행실을 닦는 단계입니다. 언행, 예절, 태도 등을 바로잡아 덕을 몸에 익히는 실천이 중심이 됩니다.

齊家(제가): 자신이 닦은 덕으로 가정을 화목하게 다스리는 단계입니다. 효도와 우애, 부부간의 도리 등을 실천하여 가족 관계를 바르게 세웁니다.

治國(치국): 가정이 바로 서면 나라를 다스릴 수 있습니다. 통치자는 사욕을 버리고 공정하게 정치를 펼쳐야 하며, 덕으로 백성을 감화시켜야 합니다.

平天下(평천하): 최종 단계는 온 세상의 평화를 이루는 것입니다. 개인의 도덕이 가정과 사회를 거쳐 세계로 확장되어 인류 전체가 조화를 이루게 됩니다.

◆ **『대학』의 철학적 의의**

『대학』은 '수신제가치국평천하(修身齊家治國平天下)'라는 사상을 통해, 개인의 도덕적 완성과 사회적 책임을 하나로 묶은 철학을 제시합니다. 삼강령은 목표와 원칙을, 팔조목은 구체적 실행 단계를 제시함으로써, 도덕의 내면화와 사회화를 동시에 강조합니다. 『대학』의 가르침은 오늘날의 리더십과 공공윤리를 확립하는 데도 유용합니다.

리더는 먼저 자신을 바로 세우고(修身), 가족과 공동체에 신뢰를 세우며(齊家), 공정과 정의로 국가를 이끌고(治國), 궁극적으로 인류 공동의 선(至善)을 추구해야 합니다. 이러한 사상은 시대가 변하더라도 변치 않는 윤리적 원리로, 자기 성찰과 사회적 책임이 조화를 이루는 삶의 방향을 제시합니다.

『대학』은 인간의 도덕적 성장과 사회적 조화의 길을 단계적으로 제시한 고전입니다. 명명덕으로 시작해 지어지선으로 마무리하는 과정은 곧 인간이 완전한 선을 향해 나아가는 여정입니다. 오늘날의 우리에게도 『대학』의 가르침은 유효합니다. 자신을 닦고, 가족과 사회에 선한 영향을 미치며, 궁극적으로 더 나은 세상을 만들어가는 것, 이것이 『대학』이 말하는 참된 수신과 배움의 길입니다.

3. 오늘날에도 유효한 수신제가치국평천하(修身齊家治國平天下)

『대학(大學)』에서 말하는 수신제가치국평천하(修身齊家治國平天下)는 유교 정치·윤리 사상의 핵심을 이루는 명제로, 개인의 도덕 수양에서 출발하여 사회와 세계의 질서로 확장되는 도덕 실천의 단계를 제시합니다. 이는 단순한 이상론이 아니라, 인간과 사회가 어떻게 안정과 조화를 이룰 수 있는지를 체계적으로 설명하는 원리입니다.

먼저 수신(修身)은 모든 단계의 출발점입니다. 수신이란 자신의 마음과 행동을 바르게 닦는 것으로, 욕심과 감정에 휘둘리지 않고 예와 도리에 맞게 자신을 절제하는 것을 뜻합니다. 『대학』에서는 격물·치지·성의·정심의 단계를 통해 수신이 완성된다고 보았습니다. 즉, 사물의 이치를 탐구하고, 올바른 앎을 갖추며, 뜻을 성실히 하고, 마음을 바르게 해야 비로소 몸가짐과 행동이 바르게 된다는 것입니다. 개인의 도덕적 성숙 없이는 그 어떤 사회적 역할도 바르게 수행할 수 없다는 점을 강조합니다.

천자로부터 일반 백성에 이르기까지 하나같이 모두가 수신을 근본으로 삼아야 합니다.

自天子以至於庶人(자천자이지어서인), *壹是皆以修身爲本*(일시개이수신위본).

다음 단계인 제가(齊家)는 수신이 가정으로 확장된 단계입니다. 가정은 인간이 처음으로 맺는 사회적 공동체이므로, 집안이 바로 서지 않으면 사회 전체도 안정될 수 없습니다. 제가란 부모와 자식, 부부, 형제간의 관계를 예에 맞게 조화롭게 유지하는 것을 의미합니다. 이는 권위를 내세워 억누르는 질서가 아니라, 수신을 통해 형성된 덕이 자연스럽게 드러나는 관계입니다. 『대학』은 집안을 다스리지 못하는 사람이 나라를 다스릴 수 없다고 보아, 가정을 정치의 기초 단위로 보았습니다.

이른바 자신의 집안을 다스림이 자신의 몸을 수양하는 데 있다고 하는 것은, 사람은 자신과 친하고 사랑하는 이에게는 애정에 치우치고, 자신이 천시하고 싫어하는 이에게는 혐오감에 치우치며, 자신이 두려워하고 존경하는 이에게는 존경심에 치우치고, 자신이 애달파하고 불쌍히 여기는 이에게는 동정심에 치우치며, 자신이 오만해하고 무례하게 여기는 이에게는 기피감에 치우칩니다. 그러므로 좋아하면서도 그 나쁜 점을 알며, 싫어하면서도 그 좋은 점을 아는 이가 천하에 드문 겁니다.

所謂齊其家在修其身者(소위제기가재수기신자), *人之其所親愛而辟焉*(인지기소친애이벽언), *之其所賤惡而辟焉*(지기소천오이벽언), *之其所畏敬而辟焉*(지기소외경이벽언), *之其所哀矜而辟焉*(지기소애긍이벽언), *之其所敖惰而辟焉*(지기소오타이벽언). *故好而知其惡*(고호이지기오), *惡而知其美者*(오이지기미자), *天下鮮矣*(천하선의)!

치국(治國)은 제가가 공적인 영역으로 확장된 단계입니다. 가정에서 덕으로 질서를 이룬 사람만이 백성을 다스릴 자격이 있습니다.

 인생에 한 번은 읽어야 할 사서삼경

치국이란 법과 제도만으로 나라를 운영하는 것이 아니라, 군주와 관리가 먼저 덕을 갖추어 백성의 신뢰를 얻는 정치를 실현하는 것입니다. 『대학』은 백성을 다스리는 근본은 재물이나 형벌이 아니라, 군주의 마음가짐과 도덕성에 있다고 보았습니다. 덕 있는 정치가 이루어지면 백성들이 자발적으로 따르게 됩니다.

이른바 "나라를 다스리려면 반드시 먼저 자신의 집안을 잘 다스려야 합니다"라고 말한 것은 자기의 집안도 가르치지 못하면서 남을 가르칠 수는 없기 때문입니다. 그러므로 군자는 집안을 다스리는 법도에서 벗어나지 않으면서 나라에 가르침을 펼칩니다. 효(孝)는 임금을 섬기는 방법이 되고, 제(弟)는 어른을 섬기는 방법이 되며, 자(慈)는 백성을 다스리는 방법이 됩니다.

所謂治國必先齊其家者(소위치국필선제기가자), 其家不可敎而能敎人者(기가불가교이능교인자), 無之(무지). 故君子不出家而成敎於國(고군자불출가이성교어국), 孝者(효자), 所以事君也(소이사군야). 弟者(제자), 所以事長也(소이사장야). 慈者(자자), 所以使衆也(소이사중야).

마지막 단계인 평천하(平天下)는 한 나라의 질서가 주변 국가와 세계로 확장되는 상태를 의미합니다. 이는 무력에 의한 지배가 아니라, 덕과 신뢰를 바탕으로 한 보편적 안정과 조화를 뜻합니다. 한 나라가 바르게 다스려지면 그 영향력이 자연스럽게 밖으로 퍼져, 온 세상이 평화로워집니다. 따라서 평천하는 수신에서 출발하는 개인의 도덕 수양이 사회와 세계의 질서로 확장되는 이치를 일깨웁니다.

이른바 "천하를 태평하게 하는 것이 그 나라를 다스리는 데에 있습니다"라고 한 것은, 임금이 노인을 노인답게 예우하면 백성들은 효도의 기풍을 일으키고, 임금이 연장자를 연장자답게 대우하면 백성들은 공경하는 기풍을 일으키며, 임금이 외로운 사람들을 따스한 마음으로 감싸안으면 백성들은 임금을 배반하지 않는다는 겁니다. 이 때문에 군자는 모든 백성의 마음을 헤아리는 도(道), 즉 혈구지도(絜矩之道)를 간직하고 있어야 합니다.

所謂平天下在治其國者(소위평천하재치기국자), 上老老而民興孝(상노노이민흥효), 上長長而民興弟(상장장이민흥제), 上恤孤而民不倍(상휼고이민불배), 是以君子有絜矩之道也(시이군자유혈구지도야).

수신(修身), 제가(齊家), 치국(治國), 평천하(平天下), 이 네 단계는 서로 분리된 것이 아니라 서로 이어집니다. 앞 단계가 무너지면 다음 단계도 성립할 수 없게 됩니다. 개인이 바로 서지 않으면 가정이 어지러워지고, 가정이 무너지면 나라가 혼란에 빠지며, 나라가 혼란하면 천하는 결코 평안해질 수 없습니다. 이는 『대학』이 정치의 문제를 제도가 아니라 인간의 도덕성에서 찾았음을 잘 보여줍니다.

오늘날에도 이 사상은 여전히 유용합니다. 개인의 윤리와 책임감이 조직과 사회에 신뢰를 형성하고, 가정이 건강해야 사회도 건강하기 때문입니다. 수신제가치국평천하는 케케묵은 사상이 아니라 오늘날에도 유효한 이치입니다.

4. 우리는 본말과 선후를 아는 삶을 살고 있는가?

『대학』은 삼서삼경 중에서도 특히 개인의 수양과 사회적 책임을 강조한 책입니다. 경(經) 제1장을 다시 읽어봅시다.

> 사물에는 근본과 말단이 있으며, 일에는 끝과 시작이 있는데, 그것의 선후를 알면 도에 가까워집니다.
> 物有本末(물유본말), 事有終始(사유종시), 知所先後(지소선후), 則近道矣(즉근도의).

이 구절은 짧지만 깊은 통찰을 담고 있습니다. 이는 고대 동양철학의 정수이자, 현대사회를 살아가는 우리에게도 여전히 유용한 삶의 이치입니다.

먼저, '물유본말(物有本末)'은 모든 사물에는 핵심과 부차적인 것이 있다는 뜻입니다. 오늘날에는 정보가 넘쳐납니다. 사람들은 본질보다는 말단적인 것, 표면적인 자극에 쉽게 끌립니다. 외모, 인기, 소비가 중요시되는 가운데, 정작 자신이 왜 살아가고 무엇을 위해 존재하는지를 돌아보는 일은 점점 줄어들고 있는 것 같습니다. '본(근본 또는 본질)'을 잃으면 삶의 중심도 흔들리게 됩니다. 반대로, 자기 삶의 근본적인 가치와 목적을 저버리지 않는 사람은 세상이 혼탁하고 어지러워지더라도 중심을 지키고 위기를 이겨낼 수 있습니다.

다음으로 '사유종시(事有終始)'는 모든 일에는 시작과 끝이 있다는 의미입니다. 이는 단순히 일의 절차를 지키라는 말이 아닙니다. 계획 없이 시작한 일은 쉽게 끝나지 못하고, 책임 없는 마무리는 오히려 해악을 남기죠. 우리의 인간관계, 업무, 학업 등 모든 영역에서 '끝맺음의 미학'이 필요합니다. 완결성을 지향하는 자세는 사람들로부터 신뢰를 얻어내고, 자신을 성장시킬 수 있습니다.

그 다음으로 '지소선후(知所先後)'는 선후, 즉 우선순위를 파악할 줄 알아야 한다는 뜻입니다. 오늘날 우리는 수많은 선택 속에 놓여 있습니다. 공부할지, 놀지를 고민하고, 돈을 벌 것인지, 건강을 챙길 것인지를 갈등합니다. 이때 가장 중요한 능력은 '지금 나에게 가장 중요한 것은 무엇인가'를 분별하는 판단력이죠. 우선순위를 명확히 하면 삶은 훨씬 단순명료해집니다. 반대로, 모든 것을 동시에 붙잡으려고 욕심을 부리면 결국 아무것도 온전히 이루지 못하게 됩니다.

이 모든 이치를 아우르는 이치는 '則近道矣(즉근도의)'에 담겨 있습니다. '이와 같이 본말과 선후를 아는 사람은 도(道), 곧 올바른 길에 가까워진다'고 말하기 때문입니다. 여기서 도(道)는 단순한 도덕이나 윤리의 길만을 의미하지 않습니다. 그것은 곧 '조화롭고 의미 있는 삶', '자신과 사회가 함께 잘 사는 길'을 뜻합니다. 이 말은 수천 년 전부터 쓰였지만, 오늘날의 우리에게도 여전히 유효합니다. 급변하는 세상일수록 본말을 분별하고, 삶의 우선순위를 재정비하는 것이 필요하기 때문입니다.

우리는 흔히 성공과 효율을 좇는 시대에 살고 있습니다. 그러나 진정한 삶의 성공은 방향을 제대로 정하고 있는가에서 시작됩니다. 『대학』의 이 구절은 우리가 방향을 잃지 않고, 어지러운 세상 속에서 올곧은 길을 걸어갈 수 있도록 이정표를 제시해 줍니다. 본질을

놓치지 않고, 과정의 질서를 지키며, 삶의 우선순위를 분별하는 것,
그 모든 것이 '도에 가까운 삶'인 것입니다.

5. 유교의 지선(至善)과 불교의 해탈(解脫)은 무엇이 다른가?

『대학』의 삼강령 중 하나인 지어지선(止於至善)은 유교적 인간관과 세계관을 집약한 개념이라 할 수 있습니다. 이를 불교에서 말하는 해탈(解脫)과 비교해 보면, 동아시아의 유교와 불교가 지향하는 궁극적 인간상이 다르다는 것을 알 수 있습니다. 두 사상은 모두 인간이 고통과 혼란을 넘어 완성된 경지에 이르는 것을 목표로 한다는 점에서 공통점을 지니고 있으나, 그 접근 방식과 이상적 인간상에는 중요한 차이가 있습니다.

『대학』에서 말하는 지어지선은 인간이 본래 지닌 밝은 덕(明德)을 완전히 실현하여, 개인과 사회가 조화로운 질서를 이루는 상태를 의미합니다. 이 경지는 개인의 내적 수양을 토대로 하지만, 궁극적으로는 가정의 화목, 국가의 안정, 천하의 평화를 지향합니다. 즉, 지어지선은 인간이 사회적 관계 속에서 도덕적 책임을 다함으로써 선을 완성하는 것이라 할 수 있습니다. 이때의 선은 천리(天理)에 합치되는 도덕적 기준이며, 현실세계에서 구현되어야 할 가치입니다.

반면 불교의 해탈은 생로병사와 번뇌로 가득한 윤회의 굴레에서 벗어나는 것을 궁극적 목표로 삼습니다. 해탈은 무명(無明)과 집착에서 벗어나 모든 존재가 공(空)하다는 진리를 깨달아야 이를 수 있습니다. 이는 자아에 대한 집착을 버리고 고통의 원인을 제거하는 과정이며, 사회적 역할이나 도덕적 규범 이전에 존재의 본질을 통찰하는 데 초점이 맞추어져 있습니다. 따라서 해탈은 현실세계의 질서를 완성하기보다는, 인간세계를 초월한 자유의 경지로 나아가는 것을 이상으로 삼는다고 할 수 있습니다.

이러한 차이는 인간관에서도 분명히 나타납니다. 유교에서 인간은 본래 선한 가능성을 지닌 존재이며, 수양을 통해 그 덕을 확충하고 사회 속에서 구현해야 할 책임을 지닙니다. 지어지선에 이르는 인물은 도덕적으로 훌륭한 사람이며, 공동체를 이끄는 역할을 수행합니다. 반면 불교에서 인간은 무상하고 집착하기 쉬운 존재이며, 수행의 목적은 '어떠한 존재가 되는가'보다는 '집착에서 얼마나 자유로워지는가'에 있다고 볼 수 있습니다. 해탈의 경지에 이르는 사람은 더 이상 세속적 가치에 얽매이지 않는 존재가 됩니다.

그런데 두 사상은 완전히 대립하기보다는 상호보완적인 면도 있습니다. 지어지선이 외면적 질서와 내면적 도덕의 조화를 추구한다면, 해탈은 그 내면을 더욱 근원적인 차원에서 비우고 자유롭게 합니다. 실제로 동아시아에서는 유교적 도덕을 실천하는 삶을 추구하는 동시에 불교적 성찰이 더해져, 현실 참여와 내적 초월을 동시에 추구하는 사상이 전개되기도 하였습니다.

결론적으로 『대학』의 지어지선과 불교의 해탈은 각각 현실세계에서 도덕적 완성과 존재의 자유를 지향하는 이상이라 할 수 있습니다. 지어지선이 '어떻게 살아야 하는가'에 대한 답이라면, 해탈은 '어떻게 집착에서 벗어날 것인가'에 대한 답이라 할 수 있으며, 이 두 질문은 인간 삶의 서로 다른 차원을 비추는 중요한 사상적 좌표라고 생각됩니다.

6. 『대학(大學)』의 명덕(明德)과 『중용(中庸)』의
   성(性)은 무엇이 다른가?

◆ 유교의 핵심은 명덕과 성

『대학』과 『중용』은 『예기(禮記)』에서 분리되어 유학의 근본 경전으로 자리 잡았습니다. 두 경전은 모두 인간의 도덕적 본성과 그것을 실현하는 방법을 다루고 있지만, 그 접근 방식에는 차이가 있습니다.

『대학』은 수양과 실천의 도덕철학에 중점을 두고, 『중용』은 존재론적 근원으로서의 인간 본성을 탐구합니다. 『대학』의 첫 구절이자 핵심 구절인 '대학지도, 재명명덕(大學之道, 在明明德)'과 『중용』의 첫 구절이자 핵심 구절인 '천명지위성(天命之謂性)'은 모두 인간 도덕성의 근원을 밝히는 말이지만, 그 방향은 각각 '도덕의 발현 과정 탐구'와 '도덕의 근원 규정'으로 차이가 있습니다.

이 두 개념을 비교함으로써, 유교가 말하는 인간 이해의 두 축, 즉 본연의 덕성(性)과 그 덕을 드러내는 실천(明德)이 어떻게 서로를 완성시키는지를 이해할 수 있습니다.

◆ 『대학』의 명덕(明德)은 인간 내면 깊숙이 깃들어 있는 선한 본성의 빛

『대학』의 삼강령 중에서 처음으로 나오는 명명덕(明明德)은 『대학』 전체를 아우르는 핵심입니다. '명덕(明德)'이란 인간에게 본래 내재된 도덕적 광명, 즉 선한 본성의 빛을 뜻합니다. 이것은 외부로부터 주어지는 덕이 아니라, 인간 내면 깊숙이 깃들어 있는 천리(天理)가 발현된 것입니다.

주자(朱子)는 『대학장구(大學章句)』에서 "명덕은 본래 사람에게 구비된 덕의 밝음이요, 명명덕이라 함은 그 덕을 다시 밝게 하는 것"이라고 하였습니다. 즉, '명덕'은 하늘이 인간에게 부여한 본래의 밝음이고, '명명덕'은 그 본래의 밝음을 스스로 닦아 다시 드러내는 행위를 뜻합니다. 이때 '명(明)'이 두 번 반복된 이유는, 덕이 본래 밝더라도 인간의 욕망과 사사로운 생각으로 인해 그 빛이 가려지기 때문에 다시 밝혀야 한다는 겁니다.

따라서 수양이란 곧 가려진 본성의 빛을 회복하는 과정, 즉 '자기의 명덕을 다시 밝히는 일'이라 할 수 있습니다. 『대학』은 수양을 구체적으로 실천하는 단계를 제시합니다. '격물(格物) → 치지(致知) → 성의(誠意) → 정심(正心) → 수신(修身) → 제가(齊家) → 치국(治國) → 평천하(平天下)'의 여덟 단계가 그것입니다.

이는 내면의 밝음을 확충하여 사회와 천하로 확장시키는 도덕의 실천을 단계적으로 제시한 것이며, '명덕'의 빛이 개인에서 사회로 퍼져 나가는 과정이기도 합니다. 결국 『대학』의 명덕은 '인간 내면의 도덕적 근원'을 전제하되, 그것의 실천을 통해 밝히는 윤리적 행위에 초점을 둡니다.

◆ 「중용」의 성(性)은 하늘이 부여한 도덕적 본성

반면 『중용』은 인간의 덕성을 보다 근원적 차원에서 규정합니다. 첫 구절을 살펴봅시다.

하늘이 명한 것을 본성(性)이라 하고, 본성을 따르는 것을 도(道)라

하며, 도를 닦는 것을 교(教)라 합니다.

天命之謂性(천명지위성), *率性之謂道*(솔성지위도), *修道之謂教*(수도지위교).

여기서 '성(性)'은 하늘이 인간에게 부여한 것이며, 천명(天命)이라 합니다. 즉, 인간의 본성은 스스로 만든 것이 아니라, 하늘(天)의 명(命)인 우주의 근원적 원리에서 비롯된 것이라는 것입니다.

이 구절은 『중용』의 형이상학적 특성이 반영된 것입니다. 천(天)은 만물의 근원이며, 그 천의 명령이 만물 속에서 각기 성(性)으로 드러납니다. 따라서 인간의 성은 단순한 심리적 성향이 아니라, 하늘의 도(道)가 인간에게 구현된 형상, 즉 도덕적 존재로서의 인간 본체를 의미합니다. 맹자(孟子)가 '인간의 본성은 선하다(인성지선야 人性之善也)'고 한 바와 같이, 『중용』의 성(性) 역시 인간은 본래 선하다는 것을 전제로 합니다.

그러나 『중용』은 단순한 선악의 문제를 넘어, 인간의 성을 하늘과의 일체적 관계 속에서 이해합니다. 따라서 성을 따르는 것(率性)은 곧 도(道)를 행하는 것이며, 그 도를 닦는 것(修道)이 교육(教)의 본질이라고 합니다. 이는 인간의 도덕적 행위는 단지 사회적 규범을 실천하는 것이 아니라, 천명에 부합하는 존재로서 자기완성에 이르는 과정임을 뜻합니다.

◆ 명덕과 성은 상호보완적

『대학』의 명덕과 『중용』의 성은 다음과 같은 차이가 있습니다. 『대학』의 명덕은 실천적·윤리적이며, 『중용』의 성은 존재론적·형이상학적입니다. 『대학』의 명덕은 인간 내면의 덕성에서 비롯된 반면에 『중용』의 성은 하늘이 부여한 천명에서 비롯되고, 『대학』이 추구하는 인간상은 스스로 밝히는 주체적 인간이고, 『중용』이 추구하는 인간상은 천리와 합일하는 존재적 인간이죠. 『대학』의 목표는 명덕을 밝힘으로써 지선(至善)에 이르고자 하며, 『중용』의 목표는 성을 따름으로써 천도(天道)에 합일하고자 합니다.

즉, 『중용』이 '하늘이 인간에게 부여한 성'을 말한다면, 『대학』은 '그 성을 발현하는 인간의 노력'을 말합니다. 전자는 본체론(本體論)의 관점에서 인간의 도덕적 근거를 밝히고, 후자는 실천론(實踐論)의 관점에서 그 본성을 현실 속에서 구현하려 합니다. 따라서 두 개념은 서로 대립하지 않으며, 오히려 상호보완적입니다. 하늘로부터 부여받은 성(性)이 없다면 명덕(明德)을 밝힐 근거도 없으며, 명덕을 밝히는 실천이 없다면 성 또한 현실 속에서 드러날 수 없습니다. 결국 명덕은 성이 발현된 것이며, 성은 명덕의 근원이라 할 수 있습니다.

◆ 성명지학(性命之學), 성(性)을 다함으로써 명(命)을 아는
　성인의 경지에 이르다

『대학』과 『중용』의 사상은 결국 한 방향을 향합니다. 인간의 도덕적 본성은 하늘로부터 비롯되었고, 그 본성을 스스로 닦아 밝히는 것이 인간의 길(道)이라는 것입니다. 『중용』이 인간의 성을 통해 천인합일(天人合一)을 형이상학적으로 제시하였다면, 『대학』은 그 합일에 이르게 하는 수양과 실천의 단계를 구체적으로 제시하였습니다.

따라서 『중용』의 '천명지위성'은 도덕의 근원을 밝히는 선언이며,

『대학』의 '재명명덕'은 그 도덕의 실현 과정을 제시하는 실천 지침이라 할 수 있습니다. 이 두 개념이 합쳐질 때, 유교의 도덕철학은 완성됩니다. 하늘이 부여한 본성을 인간 스스로의 노력으로 드러내어, 천도(天道)와 인도(人道)가 하나로 통하는 천인합일의 상태, 이것이 곧 유학이 말하는 성명지학(性命之學)이며, '성(性)을 다함으로써 명(命)을 아는' 성인의 경지입니다.

결국, 『중용』의 성(性)은 도덕적 존재의 근본이며, 『대학』의 명덕(明德)은 그 근본을 현실에서 밝히는 실천입니다. 이 두 사상이 하나로 이어져 완전한 인간의 길을 제시하는데, 유학의 본체와 작용, 즉 체용일원(體用一原)의 사유가 두 경전 속에 온전히 나타나 있습니다.

7. 날마다 새로워지고 또다시 날로 새로워져야 한다

『대학』 전(傳) 제2장은 다음과 같은 문장으로 시작됩니다.

탕왕이 세숫대야에 글귀를 새겨 "진실로 나날이 새롭게 하려거든 날마다 새로워지고, 또다시 날로 새로워져야 합니다"라고 말했습니다.
湯之盤銘曰(탕지반명왈): 苟日新(구일신), 日日新(일일신), 又日新(우일신).

이 문장은 중국 고대 성왕(聖王)인 상(商)나라 탕왕(湯王)이 세숫대야에 새겨 두었다고 전해지는 글귀입니다. 이 문장은 개인의 도덕적 수양에서 국가 경영에 이르기까지 필요한 핵심 원리를 담고 있어 오늘날에도 깊은 교훈을 줍니다.

먼저 문장의 의미를 살펴보면, "구일신(苟日新)"은 '진실로 나날이 새롭게 하려거든'이라는 뜻이며, '일일신(日日新)'은 '날마다 새로워지고', '우일신(又日新)'은 '또다시 날로 새로워져야 한다'는 뜻입니다. 즉, 한 번의 변화나 일시적인 개선에 그치지 않고, 날마다 끊임없이 새로워지려는 반복적인 갱신의 태도를 강조하는 말입니다. 여기서 '새로움'은 외적인 변화나 지식의 축적을 뜻하는 것이 아니라, 마음가짐과 행실, 도덕적 기준을 포함한 전인적 쇄신을 의미합니다.

이 구절은 수기치인(修己治人), 즉 자신을 닦아 세상을 다스린다는 유교 정치철학과 연결됩니다. 군주든 일반 백성이든 먼저 스스로를 성찰하고, 잘못된 습관과 태도를 끊임없이 고쳐야만 가정이 바로 서고, 나아가 국가와 천하가 안정될 수 있다는 논리입니다. 탕왕은 이 문구를 일상적으로 사용하는 세숫대야에 새겼는데, 도덕적 자기 혁신은 특별한 순간뿐만 아니라 날마다 일상에서 실천해야 한다는 교훈을 건넵니다.

이 구절은 오늘날에도 시사하는 바가 매우 큽니다. 첫째, '날마다 새로워진다'는 우리 개개인에게 자기계발과 성찰의 핵심 원칙이 될 수 있습니다. 빠르게 변화하는 사회 속에서 과거의 성취나 기존의 사고방식에 안주한다면 곧 정체와 퇴보로 이어지기 쉽습니다. 따라서 자신의 생각과 행동을 매일 점검하고, 어제의 자신보다 조금이라도 나아지려고 노력해야 한다고 이 문장은 분명히 일깨워줍니다.

둘째, 조직과 국가 등을 운영하는 경우에도 중요한 교훈을 제공합니다. 제도와 정책, 관행이 한때는 효과적이었을지라도 환경이 변하면 낡은 것이 될 수 있습니다. '일일신(日日新), 우일신(又日新)'은 기존의 방식을 끊임없이 재검토하고, 시대의 요구에 맞게 개선해 나가야 함을 강조합니다. 이는 혁신을 단발성 이벤트가 아닌 지속적 과정으로 이해해야 한다는 점에서 현대의 경영과 행정에도 깊이 적용될 수 있습니다.

마지막으로, 이 구절은 변화의 기준이 외부의 유행이나 타인의 평가가 아니라, 자신의 도덕적 기준과 성찰에 달려 있음을 일깨워주고 있습니다. 진정한 새로움은 남과 비교하는 것이 아니라 어제의 자신을 넘어서는 데서 비롯됩니다. 오늘날 개인과 사회 모두가 되새길 만한 지혜라 할 수 있겠습니다.

요컨대 '구일신(苟日新), 일일신(日日新), 우일신(又日新)'은 끊임없는 자기 혁신을 통해 개인의 완성과 사회의 안정에 이르는 길을 제시

하는 구절입니다. 시대를 초월해 여전히 유효한 실천적 가르침을
담고 있습니다.

8. 마음수양의 여섯 단계인

지(知)→정(定)→정(靜)→안(安)→려(慮)→득(得)에 관하여

『대학』「경일장(經一章)」에 나오는 구절을 살펴봅시다.

머무름을 안 이후에야 정해짐이 있고, 정해진 이후에야 고요함을 간직할 수 있으며, 고요한 이후에야 편안해질 수 있고, 편안해진 이후에야 사려(思慮)할 수 있으며, 사려한 이후에야 도(道)를 얻을 수 있습니다.

지지이후유정(知止而後有定), 정이후능정(定而後能靜), 정이후능안(靜而後能安), 안이후능려(安而後能慮), 여이후능득(慮而後能得).

이 구절은 수양(修養)과 실천이 단계적으로 완성되어 가는 과정을 매우 체계적으로 설명했습니다. 인간이 올바른 삶의 경지에 이르기 위해 거쳐야 할 내면 수양의 순서와 논리를 보여줍니다.

먼저 「知止而後有定(지지이후유정)」은 "머물러야 할 바를 안 뒤에야 뜻이 정해진다"는 뜻입니다. 여기서 '지(止)'는 단순히 멈춘다는 의미가 아니라, 사람이 삶에서 반드시 도달해야 할 궁극적 목표와 기준을 가리킵니다. 『대학』에서는 그 '지(知)'를 삼강령인 명명덕(明明德)·친민(親民)·지어지선(止於至善)이라 하였습니다.

즉, 인간이 어디를 향해 살아야 하는지를 분명히 알 때, 비로소 마음이 흔들리지 않고 확고한 방향성(定)을 갖게 된다는 의미입니다.

다음으로 「定而後能靜(정이후능정)」은 "뜻이 정해진 뒤에야 마음이 고요해질 수 있다"는 뜻입니다. 목표와 기준이 분명하지 않으면 사람의 마음은 외물에 쉽게 흔들립니다. 그러나 삶의 방향이 확실히 정해지면, 외부의 유혹이나 혼란 속에서도 마음이 요동하지 않게 됩니다. 이 단계의 '정(靜)'은 아무 생각이 없는 상태가 아니라, 분별력을 지닌 안정된 고요함을 의미합니다.

이어서 「靜而後能安(정이후능안)」은 "마음이 고요해진 뒤에야 편안해질 수 있다"는 뜻이죠. 고요함은 아직 노력의 상태이지만, 그 고요함이 지속되면 마음 깊은 곳에서 자연스러운 안정과 평안이 생겨납니다. 이때의 '안(安)'은 상황에 따라 변하는 감정적 편안함이 아니라, 외부 환경이 바뀌어도 쉽게 무너지지 않는 내적 평형 상태를 가리킵니다.

그 다음은 「安而後能慮(안이후능려)」입니다. "마음이 편안해진 뒤에야 깊이 생각할 수 있다"는 뜻입니다. 마음이 불안하거나 동요하면 사물의 본질을 제대로 판단할 수 없습니다. 반대로 내면이 안정되면, 이해관계나 감정에 치우치지 않고 사리를 깊고 정확하게 숙고(慮)할 수 있습니다. 여기서의 '려(慮)'는 계산이나 꾀가 아니라, 도리에 맞는 올바른 판단을 위한 성찰을 의미합니다.

마지막으로 「慮而後能得(여이후능득)」은 "깊이 생각한 뒤에야 얻을 수 있다"는 뜻입니다. 앞선 모든 수양의 과정을 거쳐 이루어진 숙고는 올바른 결론과 실천으로 이어지며, 그 결과로 참된 성취와 깨달음을 몸소 얻는 體得(체득)을 하게 된다는 겁니다. 이때 '득(得)'은 단순한 성공이나 이익이 아니라, 도덕적 완성과 삶의 조화로운 결과를 뜻합니다.

이 여섯 단계는 서로 분리된 것이 아니라, 앞 단계가 제대로 이루어져야만 다음 단계로 나아갈 수 있는 필연적이고 논리적인 수양의 흐름을 이룹니다. 『대학』은 이를 통해 학문과 정치, 개인의 수양이 모두 마음의 올바름에서 출발한다는 점을 강조합니다.

결국 「지지이후유정」에서 「여이후능득」에 이르는 과정은 인간이 목표를 바로 세우고, 마음을 안정시키며, 깊은 사유를 통해 올바른 실천에 도달하는 길을 제시한 것으로, 오늘날에도 자기 성찰과 인격 수양의 지침이 된다고 할 수 있습니다.

큰 大(대) 는 사람이 두 팔다리를 활짝 벌리며 서 있는 모습을 정면에서 바라보아 본뜬 상형글자랍니다. 『설문(說文)』에서는 "하늘도 크고 땅도 크며 사람 또한 크다. 사람의 모양을 본떴다"고 하였습니다. 갑골문의 자형은 두 팔과 다리를 벌리고 서 있는 사람을 정면에서 바라본 모양을 그린 것으로, 최대한 몸체를 크게 한 모양에서 '크다'는 뜻이 되었답니다.

배울 學(학) 은 양손으로 잡을 국(臼)과 효 효(爻) 그리고 덮을 멱(冖)과 아들 자(子)로 구성되었습니다. 국(臼)은 자형의 밑변이 떨어져 있는 것으로 양손으로 뭔가를 잡고 있는 모양을 상형한 것이죠. 효(爻)에 대해 허신은 『설문(說文)』에서 "爻는 교차한다는 뜻이다. 易(역) 六爻(육효)의 앞머리가 교차하는 것을 본떴다"고 하였습니다. 고문의 그림에서는 점을 치거나 숫자를 셀 때 썼던 산가지가 흩어져 있는 모양인데, 여기서는 사물의 이치를 밝힌 책을 뜻한답니다. 冖(멱)은 천이나 수건 등으로 어떤 물건을 덮은 모양을 본뜬 것인데, 여기서는 건물의 지붕 모양이 변한 모양이죠. 자(子)는 강보에 싸인 아기를 본뜬 상형글자로 머리와 두 팔 그리고 하나의 다리로 묘사하고 있습니다. 다리를 하나로 그린 것은 아직 서서 걷지 못하는 '갓난아이'

임을 나타내려 한 것이죠. 본뜻은 그러하였지만, 보통 장성하지 않은 아이들을 총칭하게 되었답니다. 따라서 학(學)의 전체적인 의미는 서당과 같은 건물(宀)에서 아이들(子)이 양손(臼)으로 책(爻)을 펼치고 사물의 이치를 '배우다', '깨치다'의 뜻을 지니게 되었답니다.

대학(大學)이란 큰 사람인 대인(大)이 될 수 있도록 학문(學)적 지향점을 논술한 책이랍니다.

제 2 편

중용
中庸

중용(中庸)

중용(中庸)이란 어느 한쪽으로 치우침 없이
중간자(中)적 입장의 떳떳한(庸) 도리를 논술한 책

1. 『중용(中庸)』의 구성 및 내용과 천명지위성에 관하여

『중용(中庸)』은 유교 경전 중 하나로 『예기(禮記)』의 한 편으로 여겨 졌지만, 주자(朱子)가 이를 『논어(論語)』, 『대학(大學)』과 함께 삼경(三經)의 하나로 격상시켜 '삼서(三書)'의 반열에 올렸습니다. 공자의 손자인 자사(子思)가 저술한 것으로 전해지며, 인간이 삶에서 실천해야 할 도(道)를 깊이 있게 다룬 철학서이죠. 『중용』은 총 33장으로 구성되어 있으며, 그 중심 주제는 제목 그대로 '중용(中庸)의 도를 어떻게 인식하고 실천할 것인가'입니다.

◆ 『중용』의 구성 및 내용

『중용』의 구성은 다음과 같습니다.

1~4장은 중용의 정의 및 우주론적 기초를 다룹니다. 1장의 첫 구절은 다음과 같습니다.

하늘이 명한 것을 본성(性)이라 하고, 본성을 따르는 것을 도(道)라 하며, 도를 닦는 것을 교(敎)라 합니다.

天命之謂性(천명지위성), *率性之謂道*(솔성지위도), *修道之謂敎*(수도지위교).

이 문장에는 중용 사상의 전체 골격이 드러납니다. 인간의 본성은 하늘이 부여한 것이며, 이 본성을 따르는 것이 도(道)이고, 도를 닦는 것이 교(敎)임을 밝히죠.

2장에서는 중(中)과 화(和)의 개념을 통해, 감정이 일어나지 않은 상태를 중이라 하고, 감정이 적절히 표현되어 조화를 이루는 상태를 화라고 합니다.

3~4장은 하늘과 인간, 자연의 질서와 인간의 도덕적 삶이 어떻게 조화를 이루는지를 설명합니다.

5~20장은 성인의 모범과 중용의 실천사례를 소개합니다. 이 부분에서는 성인(聖人)이 어떻게 중용을 실천하는지를 구체적인 예시를 통해 설명합니다. 요순(堯舜), 문무(文武)와 같은 고대 성왕의 덕행이 언급되며, 중용의 도가 일상생활과 정치에 어떻게 구현되는지를 서술합니다. 또한 '誠(성)'이라는 개념이 강조되며, 중용을 실천하려면 진실성과 도덕적 완성이 이루어져야 한다고 말합니다.

공자께서 말씀하기를 "순임금은 큰 효자이셨습니다. 덕을 갖추어 성인이 되셨고, 존경을 받아 천자가 되셨으며, 부유하기로는 천하를 소유하셨습니다. 그래서 종묘에서는 그에게 제사를 지냈고, 자손들이 이를 보존했습니다."

子曰(자왈): 舜其大孝也與(순기대효야여)! 德爲聖人(덕위성인), 尊爲天子(존위천자), 富有四海之內(부유사해지내). 宗廟饗之(종묘향지), 子孫保之(자손보지).

21~33장은 誠(성)의 철학을 논합니다. 인간의 도덕적 실천이 우주적 질서와 연결되어 있음을 강조하며, 성(誠)은 인간이 도달해야 할 도덕의 경지이자, 하늘의 도인 천도(天道)와 일치하는 경지라고 말합니다. 25장의 한 구절을 살펴봅시다.

성(誠)은 만물의 끝이면서 시작이며, 진실하지 않으면 만물이 존재할 수 없습니다. 이 때문에 군자는 진실함을 귀중히 여기는 겁니다.

誠者物之終始(성자물지종시), 不誠無物(불성무물). 是故君子誠之爲貴(시고군자성지위귀).

천하의 만물은 모두가 진실한 이치에 의해 이루어지기 때문에 반드시 이러한 이치를 얻은 뒤에야 만물은 존재할 수 있습니다. 그러나 얻은 이치가 이미 소진되면 이 사물 또한 존재하지 못합니다. 그러므로 사람의 마음에 하나라도 진실하지 못함이 있으면 비록 살아 있더라도 살아 있지 않는 것과 같기에 군자는 반드시 진실함을 귀중하게 여겨야 합니다. 사람의 마음에 진실하지 못한 것이 없어야만 스스로 이룰 수 있으며, 나에게 있는 도(道) 또한 행해지지 아니함이 없게 됩니다.

이러한 가르침을 담아낸 『중용』은 중과 화, 성과 도의 개념을 통해 인간이 어떻게 도덕적 완성을 향해 나아갈 수 있는지를 보여주며, 철학적 깊이를 갖춘 인간론을 서술하고, 우주론적 사유체계로 구성되어 있습니다.

◆ 천명지위성(天命之謂性)에 대하여

『중용』 제1장은 다음과 같은 구절로 시작됩니다.

하늘이 명한 것을 본성(性)이라 하고, 본성을 따르는 것을 도(道)라 하며, 도를 닦는 것을 교(敎)라 합니다.
天命之謂性(천명지위성), 率性之謂道(솔성지위도), 修道之謂敎(수도지위교).

이 문장은 중용사상의 철학적 기초를 이루는 핵심으로, 다음과 같은 세 가지 개념을 포함합니다.

천명지위성(天命之謂性)

'천명지위성(天命之謂性)'은 '인간의 본성은 하늘(天)이 부여한 명령(命), 즉 우주적 질서에 따라 주어진 것'이라는 뜻입니다. 이는 인간의 본성이 선(善)하다는 맹자의 성선설(性善說)과 연결되며, 도덕성은 인간 내부에 본래 내재해 있다는 것을 의미합니다. 하늘이 부여한 명령은 곧 도덕적 가능성의 근원이며, 이는 인간이 스스로 만든 것이 아니라 자연법칙처럼 주어진 것입니다.

솔성지위도(率性之謂道)

'솔성'이란 본성을 따르는 것을 뜻합니다. 다시 말해, 인간은 자기 본성대로 살아갈 때 도(道), 즉 올바른 삶의 길을 걷게 된다는 겁니다. 이때의 도는 추상적 개념이 아니라 구체적이고 실천적인 삶의 태도와 방향을 의미합니다.

수도지위교(修道之謂□)

인간은 본성을 따르는 삶의 길(道)을 열심히 닦아야 합니다. 이때의 교육(教)은 단순한 지식 전달이 아니라 도덕적 수양과 인격 완성을 위한 수단입니다. 이는 인간이 단순히 본성을 따라 사는 것을 넘어서, 지속적인 수양과 실천을 통해 본성을 완전히 실현해야 함을 의미합니다.

결국, 천명지위성은 인간의 도덕적 능력의 천부성(天賦性)을 강조하는 동시에, 이러한 본성을 실현하기 위해서는 노력과 교육이 필요하다고 주장합니다. 이것은 단순한 운명론이 아니라 도덕적 주체로서의 인간을 전제하는 유교적 인간관의 핵심이죠.

◆ 『대학』의 명명덕(明明德)과 『중용』의 천명지위성(天命之謂性)

『대학(大學)』은 유학에서 수기치인(修己治人)의 원리를 중심으로 하는 수양론적 고전이며, 그 첫 구절에서 유학적 수양과 정치의 목적을 세 가지로 정리합니다.

큰사람이 되기 위한 배움의 길은 밝은 덕(明德)을 밝히는 데 있으며, 백성들을 새롭게 하는 데 있고, 지극히 순수함(至善)에 다다라 머무는 데 있습니다.
大學之道(대학지도), 在明明德(재명명덕), 在親民(재친민), 在止於至善(재지어지선).

여기서 '명명덕(明明德)'은 『대학』의 핵심 개념 중 하나입니다. '명덕(明德)'은 본래 인간이 타고난 도덕적 덕성(德性), 즉 하늘로부터 받은 선한 본성을 뜻합니다. 이를 '밝힌다(明)'는 것은, 본래 밝은 덕을 다시 드러내고 실현한다는 의미이며, 이는 곧 자아 수양과 인격 완성을 통해 덕성을 실현하는 것입니다.

이러한 맥락에서 볼 때, 『중용』의 '천명지위성'과 『대학』의 '명명덕'은 서로 밀접하게 연결됩니다. 『중용』의 천명지위성은 인간이 본래 하늘로부터 받은 도덕적 본성을 강조하는데, 이는 『대학』의 명덕과 본질적으로 동일하다고 볼 수 있습니다.

'천명지위성' 다음에 나오는 '솔성지위도'는 『대학』에서 말하는 명덕을 드러내기 위한 구체적 실천의 길, 곧 격물치지(格物致知) 등의 방법론과 통합니다.

다음으로 '수도지위교'는 『대학』에서 말하는 '수신제가치국평천하'의 실천 단계와 맥을 같이하며, 개인의 수양을 통해 사회와 세계의 조화를 추구하는 유교적 이상을 공유한다고 할 수 있습니다.

결국 『중용』과 『대학』은 모두 인간의 본성에 대한 이해를 바탕으로 하며, 개인의 내면 수양과 사회적 실천을 통해 도덕적 완성과 이상적 사회 구현을 목표로 합니다. 『중용』이 보다 철학적이고 존재론적 깊이를 갖춘 반면, 『대학』은 그 철학을 구체적이고 실천적인 방법론으로 제시하는 점에서 상호보완적인 관계를 형성한다고 볼 수 있습니다.

결론적으로 말해, 『중용』의 '천명지위성'은 인간의 도덕성과 존재의 본질에 대한 유교적 해석의 정수로, 하늘로부터 부여받은 선한 본성과 그것을 실현하기 위한 인간의 자각적 노력을 강조합니다. 『대학』의 '명명덕'은 이러한 본성을 인식하고 드러내며 실천함으로써 인간이 도덕적 존재로 거듭나고, 더 나아가 사회를 바르게 이끌 수 있다는 이상을 담고 있습니다. 이 두 경전은 인간의 도덕적 성장과 사회적 책임을 아우르는 유교철학의 핵심을 공유하고 있으며, 서로의 이론과 실천을 유기적으로 연결함으로써 유학의 전체 구조를 구성한다고 볼 수 있습니다.

2. 생이지지, 학이지지, 곤이지지

'생이지지(生而知之), 학이지지(學而知之), 곤이지지(困而知之)'는 인간이 어떻게 '앎'에 이르게 되는가를 설명하는 『중용(中庸)』의 세 가지 길이라 할 수 있습니다. 이는 단순히 지적 능력의 높고 낮음을 가르는 구분이 아니라, 인간이 배움을 통해 자신을 완성해 가는 방식의 중요성을 드러내는 개념이죠. 이를 통해 앎의 본질과 배움의 의미를 동시에 성찰할 수 있습니다.

어떤 사람은 태어나면서부터 이(達道)를 알고, 어떤 사람은 배워서 이를 알고, 어떤 사람은 어렵게 힘써서 이를 알지만, 그 앎에 이르러서는 한가지입니다. 어떤 사람은 이(達道)를 편안하게 행하고, 어떤 사람은 이롭게 여겨 이를 행하며, 어떤 사람은 억지로 힘써 이를 행하지만 그 성공에 이르러서는 한가지입니다.

或生而知之(혹생이지지), 或學而知之(혹학이지지), 或困而知之(혹곤이지지), 及其知之一也(급기지지일야). 或安而行之(혹안이행지), 或利而行之(혹리이행지), 或勉强而行之(혹면강이행지), 及其成功一也(급기성공일야).

생이지지(生而知之)는 태어날 때부터 이미 아는 상태를 뜻합니다. 여기서 말하는 앎은 감각적 정보나 경험적 지식이 아니라, 사물의 이치와 도덕적 원리를 직관적으로 파악하는 능력입니다. 이러한 앎은 학습이나 경험 이전에 이미 주어져 있으며, 노력 없이 자연스럽게 드러납니다. 공자는 생이지지를 가장 높은 경지로 보았는데, 현실에서는 거의 존재하지 않는 이상적인 인간상으로 보았습니다. 이는 인간이 도달해야 할 앎의 완성 상태를 상징하는 개념입니다.

학이지지(學而知之)는 배우고 익힘을 통해 앎에 이르는 방식이죠. 이는 대부분의 인간에게 해당하는 방식이며, 유가 사상에서 가장 중요하게 다루어지는 배움의 방식입니다. 학이지지에서의 앎은 타인의 가르침, 독서, 사유, 반복적인 실천을 통해 차츰차츰 형성됩니다. 이 과정에서 형성되는 지식은 단순한 정보의 축적이 아니라, 이해와 성찰을 통해 자신의 삶 속에서 의미를 갖는 앎으로 전환됩니다. 유가는 배움을 통해 인간이 도덕적으로 성장할 수 있다고 보았는데, 학이지지는 노력과 태도를 통해 누구나 도달할 수 있습니다.

곤이지지(困而知之)는 삶의 곤란과 실패, 고통을 겪은 뒤에야 비로소 알게 되는 단계입니다. 이는 시행착오와 좌절을 통해 얻게 되는 앎으로, 가장 늦게 도달하는 방식이죠. 공자는 이를 세 단계 중 가장 낮은 것으로 분류했지만, 그 가치를 부정하지는 않았답니다. 오히려 곤이지지에서 얻게 되는 앎은 몸으로 체득된 것이기에 실천적 깊이가 보다 크답니다. 중요한 것은 역경 자체가 아니라, 역경 속에서 배우려는 태도라 할 수 있습니다. 배우지 않으면 역경에 빠지고, 역경 속에서도 배우면 결국 앎에 이를 수 있다는 점에서 곤이지지는 배움의 가능성을 끝까지 열어 둔 개념이죠.

이 세 가지에서 핵심은 앎의 차이가 곧 인간의 가치 차이를 의미하지는 않는다는 점이랍니다. 생이지지는 타고난 직관의 영역이고, 학이지지는 의식적인 노력의 영역이며, 곤이지지는 역경을 이겨낸 배움의 영역입니다. 인간은 각기 다른 조건에서 살아가지만, 배움에 대한 태도에 따라 앎의 깊이는 달라집니다. 결국 유가에서 말하는 배움이란, 지식을 많이 아는 것이 아니라 경험과 사유를 통해 자신을 성찰하고, 그 앎을 삶의 방향과 실천으로 연결하는 과정입니다. 배움은 일시적으로 성취하는 것이 아니라 인간이 끝없이 자신을 완성해 가기 위해 지속적으로 실천해야 이룰 수 있습니다. 그러니 우리의 삶은 곤이지지를 통해 삶의 의미를 깨닫는 실천적 과정이 아닐까 싶습니다.

3. 『중용(中庸)』에서 신독(愼獨)을 강조한 이유

『중용(中庸)』은 인간이 균형과 조화를 이루어 도에 부합하는 삶을 사는 길을 제시하는 유교의 핵심 경전입니다. 『중용(中庸)』에서는 '신독(愼獨)'을 강조했는데, '신독(愼獨)'은 중용사상의 뿌리라 할 만큼 중요한 개념으로, 남이 보지 않는 자리에서도 스스로를 삼가고 바르게 하는 태도를 뜻합니다. 『중용(中庸)』 제1장을 살펴봅시다.

은밀한 곳보다 더 잘 드러나는 것은 없고, 작은 일보다 더 뚜렷하게 나타나는 것은 없습니다. 그러므로 군자는 그 홀로 있음에도 조심하는 겁니다.

莫見乎隱(막현호은), *莫顯乎微*(막현호미), *故君子愼其獨也*(고군자신기독야).

중용에서 신독을 강조한 이유는, 인간의 도덕성은 외부의 감시나 평가가 아니라 마음 깊은 곳에서 우러나오는 정직함과 스스로에 대한 책임에서 비롯된다고 보았기 때문입니다. 즉, 덕을 갖춘 사람은 공적인 자리에서만 도덕적인 것이 아니라, 아무도 보지 않는 장소에서도 한결같이 올바른 마음과 행동을 지켜야 한다는 겁니다.

『중용』에서는 사람 마음속의 희노애락과 같은 감정이 '발하기 전'의 상태가 곧 성(誠)이며, 이는 도덕성의 가장 순수한 형태라고 설명합니다. 그러나 감정이 발하고 외부 행동으로 드러나는 순간부터는 이를 바르게 조절하고 지켜나가려는 노력이 필요합니다. 이때 신독은 내면의 감정과 외부의 행동을 일치시키는 핵심 기준이 됩니다.

다. 외부의 시선이 있을 때만 바르게 행동한다면 그것은 진정한 덕이 아니라 형식적인 덕이며, 내면과 외면이 일치하지 않은 상태는 중용이 말하는 조화로운 인간상과 어긋나게 됩니다. 따라서 신독은 자기 자신에 대한 가장 깊은 성찰과 자율적 도덕성의 출발점이라고 할 수 있습니다.

또한 『중용』은 사람의 마음이 때로는 흐트러지고, 이해관계나 감정에 따라 흔들릴 수 있다고 보았습니다. 그렇기 때문에 더욱이 남이 보지 않을 때 스스로를 단단히 지켜야 한다고 강조합니다. 외부의 규제가 있을 때는 누구나 비교적 바르게 행동하지만, 진정한 인격은 외부의 시선이 사라진 순간 드러나기 때문입니다. 신독은 바로 이러한 인간의 본성을 직시한 가르침으로, 도덕적 일관성·자기 통제·성실성을 통해 '성(誠)'의 경지에 이르도록 돕는 실천적 지침이라 할 수 있습니다.

오늘날에도 신독은 개인의 윤리의식과 직업적 책임을 유지하는 데 매우 중요한 의미를 갖습니다. 예컨대 직장에서 사적 이득을 챙길 기회가 생길 때, 혹은 온라인 공간처럼 익명성이 보장되는 상황에서도 신독이 필요합니다. 감시와 규제가 없을 때에도 공정성과 양심을 지키려는 태도는 사회적 신뢰를 형성하고 건강한 공동체를 만드는 기반이 됩니다. 단지 법과 제도를 따르는 수준을 넘어, 내면의 기준에 따라 자발적으로 올바름을 실천하는 시민의식은 신독의 정신과 일치합니다.

요약하면, 『중용』에서 유독 신독을 강조한 까닭은 도덕성이 외부의 평가를 넘어 내면의 진실함과 성실함에서 출발해야 한다는 점을 밝히기 위해서입니다. 신독은 하루하루의 작은 순간, 아무도 보지 않는 자리에서도 스스로에게 부끄럽지 않은 선택을 하라는 가르침이며, 도덕적 자립성과 인격적 완성으로 나아가는 길을 제시합니다. 이러한 신독의 정신은 오늘날에도 여전히 유효하며, 개인의 윤리, 조직의 신뢰, 사회의 책임성을 지탱하는 근본 원리가 되어야 합니다.

4. 군자는 중용을 따르고, 소인은 중용을 거스른다

『중용』 제2장에는 다음과 같은 문장이 있습니다.

> 공자께서 말씀하시기를 "군자는 중용을 따르며, 소인은 중용을 거스릅니다."
>
> 仲尼曰(중니왈): 君子中庸(군자중용), 小人反中庸(소인반중용).

이 말은 인간의 도리와 삶의 태도에 대한 깊은 통찰을 담고 있으며, 인간됨의 본질을 말해 주는 철학적 명제입니다. 여기서 '중용(中庸)'은 흔히 '중간을 지킨다'는 의미로 오해되곤 하지만, 중용은 단순히 치우치지 않음을 의미하는 것이 아니라 상황에 맞는 최적의 도(道)를 찾고, 그 도를 흔들림 없이 실천하는 것을 뜻합니다. 즉, '과유불급(過猶不及)'을 경계하며, 욕망과 감정을 절제하고 균형 잡힌 삶을 추구하는 태도입니다.

◆ **왜 군자는 중용을 따를까?**

군자(君子)는 단순히 신분이나 지식수준이 높은 사람이 아니라, 도덕적 성숙과 인격의 수양을 통해 인간의 본분을 실현하려는 사람을 뜻합니다. 군자가 중용을 따르는 이유는 다음과 같습니다.

1. 중용은 천리(天理)에 합당하기 때문

중용은 하늘의 이치에 따라 인간이 마땅히 걸어야 할 도리입니다.

군자는 자신의 감정이나 이해관계에 치우치지 않고, 천명(天命)에 순응하면서 인간다움을 실현하고자 합니다. 즉, 욕심이 아니라 도리를 따르는 삶의 방식을 택하죠.

2. 도덕적 실천은 균형 속에서 이루어지기 때문

군자는 자신의 말과 행동, 감정과 사고를 끊임없이 성찰하며, 지나치지도 모자라지도 않은 상태를 유지하려 합니다. 예를 들어, 용기가 지나치면 무모함이 되고 부족하면 비겁함이 됩니다. 중용은 이러한 도덕의 황금 균형을 실현하는 방식입니다.

3. 인간관계의 조화와 사회적 안정에 기여하기 때문

군자는 사회 속에서 관계를 맺고 살아갑니다. 이때 감정의 분출이나 이기심은 갈등을 일으키죠. 중용은 자신을 절제하고 타인과 조화를 이루려는 윤리적 태도입니다. 이를 통해 군자는 자기 수양과 더불어 타인과의 관계에서도 신뢰를 얻는답니다.

◆ 소인은 왜 중용을 거스르는가?

반면, 소인(小人)은 이익과 감정에 휘둘리고, 자기중심적으로 판단하며 살아갑니다. 소인은 본래 중용의 이치를 알지 못하는 것이 아니라, 그 이치를 알면서도 따르지 못하거나 외면합니다. 그들은 욕망에 이끌려 극단적인 태도를 취하며, 일시적인 유익을 좇다가 결국 화를 자초합니다. 소인의 삶은 즉흥적이고, 감정에 치우치며, 조화를 깨뜨리는 삶이죠.

◆ 오늘날에도 중용이 필요한 이유

오늘날 우리는 극단과 대립, 불균형과 과잉의 시대에 살고 있습니다. 정치적 양극화, SNS에서의 감정적 표현, 일방적인 자기주장 등은 모두 중용의 미덕이 실종된 현실을 보여줍니다. 이러한 시대에 중용의 철학이 더욱 필요합니다.

현대인은 SNS, 미디어, 인간관계 속에서 수많은 정보와 감정을 마주합니다. 일상에서 즉각적으로 반응하기보다 중용의 태도로 한 번 더 생각하고 조절하는 습관은 갈등을 줄이고 자신을 지킬 수 있는 방법이 됩니다.

예나 지금이나 좋은 리더는 강함과 부드러움, 추진력과 숙고 사이에서 균형을 잘 잡습니다. 지나친 독단은 독재로 흐르고, 과도한 유순함은 무능을 낳습니다. 조화와 균형의 리더십은 바로 중용을 실천하는 것입니다.

중용은 단지 개인의 수양에 그치지 않고, 사회 전반의 윤리를 회복하는 데도 필요합니다. 자기 절제와 타인 존중, 중용적 삶의 태도는 개인의 성찰을 넘어서 공동체의 건강성을 지키는 핵심 덕목입니다.

'군자는 중용을 따르고, 소인은 중용을 거스른다'는 말은 단순한 도덕적 훈계가 아닙니다. 이 말은 삶의 본질과 조화를 추구하는 태도이며, 지속 가능한 삶과 사회를 위한 철학적 지침입니다. 현대를 사는 우리에게도 중용은 극단의 시대를 넘어 균형과 품격의 삶으로 나아가는 방향을 제시해 줍니다. 군자란, 결국 균형 속에서 자신을 다스리고 세상과 조화를 이루는 사람입니다.

5. 말보다 중심을 지키는 삶을 살아라

요즘처럼 말이 넘치는 시대는 없습니다. SNS, 유튜브, 실시간 뉴스, 댓글까지, 누군가는 무언가를 말하고, 누군가는 그 말에 휘둘립니다. 말은 많아졌지만, 그에 걸맞은 책임 있는 실천과 태도는 점점 희귀해지고 있습니다. 『중용(中庸)』 제13장은 이런 시대에 필요한 지혜를 담고 있습니다.

공자께서 말씀하시기를 "도란 사람에게서 멀리 있지 않습니다. 사람이 도를 행하되 사람을 멀리하면 도라고 여길 수 없습니다"라고 했습니다.

子曰(자왈): 道不遠人(도불원인). 人之爲道而遠人(인지위도이원인), 不可以爲道(불가이위도).

◆ 도(道)는 먼 곳에 있지 않다

공자는 말합니다. "도는 하늘 위에 있는 신비한 것이 아니라, 일상 속에서 실현되어야 할 삶의 방식"이라고 말이죠. 우리는 종종 '진리'나 '성공', '덕' 등의 단어를 거창하게 생각합니다. 고통과 수련을 거친 사람만이 도에 이를 수 있다고 여깁니다. 그러나 공자는 말했습니다. 도는 가까운 곳, 나 자신의 말과 행동 속에 있다고 말이죠. 가족과의 대화에서 정직함을 지키는 것, 직장에서 맡은 일을 성실히 하는 것, 약속을 지키고, 작은 실수를 인정하는 것, 이 모든 일상적인 행위 속에서 도를 실현할 수 있습니다. 오히려 이런 작은 실천을 외면하고 멀리 있는 이념과 말장난에 몰입하는 것이 문제입니다.

◆ 말보다 실천, 과시보다 내면

『중용』 제13장에서 가장 중요한 대목은 이겁니다.

> 말을 할 때는 자신의 행동을 돌이켜보고, 행동을 할 때는 자신의 말을 돌이켜본다면, 어찌 군자가 착실하고 조심하지 않겠는가!
> 言顧行(언고행), 行顧言(행고언), 君子胡不慥慥爾(군자호불조조이)!

군자는 말을 삼가고 실천을 해야 한다고 강조합니다. 말을 잘하는 사람이 아니라, 말에 합당한 삶을 사는 사람이 군자이죠. 요즘 사회에서는 '말발' 좋은 이들이 인기 있습니다. 그러나 진정한 신뢰는 말이 아니라 일관된 실천과 태도에서 비롯됩니다. 『중용』 제9장에서 공자는 말합니다.

> 공자께서 말씀하시기를 "천하 세상과 국가도 균등하게 다스릴 수 있고, 벼슬과 녹봉도 사양할 수 있으며, 번득이는 칼날도 밟을 수 있지만, 중용만은 능히 할 수 없습니다"라고 했습니다.
> 子曰(자왈): 天下國家可均也(천하국가가균야), 爵祿可辭也(작녹가사야), 白刃可蹈也(백인가도야), 中庸不可能也(중용불가능야).

국가를 균등하게 다스리는 지혜와 벼슬과 녹봉을 사양하는 어짊, 칼날을 밟을 수 있는 용기는 어려우면서도 실행할 수 있지만, 중용은 쉬우면서도 실행할 수 없습니다. 그래서 중용을 실행할 수 있는 사람이 적은 것입니다.

◆ 중용은 '중간'이 아니라 '중심'을 지키는 것

중용은 자칫 '중간을 택하라'는 식의 타협주의나 회색주의로 오해되기 쉽습니다. 그러나 『중용』에서 말하는 중용은 결코 그런 소극적 태도가 아닙니다. 중용은 '상황에 맞는 가장 적절한 선택', 즉 지나치지도 모자라지도 않되, 바른 기준에 따라 움직이는 중심 잡힌 태도를 의미합니다. 『중용(中庸)』 제14장을 살펴봅시다.

현재 부유하고 존귀하다면 부유하고 존귀하게 행하고, 현재 가난하고 천대받는다면 가난하고 천하게 행하며, 현재 오랑캐 땅에 있다면 오랑캐의 풍속대로 행하고, 현재 어려움에 처해 있다면 어려움에 맞추어 행하니, 군자는 어느 곳을 가든지 스스로 거기에 맞게 행하지 아니함이 없습니다.

素富貴(소부귀), 行乎富貴(행호부귀). 素貧賤(소빈천), 行乎貧賤(행호 빈천). 素夷狄(소이적), 行乎夷狄(행호이적). 素患難(소환난), 行乎患難(행호환난). 君子無入而不自得焉(군자무입이불자득언).

예를 들어, 어떤 문제에 대해 과하게 개입하지도 않고, 무관심하지도 않고, 정확한 판단과 절제된 행동을 유지하는 것, 이것이 바로 중용의 정신입니다. 이는 혼란과 갈등, 과잉정보와 자극이 넘치는 현대사회에서 매우 중요한 태도입니다.

◆ 오늘, 중용을 실천한다는 것

우리는 이미 알고 있습니다. 말은 쉽고, 행동은 어렵다는 걸 말이죠. 공자도 그 점을 꿰뚫고 있었습니다. 그래서 이렇게 말했죠.

"천하를 다스리는 일도, 벼슬을 사양하는 일도, 칼날 위를 걷는 일도 해낼 수 있지만, 오직 중용의 길은 끝까지 실천하기 어렵다."

이 말은 과장이 아닙니다. 정의감과 열정, 균형과 절제, 중심 잡힌 태도는 흔히 볼 수 있지만 중용을 실천하는 사람은 흔치 않습니다. 중용은 외적인 행동보다 내면의 기준과 일관된 실천을 요구하기 때문입니다. 조용히 자기 자리를 지키며, 말을 아끼고, 행동으로 증명하는 사람, 바로 그런 이들이 '중용'을 행하는 사람입니다.

◆ 중용은 가장 어려운 일이지만 그러나 꼭 필요한 가치

『중용』 제13장의 '言顧行(언고행), 行顧言(행고언), 君子胡不慥慥爾(군자호불조조이)!'는 과잉된 말과 감정, 극단적인 생각과 이념이 난무하는 오늘날의 우리에게 '중심을 되찾으라!'는 메시지를 던집니다.

진정한 중용은 자신을 속이지 않는 것이고, 그 중심은 늘 자기 내면의 양심과 조화에 있습니다. 지금 우리에게 필요한 것은 요란한 주장도 화려한 수사도 아닙니다. 한 사람 한 사람이 묵묵히 중용을 실천하면 세상을 더 건강하게 만들 수 있습니다. 오늘 하루, 나의 말과 행동 사이의 간극을 줄이는 것, 그것이 바로 '중용'의 시작입니다.

6. 성실한 내면 수양이 세상을 감화시킨다

『중용(中庸)』 제33장은 중용사상의 완성 단계라 할 수 있는 장으로, 군자의 도가 일상 속에서 자연스럽게 구현되는 경지를 설명하고 있습니다. 이 장에서는 성인이나 군자의 덕은 요란하게 드러나지 않으며, 오히려 보이지 않는 곳에서 삼가고 조심하는 태도가 도를 실현하는 것임을 강조하고 있습니다. 즉, 군자는 남이 보지 않을 때에도 자신을 속이지 않으며, 작은 일에도 예(禮)를 다하고, 마음속의 사사로운 욕심을 경계함으로써 도와 하나가 되는 삶을 살아간다고 설명하고 있습니다.

『시경』에 이르기를 "비록 보이지 않는 곳에 몸을 숨겨도 아주 밝게 드러납니다"라고 했습니다. 그러므로 군자는 자신의 내면을 반성해 잘못을 없애고 양심에 수치스러움이 없게 합니다. 군자가 미칠 수 없는 곳이란 오직 사람들이 보지 못하는 곳입니다.

詩云(시운): 潛雖伏矣(잠수복의), 亦孔之昭(역공지소)! 故君子內省不疚(고군자내성불구), 無惡於志(무오어지). 君子之所不可及者(군자지소불가급자), 其唯人之所不見乎(기유인지소불견호).

공자는 "군자의 도는 은미한 곳에서 드러나고, 드러나지 않는 가운데 이루어진다"고 말했습니다. 도는 외적으로 과시되는 행위가 아니라 내면의 성실함(誠)에서 비롯됩니다. 이러한 성실함은 억지로 꾸미는 것이 아니라, 하늘의 이치와 인간의 본성이 하나로 합해질 때 자연스럽게 나타나는 상태입니다. 따라서 군자는 끊임없이 자신을 반성하고 마음을 바르게 하여, 결국에는 말하지 않아도 사람을 감화시키고 행동하지 않아도 교화가 이루어지는 경지에 이르게 됩니다.

그러므로 군자의 도는 어렴풋하면서도 날로 빛나며, 소인의 도는 처음에는 뚜렷하다가 날로 사그라집니다. 군자의 도는 담박하면서도 싫지 않으며, 간결하면서도 화려하고, 온화하면서도 조리가 있으며, 멀리 있는 것도 가까이 있는 것에서 비롯됨을 알고, 밖으로 드러나는 풍채도 내면으로부터 비롯됨을 알며, 내면의 은미한 것이 몸 밖으로 나타남을 알고 있으니, 그와 더불어 덕으로 들어갈 수 있는 겁니다.

故君子之道(고군자지도), *闇然而日章*(암연이일장). *小人之道*(소인지도), *的然而日亡*(적연이일망). *君子之道*(군자지도). *淡而不厭*(담이불염), *簡而文*(간이문), *溫而理*(온이리), *知遠之近*(지원지근), *知風之自*(지풍지자), *知微之顯*(지미지현), *可與入德矣*(가여입덕의).

제33장에서는 이해를 돕기 위해 『시경(詩經)』의 몇 구절을 인용합니다. 이는 군자의 덕이 소리 없이 만물을 적시는 비와 같으며, 백성들이 그 원인을 의식하지 못한 채 자연스럽게 교화되는 상태를 설명하기 위해서입니다. 다시 말해, 최고의 덕은 눈에 띄지 않으나 그 영향은 지극히 넓고 깊다는 점을 시의 언어를 통해 드러내고 있습니다. 이처럼 『중용』은 『시경』을 자주 인용하는데, 그 이유는 몇 가

지 때문입니다.

첫째, 『시경』은 주나라 이래로 보편적인 도덕과 인간의 자연스러운 정서를 담은 경전이므로, 추상적인 철학 개념을 보다 쉽게 전달하는 역할을 합니다.

둘째, 『시경』은 군주와 백성을 포함한 모든 계층이 공유하던 시를 담았기에, 도의 원리를 현실 정치와 윤리 생활에 연결하는 데 매우 효과적이었습니다.

셋째, 공자는 『시경』을 단순한 문학 작품이 아니라, 도덕 교육의 핵심 교재로 보았기 때문에, 중용의 깊은 뜻을 밝히는 데 가장 적합한 도구로 활용하였습니다.

결론적으로 말해 『중용』 제33장은 성실함을 바탕으로 한 내면 수양이 어떻게 천하를 감화시키는가를 보여주는 결론부이며, 『시경』을 인용한 것은 그 도리가 인간의 실제 삶과 감정 속에 이미 살아 숨 쉬고 있음을 증명하기 위해서입니다. 이를 통해 『중용』은 도는 멀리 있는 것이 아니라, 매일의 삶 속에서 조용히 실천될 때 완성된다는 점을 일깨우고 있습니다.

7. 중용과 중화는 인간내면의 어떠한 과정일까?

『중용(中庸)』에서 말하는 중용(中庸)과 중화(中和)는 유가 사상의 핵심을 이루는 개념으로, 인간의 마음과 행동, 나아가 천지 만물의 질서까지 관통하는 근본 원리를 설명하고 있습니다. 이 두 개념은 서로 분리된 것이 아니라, 하나의 과정과 결과로 긴밀하게 연결되어 있으며, 인간이 도달해야 할 이상적인 삶의 상태를 제시합니다.

먼저 중용에서 '중(中)'은 치우침이 없는 상태를 의미합니다. 이는 단순히 양극단의 중간을 택하는 태도가 아니라, 감정과 판단이 밖으로 드러나기 이전의 바르고 안정된 마음의 상태를 가리킵니다. 『중용』에서는 희로애락이 아직 발하지 않은 상태를 중이라 하였는데, 이는 인간의 마음이 외부 자극에 휘둘리지 않고 본래의 바른 자리를 지키고 있는 상태입니다. 다시 말해 중은 인간 내면의 기준점이자, 모든 올바른 행동이 비롯되는 출발점이라 할 수 있습니다.

반면 용(庸)은 이러한 중의 상태를 일상 속에서 끊임없이 실천하고 유지하는 것을 뜻합니다. 중용이란 한 번의 선택이나 특별한 상황에서만 적용되는 덕목이 아니라, 매 순간의 삶 속에서 자연스럽게 드러나야 하는 태도입니다. 따라서 중용은 고난도의 도덕적 기술이라기보다는, 자신의 처지와 관계에 맞게 가장 마땅한 정도를 찾아 시시때때로 실천해야 하는 것입니다.

이와 연결되어 등장하는 개념이 바로 중화(中和)입니다. 『중용』에서는 희로애락이 발하되 모두 절도에 맞는 상태를 화(和)라고 설명하고 있습니다. 즉, 중이 마음의 내적 기준이라면, 화는 그 마음이 밖으로 드러나 조화를 이루는 상태입니다. 감정이 완전히 억제되는 것도 문제이지만, 지나치게 표출되는 것 역시 조화를 해칩니다. 중화란 감정과 행동이 상황에 맞게 조절되어, 자신과 타인 그리고 공동체 전체에 안정과 균형을 가져오는 상태를 의미합니다. 『중용』 제1장을 살펴봅시다.

중(中)과 화(和)를 위해 정성을 다하면 천지가 올바른 자리를 잡고 만물이 길러집니다.
致中和(치중화), 天地位焉(천지위언), 萬物育焉(만물육언).

"중화가 이루어지면 천지가 제자리를 잡고 만물이 자란다"는 뜻입니다. 이는 중화가 단지 개인의 인격 수양에 머무르지 않고, 사회와 자연의 질서까지 바로 세우는 힘을 지녔다고 말합니다. 군주가 중용을 지키고 중화를 실현할 때 정치가 안정되고, 개인이 이를 실천할 때 가정과 인간관계가 조화로워진다는 겁니다.

결국 『중용』에서 말하는 중용은 마음의 올바름을 지키는 원리이며, 중화는 그 원리가 현실 속에서 조화롭게 실현된 결과라 할 수 있습니다. 이 두 개념은 극단과 혼란이 난무하는 현실 속에서 인간이 어떠한 태도로 자신과 세상을 다스려야 하는지를 일깨웁니다. 오늘날에도 여전히 큰 의미를 지닌다고 생각됩니다.

8. 중용의 도가 행해지지 않은 까닭은?

　중용의 도가 오늘날 제대로 행해지지 않는 까닭은 여러 가지로 헤아려 볼 수 있으나, 그 근본에는 인간의 마음에 조급함과 치우침이 자리하고 있기 때문이라고 생각됩니다. 중용이란 지나침도 모자람도 없이, 상황과 사람에 맞는 가장 올바른 자리를 지키는 도리이지만, 현대사회는 속도와 효율, 성과를 지나치게 중시하는 경향이 강하여 이러한 가르침을 충분히 받아들이지 못하고 있습니다. 많은 이들이 중용을 우유부단함이나 타협으로 오해하며, 분명한 입장과 강한 주장을 펼치는 것만이 능력이라 여기는 풍조 속에서 중용은 힘을 잃기 쉽습니다.

　더욱이 중용의 실천은 끊임없는 자기 성찰을 요구합니다. 자신의 감정과 판단이 어느 한쪽으로 기울어 있지는 않은지를 살피고, 순간의 이익보다 오래 지속될 올바름을 선택해야 하기 때문입니다. 그러나 사람들은 자신의 내면을 돌아보는 일보다, 외부의 기준에 기대거나 다수의 의견에 편승하는 일을 더 편안하게 여깁니다. 그 결과 중용은 말로는 존중받으나, 실제 삶 속에서는 실천되지 못한 채 관념으로만 남게 됩니다.

　중용의 길이 어려운 또 다른 이유는, 그것이 결코 안전한 길만은 아니기 때문입니다. 중용을 따른다는 것은 어느 극단에도 속하지 않겠다는 선택이며, 때로는 양쪽 모두로부터 비판을 감수해야 하는 처지에 놓이게 됩니다. 이는 마치 시퍼런 칼날을 맨발로 밟고 나아가는 것과 같아서, 상당한 용기와 인내 없이는 지속하기 어렵습니다. 겉보기에는 온화하고 조용해 보이지만, 그 내면에는 자신을 다스리고 욕망을 절제하는 강인한 정신이 요구됩니다.

그럼에도 불구하고 중용의 도는 결코 낡은 가르침이 아니며, 오히려 혼란스러운 시대일수록 더욱 절실한 지혜라 할 수 있습니다. 극단적인 주장과 감정이 사회를 갈라놓는 오늘날, 중용은 서로 다른 입장을 이해하고 조화로 이끄는 기준이 될 수 있습니다. 비록 당장의 환호나 성과는 없을지라도, 중용을 꾸준히 실천하는 개인과 공동체는 결국 더 깊은 신뢰와 안정을 이룰 수 있을 것입니다.

결론적으로 중용의 도가 행해지지 않는 까닭은 그 길이 쉬워서가 아니라, 지나치게 정직하고 엄격하기 때문이라고 생각됩니다. 그러나 시퍼런 칼날 위를 걷는 각오로 이 도를 따를 때, 비로소 개인의 인격과 사회의 품격이 함께 성숙해질 수 있을 것이라 믿어 의심치 않습니다.

9. 천하국가를 다스리기 위한 아홉 가지 전제조건

『중용』 제20장은 비교적 긴 21개 구절로써 천하와 국가를 다스리는 아홉 가지 정치적·도덕적 전제조건을 제시하고 있는데, 이는 개인의 수양에서 출발하여 사회 전체의 안정과 조화로 확장되는 유교 정치사상의 핵심을 담고 있습니다. 공자는 정치의 출발점을 제도나 법령이 아니라 인간 내면의 도덕성에 두고 있으며, 이를 통해 참된 통치가 가능하다고 보았습니다. 이 아홉 가지 전제조건을 살펴봅시다.

보통 천하의 국가를 다스리는 데에는 아홉 가지의 전제조건이 있는데, 통치자가 자신의 몸을 수양하고, 어진 사람을 높이 사며, 친인척을 사랑으로 대하고, 대신들을 공경하며, 여러 신하들의 마음을 몸소 헤아리고, 백성을 자식처럼 여기며, 많은 장인들이 스스로 찾아오게 하고, 변방의 사람들에게도 너그럽게 대하며, 제후들을 감싸주는 것입니다.

凡爲天下國家有九經(범위천하국가유구경), 曰(왈), 修身也(수신야), 尊賢也(존현야), 親親也(친친야), 敬大臣也(경대신야), 體群臣也(체군신야), 子庶民也(자서민야), 來百工也(내백공야), 柔遠人也(유원인야), 懷諸侯也(회제후야).

첫째는 수신(修身)입니다. 수신은 군주가 자신의 마음과 행동을 바르게 하는 것으로, 모든 정치의 근본이라 할 수 있습니다. 군주가 사사로운 욕심을 절제하고 성실함과 공경의 태도를 지닐 때, 그 덕은 자연스럽게 아래로 미쳐 백성과 신하들을 감화시키게 됩니다. 『중용』에서는 몸을 닦지 않고서는 사람을 다스릴 수 없다고 하여, 정치를 하기 전에 인격 수양이 필요하다고 강조하고 있습니다.

둘째는 존현(尊賢)입니다. 이는 어진 인재를 존중하고 등용하는 것을 의미합니다. 아무리 군주가 덕을 갖추었다 하더라도 혼자서 천하의 일을 감당할 수는 없으므로, 능력과 덕을 겸비한 인재를 발탁하여 정사를 맡겨야 합니다. 존현이 이루어질 때 정사는 공정해지고, 나라에는 활력이 생기게 됩니다.

셋째는 친친(親親)입니다. 이는 혈연관계를 바르게 하고 가족 간의 윤리를 돈독히 하는 것을 뜻합니다. 군주가 친족을 예로써 대하고 질서를 바로 세울 때, 백성들 또한 가정의 도리를 본받게 됩니다. 가정의 화목은 사회 질서의 기초이므로, 친친은 정치의 중요한 기반이 됩니다.

넷째는 경대신(敬大臣)입니다. 이는 대신들을 공경하고 예우하는 태도를 말합니다. 대신들은 국정을 실제로 집행하는 핵심 인물들이므로, 군주가 그들을 신뢰하고 존중할 때 충성과 책임감이 더욱 깊어집니다. 경대신은 상하 간의 신뢰를 공고히 하여 정치의 안정성을 높이는 역할을 합니다.

다섯째는 체군신(體群臣)입니다. 이는 여러 신하들의 입장을 헤아리고 능력에 맞게 쓰는 것을 의미합니다. 각기 다른 재능과 의견을 존중하고 조화롭게 활용할 때, 국정은 균형을 이루게 됩니다. 이는 포용과 이해를 바탕으로 한 정치 운영의 중요성을 보여줍니다.

여섯째는 자서민(子庶民)입니다. 이는 백성을 자식처럼 사랑하고 돌보는 태도를 뜻합니다. 군주가 백성의 고통을 자신의 고통처럼 여기고, 생업과 삶의 안정을 도모할 때 백성은 자연스럽게 나라를 신뢰하게 됩니다. 민본사상이 가장 분명하게 드러나는 대목이라 할 수 있습니다.

일곱째는 내백공(來百工)입니다. 이는 각종 기술자와 장인들을 불러모아 그들의 능력을 발휘하게 하는 것을 의미합니다. 농업과 수공업, 각종 생산 활동이 원활해야 백성의 삶이 안정되고 국가 재정도 튼튼해집니다. 이는 현실적이고 실무적인 국정 운영의 중요성을 보여줍니다.

여덟째는 유원인(柔遠人)입니다. 이는 먼 지역의 사람들과 외국인들을 부드럽게 대하고 포용하는 것을 뜻합니다. 무력이나 강압이 아니라 덕과 신의를 통해 관계를 맺을 때, 먼 이웃도 자연스럽게 복종하게 된다는 외교적 이상을 담고 있습니다.

아홉째는 회제후(懷諸侯)입니다. 이는 여러 제후들을 회유하고 신뢰를 형성하는 것을 의미합니다. 제후들이 왕실을 중심으로 단결할 때 천하는 안정되며, 분열과 반란을 예방할 수 있습니다. 이는 국제 질서와 연맹 관계를 도덕적으로 유지하는 방법이라 할 수 있습니다.

결국 『중용』 제20장이 제시하는 아홉 가지 전제조건은 개인의 도덕 수양에서 출발하여 가정, 국가 그리고 천하로 확장되는 통합적 통치 원리를 보여줍니다. 이는 정치란 강제나 술수가 아니라, 덕과 예 그리고 사람에 대한 이해와 사랑을 바탕으로 이루어져야 함을 분명히 일깨워주는 가르침이라 하겠습니다.

10. 하늘과 인간의 도는 오직 참된 성(誠)에 있다

『중용(中庸)』 제20장을 살펴봅시다.

진실(誠)한 사람은 하늘의 도이며, 성실(誠)해지려 하는 것은 사람의 도리입니다. 진실(誠)한 자는 힘쓰지 않아도 도에 부합하고 생각하지 않아도 도를 얻어 조용히 도에 부합하는 자이니, 성인입니다. 진실(誠)해지려는 사람은 선(善)을 가려서 굳게 잡아 실행하는 자입니다.

誠者天之道也(성자천지도야). 誠之者人之道也(성지자인지도야). 誠者不勉而中(성자불면이중), 不思而得(불사이득), 從容中道(종용중도), 聖人也(성인야). 誠之者(성지자), 擇善而固執之者也(택선이고집지자야).

'誠者天之道也(성자천지도야), 誠之者人之道也(성지자인지도야)'는 성(誠)의 본질과 인간이 나아가야 할 삶의 방향을 간결하면서도 깊이 있게 밝혀 주는 구절로, 『중용』 사상의 핵심이라 할 수 있습니다.

먼저 '성자천지도야(誠者天之道也)'는 성실하고 참됨 그 자체가 곧 하늘의 도리임을 뜻합니다. 하늘은 꾸밈이 없고 속임이 없으며, 스스로 그러한 이치로 만물을 낳고 기릅니다. 해가 뜨고 달이 지며, 사시가 바뀌는 모든 과정에는 인위적인 계산이나 거짓이 없으니, 이러한 자연의 질서가 바로 '성'의 모습이라 할 수 있습니다. 다시 말해, 성은 인간이 만들어 내는 덕목이기 이전에, 우주와 자연을 관통하는 근본 원리입니다.

그 다음으로 '성지자인지도야(誠之者人之道也)'는 그와 같은 하늘의 도를 본받아 성에 이르고자 힘쓰는 것이 인간의 도리임을 밝히고 있습니다. 인간은 태어날 때부터 완전한 존재가 아니기에 스스로를 닦고 마음을 바르게 하여 참됨에 이르도록 노력해야 합니다. 여기서 '성지(誠之)'란 억지로 꾸미거나 외형만을 바로잡는 것이 아니라, 마음속의 거짓을 제거하고 말과 행동을 하나로 일치시키는 지속적인 수양을 의미합니다.

『중용』은 성을 추상적인 관념으로만 말하지 않습니다. 성에 이른 사람은 자신을 속이지 않으며, 남을 속이지도 않습니다. 그러한 마음은 자연히 말과 행동에 드러나고, 가정과 사회, 나아가 세상 전체에 상호조화와 신뢰를 이루게 합니다. 그러므로 성은 개인의 인격 수양에 머무르지 않고, 나라를 다스리고 세상을 바로 세우는 근본 덕목이라 할 수 있습니다.

이 구절이 가리키는 방향은 분명합니다. 인간은 하늘의 도를 흉내 내려 하기보다, 자신의 자리에서 참됨을 실천함으로써 하늘의 도에 가까이 다가가야 한다는 점입니다. 작은 일에도 속이지 않고, 보이지 않는 곳에서도 마음을 올바르게 지키는 태도야말로 성에 이르는 길이라 할 수 있습니다. 성은 단번에 얻어지는 결과가 아니라, 날마다 스스로를 살피고 닦는 과정에서 점차 깊어집니다.

오늘날과 같이 말과 행동이 쉽게 분리되고, 겉모습이 내면을 대신하기 쉬운 시대일수록 『중용』의 이 말은 더욱 큰 울림을 줍니다. 참됨을 하늘의 도로 삼고, 그 참됨을 이루기 위해 평생을 수양의 길로 삼으라는 가르침은, 개인의 삶뿐 아니라 우리 공동체가 나아가야 할 올바른 방향을 제시합니다.

그러므로 '성자천지도야(誠者天之道也), 성지자인지도야(誠之者人之道也)'라는 말은, 하늘과 인간을 잇는 다리와도 같습니다. 하늘은 스스로 그러한 성으로 만물을 이루었으니, 인간은 그 성을 향해 끊임없이 나아가야 합니다. 이 길 위에서 비로소 인간은 자기 자신을 바로 세우고, 삶의 중심을 잃지 않으며, 세상과 조화를 이루게 될 것입니다.

한자어원풀이

　가운데 中(중)은 간단한 자형임에도 다양한 의견이 제시되고 있답니다. 갑골문에 새겨진 모양은 어떠한 공간을 나타낸 '口' 모양에 긴 장대(丨)를 세워둔 모양인데, 장대의 상부에는 두세 가닥의 깃발도 함께 그려져 있습니다. 현재의 자형은 보다 간략하게 이루어진 것이죠. 문제는 가운데 쓰인 '口' 모양에 대해 부족이 모여 사는 마을이라는 설, 바람의 방향을 측정하기 위한 판이라는 설, 장대의 그림자로 시간을 알아내기 위해 달아 놓은 나무틀이라는 설, 해의 변형으로 정오를 뜻한다는 설 등이 있답니다. 필자가 갑골문과 금문을 참조해 생각해 볼 때, 마을(口)의 중앙광장에 부족의 상징인 깃발을 단 장대(丨)를 세웠다는 데서 '중앙', '가운데'라는 뜻을 지니게 된 것 같습니다.

　쓸 庸(용)은 일곱째 천간 경(庚)과 쓸 용(用)으로 이루어졌습니다. 庚(경)에 대한 갑골문이나 금문을 보면 곡식의 수확과 관련된 글자임을 알 수 있답니다. 현재의 자형이 고문과는 많이 달라지기는 했어도 그 뜻은 보다 명확합니다. 즉 열매나 알곡을 수확(彐)하여 창고(广)에 들여놓은(入) 모양이라 할 수 있죠. 그래서 '곡식'이란 뜻과 함께 '가을'이란 뜻도 공유하고 있답니다. 일곱째 천간을 뜻하는 것은 가차된 것이죠. 用(용)은 통나무 속을 파내거나 대나무와 같이 속이 빈 '나무통' 혹은 잔가지를 엮어 만든 '울타리'를 본떴다고도 하며, 일각에서는 금문이나 소전의 자형을 보고 점사(卜)가 딱 들어맞으면 (中) '사용한다'는 데서 유래를 찾기도 합니다. 이에 따라 庸(용)에는 곡식(庚)은 필요한 물건과 바꿔 쓰는(用) 데에 중간 구실을 한다는 데서 '쓰다', '고용하다'는 뜻과 함께 잘못을 고쳐(庚) 바로잡는 데에 힘쓴다(用)는 데서 '떳떳하다', '보답하다'는 등의 의미를 지니게 되었습니다.

중용(中庸) 이란 어느 한쪽으로 치우침 없이 중간자(中)적 입장에서의 떳떳한(庸) 도리를 논술한 책이랍니다.

제 3 편

논어

論語

3

논어(論語)

논어(論語)란 공자의 어록(語) 및 그의 제자들의 사상을
한데 모아 논술(論)한 책

1. 『논어(論語)』에 담긴 공자의 세 가지 가르침

『논어(論語)』는 공자(孔子)의 사상과 인격은 물론 교육철학과 사회관, 인간관계를 깊이 이해할 수 있는 유교 사상의 핵심 경전입니다. 그중에서도 '己所不欲 勿施於人(기소불욕 물시어인)', '溫故而知新 可以爲師矣(온고이지신 가이위사의)', '三人行 必有我師焉(삼인행 필유아사언)'은 공자의 인간관계 및 학문관, 겸손한 자기 성찰의 태도를 잘 보여주는 대표적인 구절들입니다. 이 세 구절을 중심으로 공자의 사상을 알아보겠습니다.

◆ 己所不欲 勿施於人(기소불욕 물시어인)

『논어(論語)』「안연(顏淵)」에는 다음과 같은 구절이 있습니다.

중궁이 인에 대해 여쭈었습니다. 공자께서 말씀하셨습니다.

"집 문을 나서면 귀중한 손님을 뵙듯이 하고, 백성을 부릴 때는 큰 제사를 받들듯이 해야 한단다. 자기가 원하지 않은 것을 다른 사람에게 시키지 않아야 하지. 이렇게 하면 나라 안에 원망이 없고 집에서도 원망하는 사람이 없을 게야."

仲弓問仁(중궁문인). 子曰(자왈): 出門如見大賓(출문여견대빈), 使民如承大祭(사민여승대제). 己所不欲(기소불욕), 勿施於人(물시어인). 在邦無怨(재방무원), 在家無怨(재가무원).

이 구절은 공자의 인간관계에 대한 핵심적인 가르침으로, 흔히 말하는 '역지사지(易地思之)'와 연결됩니다. 공자는 도덕적인 삶의 근본을 타인에게 배려하는 것에서 찾았습니다. 자신이 하기 싫은 일을 남에게도 시키지 않는다는 것은 인(仁)의 실천이라 할 수 있습니다.

공자의 사상에서 '인(仁)'은 인간다운 도리를 다하는 것으로, 사람과 사람 사이의 조화롭고 도덕적인 관계를 의미합니다. 인은 추상적인 개념이 아니라 구체적인 행동 원칙으로 실현되는데, 그 대표적인 방법이 바로 '기소불욕 물시어인'입니다.

공자는 사람이 사람답게 살아가기 위해 반드시 가져야 할 덕목으로 배려와 공감을 꼽았습니다. 그는 인간은 완전하지 않기 때문에 누구나 실수할 수는 있으나, 상대방의 입장에서 생각할 줄 안다면 도리에 어긋나는 행동을 하지 않을 수 있다고 보았습니다. 이 구절은 후대의 황금률(Golden Rule), 즉 '네가 남에게 대접받고자 하는 대로 남을 대접하라'는 서구의 윤리관과도 맞닿아 있어, 동서양을 막론하고 윤리의 근간으로 여겨집니다.

이러한 사유는 단순히 개인 윤리 차원에 그치지 않고, 사회 질서와 평화의 원동력으로 확장됩니다. 사회구성원들이 서로의 입장을 배려하며 행동할 때, 정의롭고 조화로운 공동체가 형성될 수 있기 때문입니다.

◆ 溫故而知新 可以爲師矣(온고이지신 가이위사의)

『논어(論語)』「위정(爲政)」에는 "옛것을 익히고 그것을 바탕으로 새것을 알면, 스승이 될 수 있다"는 유명한 구절이 나옵니다.

> 공자께서 말씀하셨습니다.
> "옛것을 익히고 새로운 것을 알면 스승으로 삼을 수 있답니다."
> 子曰(자왈): 溫故而知新(온고이지신), 可以爲師矣(가이위사의).

이 구절은 공자의 학문과 교육관을 대표하는 말입니다. 공자는 배움을 단순한 암기가 아니라, 기억과 이해 그리고 창조적 응용으로 파악했습니다. '온고(溫故)'는 과거의 지식을 반복하여 익히는 것을 의미하고, '지신(知新)'은 그것을 통해 새로운 것을 이해하고 발전시키는 것을 뜻합니다.

공자는 학문의 목적을 '앎'에 두기보다는, 삶의 변화와 수양 그리고 사회적 실천에 두었습니다. 따라서 학문은 시대의 흐름에 따라 새롭게 해석되어야 하며, 과거의 지혜를 되새기되 오늘의 문제에 맞게 재해석해야 진정한 가치가 있다고 본 것입니다.

또한 공자는 배움이 단절되거나 정체되는 것을 경계했습니다. 그는 "배우고 때때로 익히면 기쁘지 아니한가(학이시습지學而時習之 불역열호不亦說乎)"라고 하면서, 배움은 평생의 과정이며 스스로 기뻐할 만한 가치 있는 행위라고 강조했습니다. 과거의 지혜를 현재에 맞게 활용하는 능력은 단순히 지식을 축적하는 것이 아니라, 지혜로운 인간으로 가는 길이자, 리더의 자격이 된다는 것이 바로 '가이위사의(可以爲師矣)'라는 말에 함축되어 있습니다.

공자천주(孔子穿珠)라는 학습관도 있습니다. 공자가 붉은 구슬에 실을 꿴다는 뜻으로 어떤 이에게 진기한 구슬을 얻었는데, 이 구슬의 구멍이 아홉 구비나 되었습니다. 실로 꿰려고 갖은 방법을 동원하였지만 거듭 실패하였죠. 길을 가다 뽕잎을 따고 있던 아낙네에게 그 방법을 물었고, 결국은 개미허리에 실을 묶고 구슬의 반대 구멍에 꿀을 발라 개미를 유인해 성공할 수 있었죠. 불치하문(不恥下問), 즉 자기보다 못한 사람에게 모르는 것을 묻는 것은 부끄러운 일이 아니라는 말이죠. 이것이 바로 배움의 길입니다.

이는 오늘날의 평생학습, 지식기반사회, 창의적 사고 교육과도 밀접한 관련이 있으며, 시대가 아무리 변해도 기초를 중시하는 태도와 새롭게 나아가는 개방성을 겸비해야 한다는 교훈을 줍니다.

◆ 三人行 必有我師焉(삼인행 필유아사언)

『논어(論語)』「술이(述而)」에는 "세 사람이 함께 길을 가면 그중 반드시 나의 스승이 있다"는 말이 나옵니다.

공자께서 말씀하셨습니다.

"세 사람이 길을 가면 그 가운데 반드시 나의 스승이 있답니다. 그 가운데 좋은 것을 선택해서 그것을 따르고 좋지 않은 것은 가려내서 그 점을 고쳐야 합니다."

子曰(자왈): 三人行(삼인행), 必有我師焉(필유아사언). 擇其善者而從之(택기선자이종지), 其不善者而改之(기불선자이개지).

이 구절은 공자의 겸손함과 배움에 대한 열린 자세 그리고 자기 성찰의 중요성을 나타냅니다. 공자는 누구에게서든 배울 수 있다고 생각했습니다. 남의 장점은 따르고, 단점은 반면교사로 삼아야 한다는 의미가 이 구절에 담겨 있죠.

공자는 배움을 위에서만 얻는 것으로 보지 않았습니다. 나보다 나이가 적거나, 사회적 지위가 낮거나, 학식이 덜한 사람이라도 누구에게나 나에게 가르쳐줄 만한 점이 있다고 본 것입니다. 이는 당시의 강한 신분 질서와 권위주의적 교육 풍토에 비추어볼 때 매우 혁신적인 시각이라 할 수 있습니다.

이 사상은 공자의 또 다른 말, '知之者 不如好之者 好之者 不如樂之者(지지자 불여호지자 호지자 불여락지자)', 즉 '아는 자는 좋아하는 자만 못하고, 좋아하는 자는 즐기는 자만 못하다'는 말과 연결됩니다. 배움은 기쁨이고, 누구에게든 배울 수 있는 열린 자세를 갖는 것이야말로 진정한 배움의 본질이라는 것입니다.

'삼인행'은 단지 셋이 길을 간다는 물리적 의미가 아닙니다. 세 사람이 있으면 서로의 장점과 단점이 보이기 시작한다는 뜻이며, 그 차이를 통해 자신을 돌아보고, 더 나은 인간이 되기 위한 계기를 만들 수 있다는 말입니다. 이러한 사상은 오늘날의 인간관계, 협업, 커뮤니케이션에서 매우 필요합니다. 공자는 배움을 통해 스스로를 돌아보고 끊임없이 발전하는 인간상을 추구했으며, 그 출발점은 겸손한 자세에서 비롯된다고 보았습니다.

◆ 공자의 사상과 인간상

이 세 구절에서 공통적으로 드러나는 공자의 핵심 사상은 다음과 같습니다. '기소불욕 물시어인'에서는 공감과 배려를 통한 윤리적인 실천(仁)을, '온고이지신 가이위사의'에서는 지속적인 배움과 실천을 통한 통찰력 있는 학문관(知)을, '삼인행 필유아사언'에서는 겸손과 자기성찰(省)을 강조합니다. 결론적으로 공자는 인간을 도덕적 존재로 보고, 개인의 수양 → 가정의 화목 → 사회의 평화 → 나라의 안정으로 나아가는 유기적인 윤리 체계를 주장했습니다. 이러한 생각은 『대학』의 '수신제가치국평천하(修身齊家治國平天下)'로도 이어지며, 유교 사회의 근간이 되었습니다. 그에게 있어 도덕은 실천이자 삶의 태도였고, 배움은 성장을 위한 도구였으며, 인간관계는 자기 성찰과 타인 존중이라고 할 수 있습니다.

2. 『논어(論語)』에서 교언영색(巧言令色)이
   두 번이나 강조된 이유는

공자께서 말씀하셨습니다.

"말을 교묘하게 하고 얼굴빛을 꾸미는 자들에겐 인(仁)이 드물답니다."

子曰(자왈): *巧言令色*(교언영색), *鮮矣仁*(선의인).

이 구절은 『논어』에서 중요한 구절로, 「학이(學而)」편과 「양화(陽貨)」편에 기록되어 있습니다. 이는 공자가 '겉으로는 공손하고 부드러워 보이지만, 실제로는 진정성이 없는 사람'을 경계해야 한다는 점을 반복적으로 강조한 부분입니다. 두 번 등장한다는 것은, 이 말이 단순한 예절 비판을 넘어 시대 상황과 인간관계 전반에 깊이 관련된 핵심 교훈임을 보여줍니다.

먼저 「학이(學而)」편을 살펴봅시다.

유자가 말했습니다.

"그 사람됨이 효성스럽고 형제애가 있으면서 윗사람에게 어긋난 짓을 좋아하는 사람은 드뭅니다. 윗사람에게 어긋난 짓을 하기를 좋아하지 않으면서 혼란을 일으키기를 좋아하는 사람은 아직까지 있지 않았습니다. 군자는 근본에 힘쓰며 근본이 서면 도가 생겨납니다. 효도와 형제애라는 것은 인을 행하는 근본일 겁니다!"

有子曰(유자왈), *其爲人也孝弟*(기위인야효제), *而好犯上者*(이호범상자),

鮮矣(선의), *不好犯上*(불호범상), *而好作亂者*(이호작란자), *未之有也*(미지유야). *君子務本*(군자무본), *本立而道生*(본립이도생). *孝弟也者*(효제야자), *其爲仁之本與*(기위인지본여)!

공자께서 말씀하셨습니다.

"말을 교묘하게 하고 얼굴빛을 꾸미는 사람 중에는 어진 사람이 드뭅니다!"

子曰(자왈): *巧言令色*(교언영색), *鮮矣仁*(선의인)!

이 대목에서 공자는 '수양의 기본 태도'를 이야기합니다. '교언영색'은 인격 수양을 방해하는 허위적 태도를 의미합니다. 겉치레로 자신을 꾸미는 것은 '진정한 인(仁)'과 거리가 멀며, 내면의 훌륭한 덕을 갖추려면 진실성·성실함·정직이 필요하다는 점을 강조한 겁니다. 즉, 「학이」편에서는 교언영색을 도덕 수양의 원칙으로 강조합니다.

반면 「양화」편에서는 좀 더 현실적인 인간관계를 이야기하면서 교언영색을 이야기합니다.

공자께서 말씀하셨습니다.

"옛날의 백성들에게는 세 가지 고질병이 있었는데, 요즘엔 이것마저도 없어진 듯합니다. 옛날의 경망스러운 사람은 작은 일에 얽매이지 않았지만, 오늘날의 경망스러운 사람은 방탕하게 삽니다. 옛날의 긍지가 센 사람은 모가 난 듯 개성이 있었는데, 요즘의 긍지가 센 사람은 다투기만 합니다. 옛날의 어리석은 사람은 정직했지만 오늘날의 어리석은 사람은 속이기만 합니다."

子曰(자왈): 古者民有三疾(고자민유삼질), 今也或是之亡也(금야혹시지망야). 古之狂也肆(고지광야사), 今之狂也蕩(금지광야탕), 古之矜也廉(고지긍야렴), 今之矜也忿戾(금지긍야분려), 古之愚也直(고지우야직), 今之愚也詐而已矣(금지우야사이이의).

공자께서 말씀하셨습니다.
"말을 교묘히 하고 얼굴빛을 꾸미는 자들에게는 인이 드물답니다."
子曰(자왈): 巧言令色(교언영색), 鮮矣仁(선의인).

이 대목에서 공자는 정치적 계산이나 개인적 이익을 위해 겉으로만 공손하게 행동하는 사람들을 조심해야 한다고 말하며, '교언영색'을 다시 언급합니다. 여기에서는 정치적 처세, 인간관계에서의 신뢰 문제 그리고 겉과 속이 다른 사람을 분별하는 지혜로 교언영색을 강조합니다. 따라서 여기에서는 교언영색이 단순한 도덕 원리가 아니라, 현실 세계에서 그 원칙을 어떻게 적용할 것인가에 초점이 맞추어져 있다고 할 수 있습니다.

한 구절이 두 곳에 반복된 것은 공자가 상황에 따라 이 말을 달리 활용하였다는 뜻으로 해석할 수 있습니다. 수양의 단계에서는 '자신을 속이지 말라'는 내면의 원칙을 세우게 하고, 실제 인간관계와 사회적 환경에서는 '타인을 경계하고 분별하라'는 지혜로 확장하라는 현실적 교훈을 건넨 것입니다.

이 가르침은 오늘날에도 중요한 의미를 지닙니다. 우리는 이미지

관리, SNS 표현, 비즈니스 매너가 강조되는 시대에 살고 있습니다. 친절한 언행은 분명 필요하지만, 그것이 내면의 성실함과 일치하지 않을 때 진정한 신뢰는 형성되지 않습니다. 공자가 강조한 '교언영색'은 좋은 말과 부드러운 표정 자체를 비판한 것이 아니라, 그것이 진정성 없는 외적 포장으로 쓰일 때 인(仁)과 멀어진다고 경고한 것입니다.

따라서 현대인은 말과 태도를 부드럽게 유지하되, 그것이 내적 진실성·책임감·타인을 향한 배려와 연결되도록 노력해야 합니다. '교언영색, 선의인'은 '화려한 표현보다 진심을, 순간적 호감보다 신뢰를 중시하라'는 가르침, 시대를 초월한 지침이라 할 수 있습니다.

3. 인지용(仁知勇), 군자가 갖추어야 할 세 가지

『논어(論語)』「헌문(憲問)」에는 다음과 같은 구절이 나옵니다.

공자께서 말씀하셨습니다.

"군자의 도에는 세 가지가 있는데 나는 할 수 있는 게 없구나. 어진(仁) 사람은 근심하지 않고, 지혜로운(知) 사람은 미혹되지 않으며, 용감한(勇) 사람은 두려워하지 않지."

제자 자공이 말했습니다.

"스승님께선 자신의 도에 관해 말씀하시는군요."

子曰(자왈): 君子道者三(군자도자삼), 我無能焉(아무능언), 仁者不憂(인자불우), 知者不惑(지자불혹), 勇者不懼(용자불구).

子貢曰(자공왈): 夫子自道也(부자자도야).

이 구절에서 공자는 군자가 지녀야 할 세 가지 도덕적 경지를 제시하고, 다음 구절에서 정작 자신은 그 어느 하나도 완전히 이루지 못하였다고 겸손하게 말합니다. '仁者不憂(인자불우), 知者不惑(지자불혹), 勇者不懼(용자불구)'는 군자가 지녀야 할 세 가지 덕목인데, 바로 인(仁), 지(知), 용(勇)입니다. 이는 군자가 갖추어야 할 핵심적인 인격적 완성의 기준으로, 감정과 판단 그리고 행동을 고루 아우르는 덕목이라 할 수 있습니다. 공자는 이 세 가지가 서로 분리된 것이 아니라, 조화를 이룰 때 비로소 참된 군자의 모습이 완성된다고 보았습니다.

'인자불우'는 '인(仁)을 지닌 사람은 살아가면서 근심하지 않는다'는 뜻입니다. 이는 인을 지닌 사람은 현실의 어려움이나 인간관계의 갈등을 전혀 겪지 않는다는 의미가 아니라, 사람을 사랑하고 이해하는 마음을 바탕으로 세상을 바라보기에 사사로운 불안과 원망에 사로잡히지 않는다는 뜻입니다. 인자는 타인과의 관계 속에서 자신의 도리를 다했기에, 마음의 근본이 평안하다고 할 수 있습니다.

다음으로 '지자불혹'은 '지혜로운 사람은 미혹되지 않는다'는 의미입니다. 여기서 말하는 '지(知)'는 단순한 지식을 말하는 것이 아니라, 사물의 이치와 옳고 그름을 분별할 수 있는 통찰력을 가리킵니다. 지혜로운 사람은 상황에 휘둘리지 않고 감정에 눈이 가려 판단을 그르치지 않는다는 뜻이며, 이는 올바른 선택을 가능하게 하는 정신적 기반이라 할 수 있습니다.

마지막으로 '용자불구'는 '용기를 지닌 사람은 두려워하지 않는다'는 뜻입니다. 이 용기는 무모한 것이 아니라, 옳다고 판단한 바를 실천할 수 있는 도덕적 결단력을 의미합니다. 외부의 압력이나 손해, 비난이 따르더라도 의로운 길을 선택할 수 있을 때, 비로소 참된 용기가 드러난다고 공자는 보았습니다.

이러한 세 덕목을 제시하며 공자는 "나는 아직 능하지 못하다"고 말했는데, 이 점은 매우 중요합니다. 이는 성인이라 불리는 공자조차도 끊임없이 자신을 돌아보고 수양하는 태도를 보이는데, 군자의 도는 평생 추구해야 할 이상임을 일깨워줍니다.

결론적으로 이 구절은 군자의 이상적 모습을 간명하게 요약함과 동시에, 인간이 도덕적 완성에 이르기 위해서는 겸손한 태도를 갖추어야 한다는 교훈을 줍니다.

4. 긍지를 갖되 다투지 않고, 무리를 이루되 파벌은 짓지 말라

『논어(論語)』「위령공(衛靈公)」편을 살펴봅시다.

공자께서 말씀하셨습니다.

"군자는 긍지를 갖되 다투지 않고, 무리를 이루지만 파벌을 만들지는 않습니다."

子曰(자왈): 君子矜而不爭(군자긍이부쟁), 羣而不黨(군이부당).

이 말은 군자의 품성과 처신을 간명하게 드러내는 구절로, 오늘날에도 인간관계와 공동체 경영에 깊이 참고할 만한 가르침입니다.

먼저 '矜而不爭(긍이부쟁)'에서 '긍(矜)'은 '스스로를 단정히 하고 품위를 지키며, 말과 행동에 신중함을 갖는 태도'를 뜻합니다. 즉 군자는 자신의 인격을 깊이 성찰하여 언제나 옳고 바른 모습을 유지하려 합니다. 이러한 자긍심은 다른 사람과 다투거나 우위를 점하려는 경쟁심으로 이어지지는 않습니다. 군자는 자기 절제와 도리에 맞는 자존을 지키되, 남을 밀어내거나 상대를 꺾어 이기려 하지 않는다는 겁니다.

다음으로 '羣而不黨(군이부당)'은 '군자는 함께 어울리되 패거리를 만들지 않는다'는 뜻이죠. 공동체 속에서 타인과 조화를 이루며 서로 돕는 것은 중요하지만, 공자는 사사로운 이익을 위해 무리를 짓는 행위를 경계하였습니다. 사사로운 이익을 위해 만든 '당(黨)'은 결국 공정함과 보편적 도리를 해치게 됩니다. 군자는 누구와도 소통하고 협력할 수는 있으나, 어디까지나 공정함과 도의를 기준으로 관계를 맺으며, 특정 집단의 사익을 위해 한쪽으로 치우치지 않습니다.

이 두 구절은 모두 군자의 기본 덕목이 '자기수양'과 '공정한 관계 맺기'에 있음을 강조한 겁니다. 이러한 군자의 마음가짐을 가장 함축적으로 보여주는 개념이 바로 공자가 중시한 용서인 '서(恕)'입니다. 공자는 제자 자공이 하나의 말로 일생의 실천을 관통할 수 있는지를 묻자, "서(恕)"라고 답하였습니다. 이 말은 '내가 바라지 않는 바를 남에게 베풀지 말라'는 뜻으로, 상대의 입장에서 생각하고 배려하는 능력을 말합니다.

서(恕)는 단순한 동정이나 감정적 이해를 넘어, 도리에 맞는 배려와 공정한 판단을 가능하게 합니다. 예컨대 '긍이부쟁(矜而不爭)'도 서의 실천에서 비롯됩니다. 스스로를 존중하되 남을 억압하지 않도록 절제하는 이유는, 상대도 나와 같은 존엄을 지닌 존재라고 인식하기 때문입니다. 또 '군이부당(羣而不黨)' 역시 서와 통합니다. 공동체에서 서로 어울리되, 일부만의 이익을 위해 움직이지 않는 것은 특정 무리의 이익이 다른 사람에게 해가 될 수 있다는 점을 헤아리는 마음, 다시 말해 서가 있기 때문입니다.

결론적으로 군자의 삶은 자기반성과 타인에 대한 배려가 균형을 이루는 삶입니다. 자기 수양을 통해 품위를 갖추고, 서의 마음으로 타인을 이해함으로써 공정하고 조화로운 관계를 만들어 갑니다. 『논어』의 이 가르침은 오늘날에도 조직 생활이나 인간관계에서 큰 지침이 될 수 있으며, 각자가 지닌 생각과 행동이 공동체 전체에 어떤 영향을 미치는지를 성찰하게 합니다.

　요컨대, '긍이부쟁(矜而不爭) , 군이부당(羣而不黨)'은 서(恕)의 정신 위에서 완성되는 군자의 품격을 설명하는 말이라 할 수 있으며, 이는 곧 다른 사람들과 더불어 살아가는 방식을 통찰하는 금과옥조(金科玉條)라고 할 수 있습니다.

5. 내가 싫어하는 것을 남에게 시키지 말라

『논어』 「위령공衛靈公」편에는 다음과 같은 대화가 담겨 있습니다.

자공이 여쭈었습니다.

"한마디 말로 평생토록 실행할 만한 것이 있습니까?"

공자께서 말씀하셨습니다.

"아마도 서(恕)일 것이야! 자기가 원하지 않는 것을 남에게 하라고 하진 말거라."

子貢問曰(자공문왈): 有一言而可以終身行之者乎(유일언이가이종신행지자호)?

子曰(자왈): 其恕乎(기서호)! 己所不欲(기소불욕), 勿施於人(물시어인).

"내가 싫어하는 것을 남에게도 시키지 말라"는 단순하지만 심오한 말입니다. 너무 당연하게 들려서, 진지하게 생각해 보지 않는 경우가 많은 것 같습니다. 하지만 『논어』에서 공자는, 이 평범해 보이는 말을 '서(恕)'라는 한 글자로 다시 한 번 생각하게 합니다. 공자는 제자 자공에게 '서(恕)', 즉 '타인을 이해하고 배려하는 마음'을 평생토록 실행할 만하다고 말했습니다.

'기소불욕, 물시어인(己所不欲 勿施於人)'은 '내가 원하지 않는 것을 남에게 시키거나 강요하지 말라'는 뜻입니다. 공자는 이 한마디로 인간관계의 도리를 설명하고, 나아가 사회를 바르게 이끌 수 있다고 믿었습니다. 그만큼 깊은 의미가 담긴 말이죠.

어느 날, 지하철에서 매우 혼잡한 시간에 누군가 통화를 큰 소리로 하고 있다고 합시다. 옆 사람은 인상을 찌푸렸고, 한 어르신은 조용히 자리를 옮겼습니다. 그 사람에게 "남이 그렇게 하면 기분이 좋겠냐?"고 묻는다면, 아마 "아니오"라고 답할 겁니다. 바로 그런 순간에 이 말, '기소불욕 물시어인'이 떠오를 겁니다.

공자는 말합니다.

"내가 싫은 일을 남에게 하게 하지 말라"고 말이죠. 누구나 '공감'이라는 능력을 가지고 있습니다만, 우리는 그것을 자주 잊고 있습니다. 때때로 나는 누군가에게 큰 소리를 내고, 무심코 던지는 말 한마디로 상대의 마음을 다치게 합니다. 내가 듣기 싫은 말을 남에게 말하고, 내가 피하고 싶은 일을 남에게 시킵니다.

그럴 때마다, 이 구절은 하나의 거울처럼 나를 돌아보게 합니다. 물론 이 원칙이 완벽한 윤리 기준은 아닙니다.

"나는 괜찮으니, 너도 괜찮을 거야"라며 남에게 무리한 것을 강요할 수도 있습니다. 예를 들어, 어떤 사람은 밤샘 근무가 익숙할지 모르지만, 다른 사람에게는 큰 고통이 될 수 있습니다. 이처럼 개인의 기준이 다를 수 있기 때문에, '기소불욕 물시어인'은 단순히 '내 감정'을 기준으로 삼는 것이 아니라, 상대의 입장까지 고려해야 하는 마음가짐이 바탕이 되어야 하다는 교훈을 건넵니다. 즉, '내가 정말로 누군가에게 하지 않기를 바라는 일은 무엇인가?'를 되묻게 합니다. 이 말은 회사에서도 가정에서도 유효합니다.

상사가 부하직원에게 기한이 급한 업무를 퇴근 시간이 다 되어 지시하면서, 자신은 일찍 퇴근하는 모습을 우리는 종종 봅니다. 그는 정말 그것이 공정한 일이라고 생각하는 걸까요? 내가 당하고 싶지 않은 방식이라면, 그 방식으로 남을 대하지 않는 것, 이것이 진정한 리더십이고 인간적인 품격 아닐까요? 정치나 제도도 마찬가지입니다. 우리는 모두에게 공정한 법을 원합니다. 그런데 정작 나에게만 유리한 방향으로만 기준을 바꾸려는 경우가 많습니다.

내가 싫어하는 법을 남에게도 강요하지 않도록, '기소불욕 물시어인'을 우리 사회의 최소한의 윤리 기준으로 세우면 어떨까요? 가정 안에서도 이 말은 필요합니다. 부모는 자녀에게 많은 것을 요구합니다. '성실하라, 효도하라, 공부 열심히 하라'고 말이죠. 하지만 정작 부모가 자신의 감정을 통제하지 못해 자녀를 비난하고 강요한다면, 그 말들은 진심으로 전해지기 어렵습니다. "나라도 이런 말을 들으면 아플 텐데……" 하는 생각, 그 하나만으로도 대화의 방향이 달라질 수 있습니다.

이 구절은 필자가 자주 떠올리는 것이기도 합니다. 글을 쓰고, 누군가와 소통하며, 때로는 강의할 때도, '내 말이 혹시 누군가에게 상처가 되지 않을까, 내 판단이 누군가의 자율성을 해치는 것은 아닐까' 하고 자꾸 되묻게 만듭니다.

'내가 받고 싶지 않은 태도, 말, 행동은 무엇인가?' 그리고 '나는 그것을 누군가에게 하고 있지는 않은가?' 이러한 물음들은 스스로를 다잡는 나침반이 되어줍니다. 누군가를 배려하고자 할 때, 말하기 전에 먼저 상대의 입장을 헤아려볼 때, 우리는 진짜 도리에 가까워집니다.

그러므로 이 말을 자주 떠올리면 좋을 것 같습니다.

'기소불욕, 물시어인.'

'내가 원하지 않는 것을 너에게도 강요하지 않을게'라고 말이죠. 우리 모두가 이 마음을 가슴에 품고 있다면, 세상이 조금 더 따뜻해지지 않을까 싶습니다.

6. 『논어(論語)』의 극기복례(克己復禮) 사상과 네 가지 지침

'克己復禮(극기복례)'는 '자기(己)의 사욕(私欲)을 이기고(克), 예(禮)에 돌아간다(復)'는 말로, 사욕·자기 본능이나 충동적 감정 등을 절제하고 예(禮: 도덕적 규범·사회적 예절)로 나아가는 회복적이면서도 수양적인 태도를 나타냅니다.

안연이 인(仁)에 관해 여쭈었습니다. 공자께서 말씀하셨습니다.
"자기를 이겨내고 예로 돌아가는 것이 인이란다. 하루라도 자기를 이겨내고 예로 돌아가면, 천하 세상이 인으로 돌아갈 것이야. 인을 행하는 방법은 자기로부터 말미암은 것이지. 어찌 다른 사람으로부터 말미암겠느냐?"
顔淵問仁(안연문인). *子曰*(자왈): *克己復禮爲仁*(극기복례위인). *一日克己復禮*(일일극기복례), *天下歸仁焉*(천하귀인언). *爲仁由己* (위인유기), *而由人乎哉*(이유인호재)?

이 말은 『논어(論語)』 「안연(顔淵)」편에서 제자인 안연이 인(仁)이 무엇인가를 묻자, 공자가 '극기복례위인(克己復禮爲仁)'이라고 답한 데에서 유래합니다. 즉, '자기를 이기고 예로 돌아가는 것이 바로 인'이라는 것이죠.

그리고 공자는 이어서 안연에게 구체적인 실천의 요소로서 다음과 같은 일상적인 네 가지 지침을 제시합니다.

안연이 여쭈었습니다.

"그 세부 항목을 여쭙겠습니다."

공자께서 말씀하셨습니다.

"예가 아니면 보지 말고, 예가 아니면 듣지 말며, 예가 아니면 말하지 말고, 예가 아니면 행동하지도 말거라."

顔淵曰(안연왈): 請問其目(청문기목).

子曰(자왈): 非禮勿視(비례물시), 非禮勿聽(비례물청), 非禮勿言(비례물언), 非禮勿動(비례물동).

'非禮勿視(비례물시), 非禮勿聽(비례물청), 非禮勿言(비례물언), 非禮勿動(비례물동), 즉 '예가 아니면 보지 말고, 듣지 말고, 말하지 말고, 행동하지 말라'는 것이죠.

공자는 인(仁)을 유교 윤리의 중심 덕목으로 내세우는데, 극기복례는 인을 구현하는 구체적이고 실천적인 방법론입니다. 욕망에 휘둘리지 않고 예에 따라 사는 것이 바로 인입니다. 개인이 자신의 내면을 성찰하고, 감정이나 욕망이 예에 어긋날 때 이를 자각하여 절제하는 노력을 뜻합니다.

사회적 질서 및 조화를 유지하기 위해, 예(禮)는 사회 속에서 사람들이 서로를 배려하며 적절한 태도와 관계를 유지하게 하는 틀입니다. 극기복례를 개인들이 실천하면 사회 전체의 도덕적 규범이 강화되고, 조화로운 공동체가 가능해집니다.

『논어(論語)』의 '비례물시·비례물청·비례물언·비례물동'은 극기복례의 실제적 지침입니다. 즉, '예(禮)에 어긋나면 보지 말며, 예에 어굿나면 듣지 말며. 예에 어긋나면 말하지도 말며, 예에 어긋나면 움직이지 말라'는 뜻이죠. 이 네 가지는 일상생활에서 욕망이 발휘되는 영역들인 보고 듣는 시청(視聽)·말하고 대화하는 언어(言語)·움직이고 일을 짓는 동작(動作))을 규제함으로써 마음이 예 안으로 돌아가도록 하는 구체적 방안이기도 하죠.

이에 대한 후대학자들의 견해를 살펴보죠. 주자(朱子)를 비롯한 성리학자들은 극기복례는 "천리(天理)를 보존하고 인욕(人欲)을 억제"하는 데에 있다고 보았습니다. 이는 사욕을 제거할 뿐만 아니라 본성(性)을 회복하고, 도덕적 본심을 회복할 수 있다고 이해할 수 있습니다.

조선 시대 유학자들도 극기복례를 개인의 도덕 수양뿐 아니라 정치와 사회에 적용되는 도덕 기준으로 삼고서, 왕이나 관료가 권력이나 사리사욕에 빠지지 않도록 예에 맞는 행동을 할 것을 강조했습니다.

극기복례는 공자가 안연에게 한 말로, '자기를 이기고 예에 돌아가는 것이 인이다'라는 핵심 윤리 명제입니다. 이는 단순한 성찰적 태도나 감정통제를 넘어, 구체적 행동 지침(보지 말고, 듣지 말고, 말하지 말고, 움직이지 말라)을 건네니 일상생활에서 실천 가능한 덕목입니다. 이 덕목은 오래도록 본성 회복과 사회도덕 유지·정치를 위한 기준으로 중시되었으며, 오늘날에도 개인의 성숙과 공동체의 조화를 위한 중요한 윤리 원칙이 될 수 있습니다.

7. 배움을 위해선 네 단계를 거쳐야 한다

공자는 배움에는 "반드시 거쳐야 할 단계가 있다"고 말했습니다. 『논어(論語)』 「자한(子罕)」편에서 공자는 배움과 수양이 점차 깊어지는 과정을 네 단계로 나누어 설명했습니다.

공자께서 말씀하셨습니다.

"더불어 같이 배울 수는 있지만 그것만으로는 아직 더불어서 도에 이를 수는 없고, 더불어 도에 나아갈 수 있지만 그것만으로는 아직 더불어 굳건하게 설 수 있는 것은 아니며, 함께 설 수는 있어도 아직은 자신의 지식만으로는 사안의 대소를 분별할 수는 없습니다."

子曰(자왈): 可與共學(가여공학), 未可與適道(미가여적도), 可與適道(가여적도), 未可與立(미가여립), 可與立(가여립), 未可與權(미가여권).

이 말은 배움이 단순히 지식을 나누는 데서 끝나는 것이 아니라, 인격과 판단의 완성으로 나아가는 긴 수양의 여정임을 일깨워주고 있습니다. 공자가 제시한 이 네 단계는 배움의 자연스러운 깊이를 잘 보여줍니다. 먼저 '함께 배우는 단계'는 비교적 쉽게 시작할 수 있습니다. 그러나 배움이 삶의 방향을 이끄는 도로 이어지기 위해서는 단순한 이해를 넘어 각자의 마음가짐과 실천이 요구됩니다. 도를 말하고 도를 이해한다 하더라도, 현실의 삶 속에서 흔들림 없이 굳게 서는 것은 한층 더 어려운 경지입니다. 나아가 모든 상황에서 사안의 크고 작음과 옳고 그름을 스스로 분별할 수 있는 단계에 이르기 위해서는, 오랜 성찰과 반복된 실천이 반드시 뒤따라야 합니다. 이는 배움이 머릿속에 쌓이는 지식이 아니라, 삶 전체를 관통하는 지혜의 덕으로 완성되어야 함을 의미합니다.

이와 관련하여 공자는 『시경(詩經)』의 한 구절을 인용합니다.

"산앵두나무 꽃이 팔랑팔랑 나부끼네. 어찌 그대가 그립지 않을까만 집이 너무 멀리 있구나."

이 시를 읊으며 공자께서 말씀하셨습니다.

"그를 그리워하지 않는 것이지, 멀다는 게 무슨 문제이겠습니까?"

唐棣之華(당체지화), *偏其反而*(편기반이). *豈不爾思*(개불이사)? *室是遠而*(실시원이).

子曰(자왈): *未之思也*(미지사야), *夫何遠之有*(부하원지유)?

이 시구는 겉으로 보자면 거리의 멂을 이유로 그리움을 이루지 못함을 노래하는 듯합니다. 그러나 공자는 이 구절을 인용하면서 전혀 다른 차원의 해석을 제시합니다. 곧 "그를 그리워하지 않는 것이지, 멀다는 게 무슨 문제 있겠느냐?"고 말합니다.

이 말은 배움과 도(道)의 문제는 마음에 달려 있다는 것을 깨닫게 합니다. 마음이 진실하고 간절하다면 거리나 조건은 결코 장애가 될 수 없으며, 도 또한 멀리 있는 것이 아니라는 뜻입니다. 도에 이르지 못하는 이유를 외부 환경이나 여건에서 찾기보다, 자신의 마음이 과연 얼마나 간절한지를 스스로 돌아보라는 가르침이라 할 수 있습니다. 공자는 도가 본래 멀어서가 아니라, 우리가 참으로 구하지 않기 때문에 멀게 느껴질 뿐임을 조용히 일깨워주고 있는 겁니다.

　결론적으로 이 장은 배움의 깊이와 마음의 참됨을 함께 묻고 있습니다. 함께 배우고 함께 도를 말하는 데서 멈추지 않고, 각자가 자신의 삶 속에서 도를 실천하며 굳게 서는 것이 중요함을 강조하고 있습니다. 또한 참된 뜻과 그리움이 있다면, 도는 언제나 사람 가까이에 있으며, 배움은 바로 자신의 마음을 바로 세우는 데서 시작된다는 점을 분명히 하고 있습니다. 공자의 이 말은 오늘을 살아가는 우리에게도 배움과 삶의 방향을 다시 성찰하게 하는 깊은 가르침을 전해 주고 있습니다.

8. 사람이 도를 넓히는 것이지,
도가 사람을 넓히는 것은 아니다

『논어(論語)』「위정(爲政)」편을 살펴봅시다.

공자께서 말씀하셨습니다.

"사람이 도를 넓힐 수 있는 것이지, 도가 사람을 넓힐 수 있는 것은 아니란다."

子曰(자왈): 人能弘道(인능홍도), 非道弘人(비도홍인)

이 말은 공자의 핵심 사상 중 하나로, 사람과 도(道)의 관계를 깊이 성찰하게 하는 구절입니다. 이를 직역하자면 짧고 간결하지만, 그 안에는 인간의 주체성과 책임 그리고 도(道)의 본질에 대한 공자의 깊은 통찰이 담겨 있습니다.

공자가 말한 '도(道)'는 단순한 규칙이나 관념적 도덕을 뜻하지 않습니다. 인간이 마땅히 따라야 할 천리(天理), 즉 올바름과 조화의 길을 가리킵니다. 그러나 공자는 이 도가 스스로 작동하거나 사람을 변화시키는 힘을 갖는 것이 아니라, 사람이 그 도를 이해하고 실천함으로써 비로소 도가 세상에 드러난다고 하였습니다.

즉, 도는 본래 추상적인 원리이므로, 그것을 현실 속에서 구현하고 확장시키는 것은 결국 사람의 몫이라는 것입니다. 그러므로 진정한 의미의 '홍도(弘道)'란, 도를 넓히고 전하는 행위 자체가 아니라, 도를 자신의 삶으로 체화하여 그것을 세상에 펼쳐 보이는 실천을 말합니다.

이 말은 도(道)를 절대적이고 초월적인 힘으로 보던 당시의 관념에 대한 공자의 분명한 선언으로 이해할 수 있습니다. 공자는 인간을 도의 지배를 받는 수동적인 존재로 보지 않았습니다. 오히려 사람 안에는 도를 실현할 수 있는 능력과 도덕적 주체성이 내재되어 있다고 보았던 것이죠.

따라서 '비도홍인(非道弘人)'은 '도가 저절로 인간을 고양시키는 것이 아니라, 인간이 스스로 노력하여 도를 깨닫고 실천할 때만이 도가 살아난다'는 의미입니다. 이 구절은 '도덕이 사람을 완성시키는 것이 아니라, 사람이 도덕을 완성시킨다'는 인간 중심의 윤리관을 드러냅니다.

공자는 도를 넓히는 구체적인 방법으로 학(學)과 행(行)을 강조하였습니다. 즉, 배우고 익히는 것으로 도의 이치를 깨닫고, 행함으로써 그 도를 현실 속에 실현시키는 것입니다. 사람이 도를 넓힌다는 것은, 지식이나 교리를 전파하는 것이 아니라, 자신의 삶을 통해 도의 가치를 확장하는 것이라 하였습니다.

이러한 점에서 '인능홍도(人能弘道)'는 단순히 학문적 주장을 담은 명제가 아니라, 도덕적 실천의 선언문이라 할 수 있습니다. 지식이나 원리가 아무리 훌륭해도 그것을 이해하고 실천하는 사람이 없으면 아무 의미가 없습니다. 사회의 규범이나 법도, 조직의 이념도 마찬가지입니다. 그것이 살아 움직이기 위해서는 그 정신을 구현하는 사람의 의지와 행동이 필요합니다.

결국 도는 사람이 살아 있게 하는 것이고, 세상을 움직이는 힘은 언제나 사람에게서 비롯된다는 것이죠. 공자의 이 말은 책임을 회피하지 말고, 세상과 도덕의 근본을 스스로의 삶 속에서 구현하라는 요청입니다. 도를 핑계 삼아 자신의 나태함을 정당화하지 말고, 사람이 스스로 그 길을 밝히는 존재가 되어야 한다는 뜻이지요.

따라서 '인능홍도(人能弘道)'는 인간의 도덕적 주체성과 실천 능력을 강조한 구절이며, '비도홍인(非道弘人)'은 도가 사람을 구원하는 것이 아니라, 사람이 도를 드러내야 함을 일깨워줍니다. 이는 인간에 대한 공자의 깊은 신뢰와 도덕 실천의 중요함을 강조한 지침이라 할 수 있습니다. 결국 이 구절은 우리에게 이렇게 말하죠.

"도를 따르려 하기보다, 도를 스스로 넓히십시오. 진리는 멀리 있는 것이 아니라, 그대의 삶 속에 있습니다."

9. 아침에 도를 들을 수 있다면 저녁에 죽어도 좋다

『논어(論語)』「이인(里仁)」편을 살펴봅시다.

공자께서 말씀하셨습니다.
"아침에 도를 들으면 저녁에 죽어도 좋습니다."
子曰(자왈): 朝聞道(조문도), 夕死可矣(석사가의).

공자가 '아침에 도를 들을 수 있다면 그날 저녁에 죽어도 좋다'고 말한 것으로, 앎의 완성보다 '도(道)에 접속하는 순간'의 충만함을 강조한 표현이라 할 수 있습니다. 이 문장은 인생의 가치를 성취나 장수에 두지 않고, 도덕적·존재적 자각의 순간에 둔 점에서 유가 사상의 핵심적 문장으로 평가됩니다. 그러면서 다음과 같은 말을 덧붙였습니다.

"선비가 도에 뜻을 두면서 허름한 옷과 나쁜 음식을 부끄러워한다면 그와는 더불어 논의할 수 없다."
子曰(자왈): 士志於道(사지어도), 而恥惡衣惡食者(이치악의악식자), 未足與議也(미족여의야).

이 표현과 유사한 사고방식은 여러 고전에서 찾을 수 있으나, 공자의 문장은 삶의 의미를 '도덕적 도(道)'의 인식에 두었다는 점에서 다른 사상가들과 구별됩니다. 비교의 포인트는 ① 도(道)의 성격, ②

앎과 삶의 관계, ③ 죽음에 대한 태도입니다. 이를 또 다르게 주장하는 사상과 비교해 보겠습니다.

먼저 맹자는 『맹자(孟子)』에서 '得天下英才而教育之(득천하영재이교육지) , 三樂也(삼락야)', 즉 '천하의 영재를 얻어 가르치는 것이 세 번째 즐거움이다'라고 했는데, 도를 듣는 순간의 충족보다는 '도덕적 교화의 지속성'을 더 강조합니다. 맹자는 공자처럼 '즉시 죽음'을 언급하지 않았으며, 도를 장기적으로 실천하는 과정 속에서 구현하려 했다는 점에서 차이가 있습니다. 즉, 공자는 내적 자각의 순간을 강조한다면, 맹자는 그 자각의 '전개와 확장'을 중시합니다.

『중용(中庸)』에서는 '一日克己復禮(일일극기복례) 天下歸仁(천하귀인)', 즉 '하루라도 극기복례하면 인이 천하에 미친다'라는 문장이 나오는데, 이 문장은 공자의 문장과 비슷하게 '순간의 완성'을 말하나, 중용은 그 순간을 반복해 전체적 조화를 이루는 방향으로 나아갑니다. 이는 '듣는 순간'에 가치를 두는 공자와 달리, '지속적 균형'을 가치로 두는 특징을 보여줍니다.

도가(道家)와 비교하면 더 분명해집니다. 노자의 『도덕경(道德經)』에서는 '為學日益(위학일익) 為道日損(위도일손)', 즉 '학문은 날로 더하고, 도는 날로 덜어낸다'라고 하여 도를 깨닫는 순간보다 집착을 비워내는 과정을 강조합니다. '도를 들으면 죽어도 된다'는 식의 급진적 표현 대신, 도는 이미 늘 존재하며 인간의 인위적 욕망이 사라질 때 드러난다는 관점이 강합니다. 즉, 공자의 도는 '들음(聞)'을 필요로 하지만, 노자의 도는 '비움(損)'을 요구합니다.

장자의 『장자(莊子)』에서는 이 대비가 더욱 두드러집니다. 『장자』

에서 진인(眞人)과 지인(至人)은 생사에 얽매이지 않으며, '方生方死(방
생방사)', 즉 '삶과 죽음은 서로 바뀌는 것'이라는 관점을 지닙니다. 장
자는 '도를 들음'보다 자연과의 일치를 강조하며, 도를 듣고 죽음을
말하는 공자의 표현은 장자의 관점에서는 '도의 흐름을 인간의 가치
판단으로 구분하는 행위'로 여겨질 수 있습니다. 장자는 도와 죽음
을 분리하지 않고, '도를 들으면 죽어도 좋다'는 식의 이분법적 표현
은 사용하지 않기 때문입니다.

한편, 불교의 초기경전에서도 유사한 구절을 찾을 수 있습니다.
『증일아함경(增壹阿含經)』 등에서는 '수행자가 법(法)을 깨달으면 죽음
이 두렵지 않다'는 표현이 등장하며, 이는 공자의 문장과 매우 유사
한 구조를 보입니다. 그러나 불교는 깨달음을 '생사윤회의 해탈로
이어지는 통찰'로 보아, 도를 '윤리적 질서'로 보는 유가와는 성질이
다릅니다.

종합하면, '朝聞道(조문도), 夕死可矣(석사가의)'는 순간적 자각의 충
만성, 도덕적 정체성 회복, 죽음에 대한 초월적 태도라는 세 요소를
담고 있으며, 유가 내부에서는 실천의 지속성 여부에 따라 『맹자(孟
子)』·『중용(中庸)』과 차이를 보이고, 도가·불교와 비교하면 도의 성격
과 생사관에서 큰 차이가 드러납니다.

즉, 공자의 문장은 '도를 향한 전적 헌신과 존재적 고양'을 선언하
는 명문이자, 동아시아 사상 전체에서 보기 드문 삶과 죽음의 단절
적 대비를 통해 도의 절대 가치를 드러낸 표현이라 할 수 있습니다.

10. 정치는 가까운 이를 기쁘게 하고
멀리 있는 이를 찾아오게 하는 것

공자가 『논어(論語)』에서 제시한 정치의 핵심 원리는 '덕으로 다스리는 정치'입니다. 공자는 군주나 지도자가 권위나 형벌을 내세우기보다 먼저 모범을 보이고, 스스로 덕을 닦아 자연스럽게 사람들을 따르게 하는 정치가 가장 이상적이라고 하였습니다. 이를 흔히 '덕치(德治)'라고 부르며, 정치를 기술이나 권력의 행사로 보지 않고, 사람의 마음을 얻는 과정으로 이해한 것이 특징입니다. 공자에게 정치는 도덕의 실천이자 사회를 조화롭게 만드는 인(仁)을 확장하는 것입니다. 지도자가 올바르면 백성이 따르고, 윗사람이 도를 지키면 아랫사람도 스스로 바르게 된다는 점을 강조하였습니다.

이와 관련해 『논어(論語)』「자로(子路)」를 살펴봅시다.

섭공이 정치에 대해 물었습니다. 공자께서 말씀하셨습니다.

"가까이 있는 사람은 기쁘게 하고, 멀리 있는 사람은 찾아오게 하는 겁니다."

葉公問政(섭공문정).

子曰(자왈): 近者說(근자열), 遠者來(원자래).

이는 '좋은 정치를 하면 백성들이 가까이에서 만족하고, 외지의 사람들까지 자연스럽게 모여들어 공동체가 번영한다'는 뜻입니다. 여기서 '근자(近者)'는 물리적 거리의 가까움뿐 아니라, 이미 공동체

안에 있는 구성원들을 의미하며, 그들이 편안함과 기쁨을 느끼면 정치가 기본적으로 성공하고 있는 것입니다. '원자래(遠者來)'는 외부의 인재나 백성들이 그 정치의 덕을 듣고 스스로 찾아오는 상황을 말합니다. 억압이나 강제력으로 사람을 모으는 것이 아니라, 덕과 신뢰가 사람을 끌어당기게 한다는 공자의 통찰이 담겨 있죠.

현대적으로 해석하자면, '근자열(近者說)'은 내부 구성원의 만족도를 의미합니다. 국가의 시민, 기업의 직원, 학교의 학생 등 가장 가까운 구성원들이 정치나 조직 운영에 대해 신뢰와 만족을 느낀다면 그것이 곧 좋은 정치와 리더십의 근본 기준이라는 뜻입니다. 반대로 내부가 불안정하다면 외부의 평가나 명성이 있어도 지속 가능한 발전은 어렵습니다. 따라서 지도자에게는 투명한 운영, 공정한 절차, 구성원의 처지를 이해하려는 공감 능력 등이 요구됩니다.

한편, '원자래(遠者來)'는 외부로부터의 자발적 유입을 의미합니다. 국가적 차원에서는 해외의 인재·투자 등을 끌어들일 수 있는 신뢰도와 매력, 조직적 차원에서는 외부 인재가 '저곳에서 일해 보고 싶다'고 느끼는 브랜드와 문화가 이에 해당합니다. 공자는 강한 규제나 혜택을 주어 억지로 끌어들이는 방식보다, 기본 시스템과 문화 자체의 신뢰성을 높여 자연스럽게 사람이 모이게 하는 것을 이상적인 정치로 보았습니다.

결국 근자설·원자래는 외적 성과보다 내부의 안정과 덕을 기반으로 한 자연스러운 흡인력을 강조한 개념입니다. 현대사회에서도 국가나 조직의 품격은 외부 홍보보다 내부 구성원들이 얼마나 행복한지로 판단됩니다. 이를 위해 지도자는 도덕적 기준을 지키고, 약자를 보호하며, 공동체의 장기적 안정을 우선시하는 결단을 내려야 합니다. 공자가 말한 정치의 본질은 시대가 지나도 변하지 않는 법입니다. 좋은 정치는 강제나 기술이 아니라 신뢰·덕·관계의 힘으로 사람을 움직이는 것이며, 이를 통해 가까운 사람이 만족하고 먼 곳에 있는 사람이 찾아오는 조화로운 공동체를 이룰 수 있습니다.

11. 중용을 한마디로 정의하면 과유불급(過猶不及)이다

『논어(論語)』「선진(先進)」편에 등장하는 '과유불급(過猶不及)'은 단 한 마디로 공자의 중용 사상을 상징합니다. 지나침도, 부족함도 모두 도를 벗어나는 것이니, 진정한 지혜는 상황에 맞는 적절함(中)을 아는 데 있습니다. 이는 극단에 치우치고 경쟁을 벌이는 오늘날의 우리에게도, 조화와 균형, 절제와 품격의 중요성을 다시금 일깨워주는 소중한 가르침입니다. 그 원문은 이렇습니다.

제자 자공이 여쭈었습니다.

"자하(子夏, 師사)와 자장(子張, 商상) 중 누가 더 현명합니까?"

공자께서 말씀하셨습니다.

"자하는 지나치고, 자장은 미치지 못한다."

자공이 다시 여쭈었습니다.

"그렇다면 자하가 더 낫습니까?"

공자께서 대답하셨습니다.

"지나친 것은 미치지 못한 것과 같단다."

子貢問曰(자공문왈): 師與商也孰賢(사여상야숙현)?

子曰(자왈): 師也過(사야과), 商也不及(상야불급).

曰(왈): 然則師愈與(연즉사유여)?

子曰(자왈): 過猶不及(과유불급).

공자가 제자들의 성향을 평가하면서 한 이 말은, 중용(中庸)의 사상을 간결하게 드러낸 대표적 구절입니다. '과유불급(過猶不及)'이란 '지나친 것은 모자란 것과 같다'는 뜻으로, 인간의 행위와 판단에 있어 '적절한 균형'과 '중도의 가치'를 강조한 표현입니다.

공자는 두 제자, 자하와 자장의 성향을 비교하였습니다. 자하는 학문에 있어서 지나치게 엄격하고 형식에 치우친 반면, 자장은 실천과 규범에 다소 소홀하고 느슨한 경향이 있었습니다. 그러나 공자는 어느 한쪽도 온전한 덕으로 평가하지 않고, '과(過)'나 '불급(不及)'이 모두 도(道)의 중심에서 벗어난 상태라고 보았던 것이죠. 즉, 지나침과 부족함은 겉보기에는 반대지만, 본질적으로 모두 조화와 균형을 잃은 잘못된 상태라는 뜻입니다.

이 말이 담고 있는 핵심사상은 바로 '중용(中庸)', 즉 '치우치지 않음'의 덕목입니다. 중용은 단순히 중간을 택하라는 의미가 아니라, 상황과 관계에 맞게 가장 알맞은 정도를 지키는 태도를 말합니다. '과유불급'은 이런 중용의 실천적 요체를 한마디로 압축한 표현이라 할 수 있습니다.

공자는 인간의 덕성과 행위는 감정·지식·행동의 균형 속에서 조화를 이룰 때 비로소 도에 부합한다고 보았습니다. 지나치게 엄격한 태도는 타인을 억압하거나 자신을 소모시키며, 반대로 느슨하고 소극적인 태도는 의무와 책임을 다하지 못하게 합니다. 따라서 진정한 도덕적 완성은 극단의 어느 한쪽이 아니라, 매 순간 적절함을 찾아 실천하는 중도능력에 달려 있습니다.

이 사상은 현대사회에도 깊은 시사점을 줍니다. 오늘날 우리는 경쟁과 성취를 중시하는 풍조 속에서 '더 많이', '더 빨리'를 추구하는 경향이 강합니다. 그러나 공자의 가르침은 이러한 과도한 욕망이나 완벽주의가 오히려 불균형을 초래하고, 내면의 평정과 사회적 조화를 깨뜨릴 수 있음을 경고합니다. 성과를 위한 지나침 또한 실패와 다를 바 없다는 점을 일깨워줍니다.

또한 '과유불급'은 인간관계의 조화에도 적용됩니다. 말과 행동, 감정의 표현이 지나치면 상대에게 부담이 되고, 부족하면 진심이 전달되지 않습니다. 따라서 상대의 처지와 상황에 따라 적절히 조절하는 것이 관계의 미덕입니다. 공자의 중용은 이러한 인간관계의 섬세한 균형 감각을 기르는 데 중요한 지침이 됩니다.

교육과 리더십의 측면에서도 이 구절은 의미가 큽니다. 지도자는 원칙에 충실해야 하지만, 동시에 융통성을 잃지 않아야 합니다. 너무 엄격하면 구성원을 억압하고, 너무 느슨하면 기강이 흐트러집니다. 따라서 '과유불급'은 공정하면서도 유연한 리더십의 근본 가치로 활용할 만합니다.

요컨대, 『논어』「선진」의 '과유불급'은 단순한 도덕적 교훈이 아니라, 모든 사물과 인간사에서 조화와 절제의 덕목이 가장 중요하다는 인생의 철학을 담고 있습니다. 공자는 완벽한 정답보다 지나침과 모자람 사이에서 적절한 균형을 찾는 지혜가 진정한 성숙이라 보았던 것이죠.

12. 한겨울에야 소나무와 잣나무의 의젓함을 알 수 있다

『논어(論語)』「자한(子罕)」편에 나오는 '세한연후지송백지후조야(歲寒然後知松柏之後彫也)'는 공자의 인물관과 군자의 덕성을 압축해 보여주는 유명한 구절입니다. 직역하면 '세월이 한겨울에 이르러서야 소나무와 잣나무가 나중에야 시듦을 알 수 있다'는 뜻입니다. 즉, 기후가 따뜻할 때에는 모든 나무가 푸르게 보이지만, 혹독한 추위를 맞이해야 비로소 어떤 나무가 끝까지 푸르름을 유지하는지 드러난다는 비유적 표현입니다.

공자께서 말씀하셨습니다.
"날씨가 추워지고 난 후에야 소나무와 잣나무가 나중에 시듦을 알 수 있습니다."
子曰(자왈): 歲寒然後知松柏之後彫也(세한연후지송백지후조야).

이 말은 자연의 현상을 예로 들어 사람의 진정한 품성은 평탄한 때가 아니라 어려움 속에서 드러난다는 공자의 통찰을 전합니다. 소나무와 잣나무는 언제나 푸르기 때문에 차가운 겨울을 겪어야만 그 진가가 나타납니다. 마찬가지로, 평소에는 누구나 품위 있는 듯 보일 수 있으나, 위기·역경·손해를 감수해야 하는 순간이 닥쳐야 그 사람이 어떤 가치관을 지니고 있는지, 어떤 신의를 지키는지 분명히 드러난다는 것입니다.

또한 이 구절은 군자의 의리·절개·일관성을 상징적으로 드러냅니다. 공자가 이상으로 제시한 군자는 처한 상황이나 이익에 따라 마음이 흔들리는 사람이 아니라, 추위 속에서도 푸르름을 잃지 않는 소나무처럼 도리와 신념을 끝까지 유지하는 사람입니다. 이러한 사람은 외부의 환경이 바뀌어도 내면의 중심을 잃지 않기 때문에 다른 이들에게 신뢰와 존중을 받게 됩니다. 공자는 제자들에게도 바로 이런 '세한송백(歲寒松柏)'의 덕성을 갖출 것을 늘 강조했습니다.

이 구절이 주는 또 하나의 교훈은 사람을 평가할 때 성급하게 판단하지 말라는 점입니다. 외적 조건이나 순간적 모습만으로 사람을 재단하기 쉽지만, 공자는 인간의 진정한 도덕성은 오랜 시간과 여러 상황을 거쳐야만 확인할 수 있다고 보았습니다. 즉, '겨울의 시험'을 통과해야만 그 사람의 본성, 책임감, 인내심, 성실함이 드러난다는 겁니다. 이는 현대사회에서도 여전히 적용되는 지혜로 단기적 성과나 표면적 능력보다 꾸준함, 신뢰, 위기 속에서의 태도가 훨씬 중요함을 일깨워줍니다.

개인에게 주는 교훈 역시 큽니다. 우리는 누구나 평온한 일상에서는 품위를 유지하기 쉬우나, 예기치 않은 어려움 속에서는 흔들리게 마련입니다. 이때 공자가 제시한 소나무와 잣나무의 이미지는 어려움 속에서도 나 자신이 지켜야 할 가치가 무엇인지 성찰하라는 메시지로 다가옵니다. 직장, 인간관계, 학업, 사회적 압박 등 다양한 상황에서 어려움을 겪을 때, 의리를 저버리거나 원칙을 포기하는 것이 아니라, 일관된 자세와 올바른 기준을 붙드는 것이 진정한 성숙이라는 점을 일깨워줍니다.

결론적으로, 이 구절은 단순한 자연 관찰을 넘어, 시련을 통해 사람의 진정한 품격이 드러난다는 깊은 인간학적 통찰을 담고 있습니다. 삶의 겨울이 왔을 때 그것을 두려워하기보다는 그 과정을 통해 나의 본성이 더욱 단단하게 드러날 수 있음을 자각한다면, 우리는 더 성숙한 태도로 일상을 살아갈 수 있을 것입니다.

13. 공자의 생활태도가 그대로 담긴 향당편(鄕黨篇)

『논어(論語)』「향당(鄕黨)」편은 공자가 일상생활에서 어떠한 태도와 예절을 지녔는지를 구체적으로 보여주는 편으로, 군자의 도가 삶의 모든 국면에서 어떻게 실천되어야 하는지를 잘 보여줍니다. 이 편은 공자의 언행을 통해 예(禮)가 생활 전반에 스며들어 있음을 밝히며, 특히 몸가짐과 말씨, 처신의 미묘한 차이를 중시하고 있습니다.

먼저 공자가 고향에 머무를 때의 태도를 보면, 평소의 엄숙한 모습과는 달리 다소 온화하고 소박한 모습을 보였다고 전합니다. 이는 가까운 이들과 더불어 지낼 때에는 권위보다는 친화와 겸손을 중히 여겼음을 뜻합니다. 그러나 결코 방종하거나 무례하지 않았으며, 마을의 제사나 공적인 자리에서는 반드시 몸가짐을 바르게 하고 예에 맞게 행동하였습니다. 이는 사적인 친근함과 공적인 엄숙함을 분명히 구분한 태도로 이해할 수 있습니다.

귀빈을 접대할 때 공자는 극진하면서도 지나치지 않은 예를 갖추었습니다. 손님이 찾아오면 반드시 단정한 자세로 맞이하고, 말이 많지 않으면서도 상대를 존중하는 태도를 유지하였습니다. 음식이나 자리 배치 또한 신분과 상황에 맞게 조절하였으며, 손님이 물러날 때까지 예를 늦추지 않았습니다. 이는 사람을 대함에 있어 진심과 절도를 함께 지켜야 함을 보여주는 모습이라 할 수 있습니다.

궁궐이나 조정에 들어갈 때의 공자 모습은 더욱 엄격하였습니다. 문을 지날 때에는 몸을 낮추어 마치 공간이 좁은 듯이 조심하였고, 군주 앞에서는 말과 행동을 극도로 삼갔습니다. 빠르게 걷지도, 느

굿하게 걷지도 않고, 항상 예에 맞는 걸음을 유지하였습니다. 이는 군주에 대한 존경일 뿐 아니라, 공적인 공간이 지니는 상징성과 질서를 깊이 인식하고 있었음을 드러냅니다.

의복과 차림새에 있어서도 공자는 예를 중시하였습니다. 평상시에는 검소하되 단정한 옷을 입었고, 색채와 재질 또한 상황에 맞게 선택하였습니다. 특히 여름에는 얇고 시원한 옷을 입되, 결코 몸가짐이 가벼워 보이지 않도록 하였습니다. 이는 계절에 순응하되 예를 잃지 않는 중용의 태도를 보여줍니다.

군자(공자)는 감색과 검붉은 색으로 옷깃을 장식하지 않고, 붉은색과 자주색으로 평상복을 만드시지 않았습니다. 더운 여름에는 칡베로 만든 홑옷을 입으시되, 외출할 때는 반드시 겉옷을 입고 나가셨습니다. 검은 옷에는 양가죽으로 만든 갖옷을 입으시고, 흰 옷에는 어린 사슴 가죽으로 만든 갖옷을 입으셨으며, 누런 옷에는 여우가죽으로 만든 갖옷을 입으셨습니다. 평상복은 조금 길게 하되 일할 때 편리하도록 오른쪽 소매를 짧게 하셨습니다. 반드시 잠옷을 갖추어놓고 계셨는데 키의 한 배 반으로 하셨습니다. 방에서는 여우나 담비의 두터운 가죽을 깔고 앉으셨습니다. 탈상을 한 뒤에는 몸에 패물을 차지 않으신 적이 없었습니다. 조회에 나가거나 제사를 지낼 때 입는 예복은 예법대로 온폭의 천을 썼지만, 예복이 아닌 옷은 반드시 남은 천을 잘라내셨습니다. 양가죽으로 만든 갖옷을 입거나 검은 갓을 쓰고는 조문을 가지 않으셨습니다. 매월 초하룻날에는 반드시 조복을 입고 임금님을 알현하셨습니다.

君子不以紺緅飾(군자불이감추식), *紅紫不以爲褻服*(홍자불이위설복). *當署*(당서), *袗絺綌*(진치격), *必表而出之*(필표이출지). *緇衣*(치의), *羔裘*(고구), *素衣*(소의), *麑裘*(예구), *黃衣狐裘*(황의호구), *褻裘長*(설구장), *短右袂*(단우메). *必有寢衣*(필유침의), *長一身有半*(장일신유반). *狐貉之厚以居*(호맥지후이거). *去喪*(거상), *無所不佩*(무소불패). *非帷裳*(비유상), *必殺之*(필쇄지). *羔裘玄冠不以弔*(고구현관불이조). *吉月*(길월), *必朝服而朝*(필조복이조).

또한 공자는 목욕재계를 매우 중요하게 여기었습니다. 제사나 중요한 일을 앞두고는 반드시 몸을 깨끗이 하고 마음을 가다듬었으며, 이는 단순한 위생 차원을 넘어 정신적 정결함을 중시한 태도라 할 수 있습니다. 몸을 바르게 함으로써 마음 또한 바르게 하고자 한 공자의 자세는, 내면 수양과 외적 행실이 분리될 수 없음을 잘 보여줍니다.

종합해 보면, 「향당(鄕黨)」편은 공자가 일상에서 가장 사소해 보이는 순간들 속에서도 예와 덕을 실천하였음을 전하는 기록이라 할 수 있습니다. 공자의 삶은 특별한 의식이나 거창한 말이 아니라, 걷는 법, 말하는 법, 옷 입는 법, 사람을 대하는 태도 속에서 군자의 도가 구현될 수 있음을 보여주고 있습니다. 이러한 점에서 「향당」편은 유학의 실천적 성격을 가장 생생하게 드러내는 장이라 할 수 있으며, 오늘날에도 일상에서 품격과 태도를 돌아보게 하는 깊은 가르침을 전해 주고 있습니다.

14. 논어·중용·대학은 상호보완적으로 실천해야 할
　　덕목이 담긴 책이다

『논어』·『중용』·『대학』은 모두 유가 사상의 핵심 경전으로, 공자를 중심으로 한 도덕철학을 계승·발전시킨 책들입니다. 세 경전은 공통적으로 인간의 도덕 수양을 중시하지만, 표현 방식과 강조점, 사상의 전개 구조에서는 뚜렷한 차이를 보입니다.

먼저 『논어』는 공자와 제자들 간의 문답과 공자의 언행을 기록한 책으로, 유가 사상의 출발점에 해당합니다. 『논어』의 가장 큰 특징은 체계적인 이론을 제시하기보다는 구체적인 삶의 장면 속에서 덕을 어떻게 실천해야 하는지를 보여줍니다. 인(仁), 예(禮), 의(義), 지(智)와 같은 핵심 개념들을 명확한 정의로 제시하기보다는, 상황에 따라 달리 적용되는 모습으로 나타납니다. 따라서 『논어』는 군자의 인격과 태도를 직관적으로 이해하게 하는 데 중점을 두고 있으며, 도덕 실천의 현장성과 인간적 면모가 강하게 드러납니다.

이에 비해 『대학』은 『논어』에 흩어져 있는 도덕 사상을 하나의 체계적인 구조로 정리한 경전이라 할 수 있습니다. 『대학』은 삼강령과 팔조목을 통해 개인 수양에서 사회 질서에 이르는 과정을 단계적으로 제시하며, 도덕과 정치의 연관성을 명확히 설명합니다. 『논어』가 "어떻게 살아야 하는가"를 사례 중심으로 보여준다면, 『대학』은 "왜, 그리고 어떤 순서로 실천해야 하는가"를 이론적으로 설명합니다. 특히 『대학』은 수신을 모든 정치와 사회 질서의 근본으로 삼아, 개인의 도덕성이 국가와 천하의 안정으로 이어진다는 확장 구조를 분명히 제시합니다.

　한편 『중용』은 『논어』와 『대학』의 사상을 철학적으로 심화한 경전으로 평가됩니다. 『중용』은 인간의 감정과 본성이 어떻게 조화롭게 발현되어야 하는지를 설명하며, 중(中)과 화(和)의 개념을 핵심으로 삼습니다. 여기서 중이란 치우치지 않은 상태, 즉 감정이 아직 드러나지 않은 근본적 균형을 뜻하고, 화란 감정이 드러나되 절도에 맞는 상태를 의미합니다. 『중용』은 이러한 조화의 상태를 우주의 질서와 연결해 설명함으로써, 도덕 수양을 단순한 윤리 차원을 넘어 천도(天道)와 합일되는 과정으로 이해합니다.

　세 경전을 비교해 보면, 『논어』는 실천적·인격적, 『대학』은 구조적·정치적, 『중용』은 형이상학적·철학적 성격이 강하다고 정리할 수 있습니다. 『논어』가 군자의 구체적인 삶의 모습을 보여주는 기록이라면, 『대학』은 그 삶을 사회 전체로 확장하는 설계도이며, 『중용』은 그 바탕에 깔린 우주의 원리를 설명하는 철학서라 할 수 있습니다.

　결국 이 세 경전은 서로 분리된 사상이 아니라, 하나의 유가 사상을 서로 다른 층위에서 설명하는 상호보완적인 책들입니다. 『논어』를 통해 군자의 삶을 보고, 『대학』을 통해 그 삶의 구조와 목적을 이해하며, 『중용』을 통해 그 근거가 되는 보편적 원리를 깨닫게 되는 것입니다. 이러한 점에서 세 경전은 유가 사상을 입체적으로 이해하기 위한 필수적인 고전이라 할 수 있습니다.

한자어원풀이

논의할 論(논) 은 말씀 언(言)과 둥글 륜(侖)으로 이루어졌습니다. 言(언)은 입(口)에서 나온 소리(辛)를 나타낸 글자로써 다른 부수에 더해지면 대부분 언어적 행위와 관련된 뜻을 지니게 된답니다. 侖(륜)은 모일 집(亼)과 책 책(冊)으로 구성되었습니다. '모이다', '모으다'의 뜻을 지닌 亼(집)은 많은 글자에 쓰이고 있는데, 때에 따라서는 '밥뚜껑', '지붕', '거푸집' 등 다양한 용도를 지닌 단순화된 자형이죠. 冊(책)은 상형문자로 종이가 발명되기 전에 대나무를 일정한 크기로 쪼갠 것을 잘 다듬어 엮어 만든 죽간(竹簡)을 본떠 만든 글자랍니다. 그래서 고서(古書)를 보면 세로줄을 그어 한문을 기록한 것을 볼 수 있는데, 바로 이러한 대나무에 기록한 것을 본떠 제작하였기 때문에 그랬답니다. 이에 따라 侖(륜)은 죽간으로 만든 책(冊)을 둥글게 말아 한데 모아둔다(亼)는 데서 '둥글다', '조리를 세우다'는 뜻을 지니게 되었습니다. 따라서 論(론)의 전체적인 의미는 여러 사람들의 의견이 담긴 책(冊)을 한데 모아(亼) 논리성을 갖춘 뒤 말(言)을 한다는 뜻이 담겨 있답니다.

말씀 語(어) 는 말씀 언(言)과 나 오(吾)로 이루어져 있습니다. 言(언)과 語(어)에 대해 허신은 『설문(說文)』에서 "직접 말하는 것을 言(언)이라 하고, 여러 사람이 토론하는 것을 語(어)라고 한다. 口(구)로 구성되었으며 자형 상부의 건(辛의 하부에서 一이 빠진 글자)이 소리요소이다"라고 하였습니다. 즉 言(언)은 입(口)에 나팔 모양의 악기(辛)를 대고서 소리를 낸다는 뜻을 담았는데, 言(언)이 들어가는 글자는 입을 통해 소리로 묘사하는 다양한 행동적 양식을 나타내게 됩니다. 吾(오)는 손가락을 활용하여 숫자 5를 뜻하는 다섯 오(五)와 사람의 입 모양을 상형한 입 구(口)로 구성되었는데, 그 뜻은 손(五)으로 자신을 가리키며 말(口)한다는 데서 '나'를 의미하게 되었답니다. 따라서 語(어)의 전체적인 의미는 여러 사람이 각각 자신(吾)의 의견을 내세우며 말하다(言)는 데서 '변론하다', '말로 따지다'의 뜻을 지니게 되었습니다.

논어(論語) 란 공자의 어록(語) 및 그의 제자들의 사상을 한데 모아 논술(論)한 책입니다.

제4편

맹자
孟子

4

맹자(孟子)

맹자(孟子)란 중국 전국시대의 사상가인 맹자(孟子)와
그의 제자들의 이야기를 담아낸 책

1. 맹모삼천지교(孟母三遷之教)와 단기지훈(斷機之訓)이 건네는 교훈

'맹모삼천지교(孟母三遷之教)'와 '단기지훈(斷機之訓)'은 동아시아 교육 문화에서 오랫동안 강조되어 온 대표적 교훈담으로, 맹자(孟子)의 어머니가 아들의 학문과 인격 형성을 위해 보여준 행동을 통해 교육의 본질을 설명하고 있습니다. 두 이야기는 공통적으로 '환경과 태도는 학습의 핵심 조건이며, 교육은 인격을 바르게 세우는 일'이라는 가르침을 담고 있습니다.

◆ '맹모삼천지교(孟母三遷之教)'가 주는 교훈

맹모삼천지교는 맹자의 어머니가 아들의 성장을 위해 세 번이나 거주지를 옮겼다는 일화입니다. 처음에는 공동묘지 근처에 살아 장례를 흉내 내는 아들의 모습을 보고, 이는 교육에 해롭다고 판단하여 시장 근처로 이사했습니다. 그러나 시장의 소란스러운 분위기 때문에 학업에 집중하기 어렵다고 여겨 다시 이사를 하였고, 마지막으로 서당 근처에 자리 잡음으로써 비로소 맹자가 학문에 전념할 수 있는 환경을 갖추었다는 이야기입니다. 이 일화는 교육 환경의 중요성, 부모의 책임감, 어린이가 주변을 모방하며 배운다는 발달 특성을 보여줍니다. 맹자 어머니의 선택은 단순한 이사가 아니라, 아들의 인격 형성을 위한 신중한 선택이었다는 점에서 교육의 '환경 결정론'을 대표하는 사례가 되어 왔습니다.

◆ '단기지훈(斷機之訓)'의 가르침

반면에 단기지훈(斷機之訓)은 맹자가 학업을 중도에 그만두고 집으로 돌아왔을 때, 그의 어머니가 베틀에서 짜던 실을 끊어 보이며 "학문을 그만두는 것은 짜던 베를 중간에 끊는 것과 같다"고 훈계한 이야기입니다. 이는 지속적 노력의 중요성, 중도 포기의 위험성, 학문은 한 번 시작하면 마무리가 있어야 한다는 태도를 상징적으로 보여줍니다. 실을 끊어버린 행위는 단순한 예시가 아니라 '행동으로 가르치는 교육'이며, 꾸중 대신 상징적 행동으로 깨달음을 주었다는 점에서 매우 인상적입니다.

이 두 이야기는 공통적으로 '환경'과 '태도'라는 교육의 두 축을 강조합니다. 맹모삼천지교는 올바른 환경이 올바른 배움의 기반이 됨을 보여주고, 단기지훈은 스스로 지속적으로 노력해야 배움을 완성

할 수 있다는 점을 알려줍니다. 즉, 좋은 환경과 꾸준한 태도가 올바른 학습과 성숙에 이르게 합니다.

◆ 두 교훈이 현대인에게 주는 메시지

이러한 가르침은 현대사회에서도 깊은 교훈을 줍니다.

첫째, 현대의 교육 문제 중 하나는 환경의 격차입니다. 소득이나 지역에 따라 교육의 질이 크게 달라지는 현실은 맹모삼천지교가 강조한 환경의 영향력을 다시 생각하게 합니다. 학생이 어떤 공간에서 성장하고, 어떤 문화와 사람을 만나며, 어떤 정서적 기반을 갖는지가 학습 능력뿐 아니라 정서적 안정과 가치관에까지 큰 영향을 미친다는 점은 오늘날 교육학에서도 중요한 주제입니다.

둘째, 단기지훈은 현대의 집중력 저하, 즉각적 보상 추구, 학습의 빠른 포기 문제와 연결됩니다. 디지털 환경 속에서 학습자는 짧은 자극에 익숙해지고, 긴 호흡의 학습을 어려워하는 경향이 강해지고 있습니다. 이런 시대일수록 '포기하지 않고 지속하는 힘', 즉 인지적 끈기가 더 중요해집니다. 베틀을 끊어 보인 맹자의 어머니는 '배움에는 시간·노력·인내가 필수'라는 점을 상징적 행동으로 전한 것입니다.

셋째, 두 이야기 모두 교육은 부모의 지나친 간섭이 아니라 올바른 방향 제시임을 보여줍니다. 맹자의 어머니는 아들을 대신해 공부하지 않았고, 단지 환경을 마련하고 삶의 예를 통해 깨우치도록 했습니다. 이는 오늘날 부모들의 과잉개입·과잉보호 문제, 즉 '헬리콥터 부모' 문제에 대한 교훈으로도 읽을 수 있습니다. 아이를 대신해 모든 것을 해결해 주는 것이 아니라, 스스로 선택하고 지속할 수 있도록 돕는 환경과 자극을 제공하는 부모의 역할이 중요하다는 것입니다.

마지막으로 두 이야기는 교육의 본질은 인격적 성숙이라는 점을 상기시킵니다. 단순히 시험 성적이나 스펙을 위한 교육이 아니라, 살아가는 태도, 사람됨, 지속적으로 배우려 하는 것이 진정한 교육이라는 메시지를 건넵니다.

2. 공자의 인생삼락과 맹자의 군자삼락은 무엇이 다른가?

공자와 맹자는 모두 유교의 도덕적 인간상, 즉 군자(君子)의 삶을 강조하였습니다. 그러나 두 사상가가 말한 '즐거움(樂)'의 의미는 시대적 배경과 철학적 지향점에서 차이가 드러납니다. 공자의 '인생삼락(人生三樂)'이 개인의 수양과 도덕적 삶의 기쁨을 중심으로 한다면, 맹자의 '군자삼락(君子三樂)'은 사회적 책임과 정치적 실천을 통해 완성되는 도덕적 이상을 추구합니다.

◆ 공자의 인생삼락, 수양과 도덕적 교화의 즐거움

공자의 인생삼락은 『논어(論語)』「학이(學而)」편에 나오는 말입니다.

공자께서 말씀하셨습니다.

"배우고 시시때때로 그것을 익히면 이 또한 기쁘지 아니한가요? 벗이 있어 먼 곳에서 찾아오면 이 또한 즐겁지 아니한가요? 남이 나를 알아주지 않아도 화내지 않으면 이 또한 군자답지 아니한가요?"

子曰(자왈): 學而時習之(학이시습지), 不亦說乎(불역열호)? 有朋自遠方來(유붕자원방래), 不亦樂乎(불역락호)? 人不知而不慍(인부지이불온), 不亦君子乎(불역군자호)?

공자의 인생삼락은 '학이시습지 불역열호(學而時習之 不亦說乎), 유붕자원방래 불역락호(有朋自遠方來 不亦樂乎), 인불지이불온 불역군자호(人不知而不慍 不亦君子乎)'라는 세 개의 구절로 요약됩니다. 이 세 가지는 각각 다음과 같은 의미를 지닙니다.

① 배움의 즐거움(學而時習之)은, 배움을 지속하며 자신의 인격을 닦는 데서 느끼는 내적 기쁨입니다. 이는 외부의 인정이 아니라 도덕적 성장을 통한 자아완성의 즐거움을 뜻합니다.
② 벗과의 교류(有朋自遠方來)란, 도를 함께 추구하는 벗과의 만남에서 얻는 기쁨으로 공동체적 학문과 도덕적 교류의 기쁨을 의미합니다.
③ 다른 사람이 알아주지 않아도 성내지 않음(人不知而不慍)은, 세상이 자신을 알아주지 않아도 마음이 평안한 상태로 도덕적 독립성과 인내의 즐거움을 상징합니다.

공자의 인생삼락은 도덕적 수양을 통한 내면적 행복을 추구합니다. 사회적 성공이나 외부의 인정보다, 배우고 실천하며 스스로를 다스리는 데서 오는 '고요한 즐거움'을 최고의 가치로 두었습니다. 즉, 공자의 인생삼락은 개인의 자기완성과 도덕적 평정심을 중심으로 하는 사상입니다.

◆ 맹자의 군자삼락, 도덕적 책임과 민본적 정치의 기쁨

맹자의 군자삼락은 『맹자(孟子)』 「진심장구(盡心章句)」편에 나옵니다.

맹자께서 말씀하셨습니다.

"군자에게는 세 가지 즐거움이 있으니, 천하를 주름잡는 왕이 되

는 것은 여기에 끼지 못합니다. 부모가 모두 살아계시고 형제들이 아무 탈이 없는 것이 첫 번째 즐거움이랍니다. 하늘을 우러러 부끄러움이 없고 굽어 봐도 사람들에게 부끄럽지 않은 것이 두 번째 즐거움입니다. 천하의 뛰어난 인재를 모아 교육하는 것이 세 번째 즐거움입니다. 군자에게는 세 가지 즐거움이 있는데, 천하에 왕 노릇 하는 것은 여기에 끼지 못합니다."

孟子曰(맹자왈): 君子有三樂(군자유삼락), 而王天下不與存焉(이왕천하불여존언). 父母俱存(부모구존), 兄弟無故(형제무고), 一樂也(일락야). 仰不愧於天(앙불괴어천), 俯不怍於人(부부작어인), 二樂也(이락야). 得天下英才而教育之(득천하영재이교육지), 三樂也(삼락야). 君子有三樂(군자유삼락), 而王天下不與存焉(이왕천하불여존언).

맹자는 '부모가 모두 살아 계시고 형제가 무고한 것이 첫 번째 즐거움이며, 하늘과 사람의 관계를 깨달은 것이 두 번째 즐거움이며, 천하의 인재를 얻어 교육하는 것이 세 번째 즐거움이다'라고 하였습니다. 구체적으로 살펴보면 다음과 같습니다.

① 가족의 평안(부모구존父母俱存, 형제무고兄弟無故, 일락야一樂也)이란, 부모와 형제가 무사한 것을 첫 번째 즐거움으로 삼아, 효(孝)와 인륜을 중시했습니다. 이는 인간의 도덕적 감정의 출발점이 가정에 있음을 보여줍니다.

② 하늘과 사람의 관계에 대한 깨달음(앙불괴어천仰不愧於天, 부부작어인俯不怍於人, 이락야二樂也)은, 자신이 하늘 아래에서 부끄럽지

않고, 사람 앞에서도 부끄럽지 않다는 도덕적 확신의 기쁨입니다. 이는 맹자가 말하는 인의(仁義)를 실천하는 단계로, 내적 양심과 하늘의 뜻인 천명이 일치하는 경지를 말합니다.

③ 백성을 교육하고 인재를 얻음(득천하영재이교육지得天下英才而教育之, 삼락야三樂也)은, 마지막 즐거움으로 천하의 인재를 길러 세상을 이롭게 하는 일입니다. 이는 개인적 수양을 넘어 정치적·사회적 책임을 실천하는 군자의 모습으로 확장됩니다.

이러한 맹자의 군자삼락은 개인의 행복을 넘어 가족과 사회, 나아가 천하의 평화에 기여하는 적극적인 윤리관을 담고 있습니다. 그는 도덕적 자각을 개인의 내면에 머무는 데 그치지 않고, 사회적 실천으로 이어가야 한다고 보았습니다.

◆ 두 성인의 사상이 추구하는 것은 개인의 수양과 사회적 실천

공자와 맹자의 삼락은 모두 도덕적 삶 속의 참된 기쁨을 강조하지만, 방향성에는 차이가 있습니다. 공자의 인생삼락은 학문과 도덕 수양을 통한 내면적 평화와 인격적 완성을 중심으로 합니다. 이는 비교적 개인적이고 수동적인 행복관이라 할 수 있습니다. 맹자의 군자삼락은 그 기반 위에서 한 걸음 나아가, 가정과 사회 그리고 천하에 대한 사명감을 실천하는 적극적 행복관을 추구합니다. 즉, 공자는 '도덕적 자아의 확립', 맹자는 '도덕적 자아의 사회적 실천'에 초점을 두었다고 볼 수 있습니다.

결론적으로 말하자면, 공자의 인생삼락이 개인의 수양과 평정심을 통해 도덕적 삶의 기초를 마련한다면, 맹자의 군자삼락은 그 기초 위에서 사회적 책임과 민본의 이상을 실현하려는 확장된 윤리 체계를 보여줍니다. 두 사상 모두 인간의 참된 즐거움은 외적 성공이 아니라 도덕적 완성과 인간적 조화에 있다는 공통된 가르침을 전하며, 유교적 인간관의 연속성과 발전을 동시에 추구한다고 할 수 있습니다.

3. 민본사상의 핵심을 잘 보여주는 양혜왕장구 상하

『맹자(孟子)』「양혜왕장구(梁惠王章句) 상·하」는 맹자가 제후들을 만나 왕도정치(王道政治)의 원리를 설파한 내용을 담고 있으며, 특히 전국시대의 현실 정치 속에서 도덕과 민본(民本)을 바탕으로 한 통치가 왜 필요한지를 논증한 편입니다. 이 장은 맹자의 정치사상이 가장 집약적으로 드러나는 부분으로 평가받고 있습니다.

상편에서 맹자는 먼저 양나라 혜왕을 만나 정치의 근본에 대해 논합니다. 양혜왕이 "어떻게 하면 나라에 이익이 되겠는가?"라고 묻자, 맹자는 다음과 같이 답합니다.

맹자께서 대답하셨습니다.

"왕께서는 어찌하여 이로움만 말하십니까? 오직 어짊과 의로움인 인의(仁義)가 있을 따름입니다. 왕께서 '어떻게 하면 내 나라를 이롭게 할까?'라고 하신다면, 대신들은 '어떻게 하면 내 집안을 이롭게 할까?'라고 할 것이고, 선비와 백성들은 '어떻게 하면 내 몸을 이롭게 할까?'라고 하면서, 윗사람과 아랫사람이 다투어 이익만을 취하게 된다면 나라는 위태롭게 된답니다."

孟子對曰(맹자대왈): 王何必曰利(왕하필왈리)? 亦有仁義而已矣(역유인의이이의), 王曰(왕왈), '何以利吾國(하이리오국)?', 大夫曰(대부왈), '何以利吾家(하이리오가)?', 士庶人曰(사서인왈), '何以利吾身(하이리오신)?', 上下交征利(상하교정리), 而國危矣(이국위의).

맹자는 "어찌 이익을 말씀하십니까! 오직 인의(仁義)가 있을 뿐입니다"라고 답합니다. 이는 정치의 목적을 경제적 이익이나 국력의 확장에 두는 당시 제후들의 사고를 정면으로 비판한 것으로, 국가 운영의 기준은 이익이 아니라 인과 의라는 도덕적 가치에 두어야 한다고 강조한 말입니다. 맹자는 이익을 앞세우면 군신, 부자, 형제 사이에 서로 다투게 되어 사회 질서가 무너진다고 경고합니다.

또한 맹자는 백성의 삶을 안정시키는 것이 정치의 출발점임을 역설합니다. 백성이 일정한 생업을 가지고 생계를 걱정하지 않아야 비로소 도덕을 지킬 수 있다는 항산(恒産)과 항심(恒心)의 논리를 제시하며, 가혹한 세금과 전쟁으로 백성을 괴롭히는 정책을 강하게 비판합니다. 나아가 어진 정치를 행하면 백성은 자연스럽게 군주를 따르게 되며, 무력이나 강압이 아니라 민심이 나라의 흥망을 좌우한다는 점을 강조합니다.

하편에서는 이러한 논의를 더욱 구체화시켜, 왕도정치와 패도정치를 비교합니다. 맹자는 힘과 책략으로 나라를 다스리는 패도(覇道)는 일시적으로 성공할 수 있을지라도 오래 지속될 수 없다고 보면서, 오직 인의(仁義)에 기반한 왕도(王道)만이 천하의 지지를 얻을 수 있다고 주장합니다. 그는 과거 성왕들의 사례를 들어, 전쟁에서조차 명분과 민심이 중요함을 설명하고, 백성이 원하지 않는 전쟁은 결코 정당화될 수 없다고 말합니다.

추나라와 노나라가 전쟁을 벌였습니다. 목공이 물었습니다.

"우리 편의 장교가 33명이나 죽었는데도 백성들은 누구 하나 장

교들을 위해 죽은 자가 없습니다. 이런 자들을 죽이자니 다 죽일 수도 없고, 그렇다고 내버려 두자니 상관의 죽음을 보고서도 구원하지 않은 것이 괘씸합니다. 이를 어찌하면 좋겠습니까?”

맹자께서 대답하셨습니다.

“흉년과 기근이 든 해에 임금의 백성들 중에 노약자들은 구렁텅이에 굴러떨어져 죽고, 장정들은 사방으로 흩어져 도망친 자가 천 명이나 되었습니다. 그런데도 왕의 창고에는 곡식으로 가득 차 있고, 문서나 재물을 넣어둔 부고도 가득 차 있습니다. 그러나 관리들은 이것을 보고하지도 않았으니, 이것이야말로 윗사람들이 게을러서 아래 백성들을 죽이는 겁니다. 증자(曾子)는 ‘경계하고 경계하라! 너한테 나온 것은 너에게로 돌아간다!’라고 하였답니다. 백성들은 이제 자기네가 당한 것을 되돌려 주게 되었으니, 임금께서는 그들을 탓하지 마십시오. 임금께서 어진 정치를 행하시면, 백성들도 윗사람을 친애하고 윗사람을 위해서 죽을 겁니다.”

鄒與魯鬨(추여노홍). 穆公問曰(목공문왈): 吾有司死者三十三人(오유사사자삼십삼인), 而民莫之死也(이민막지사야), 誅之(주지), 則不可勝誅(즉불가승주), 不誅(불주), 則疾視其長上之死而不救(즉질시기장상지사이불구), 如之何則可也(여지하즉가야)?

孟子對曰(맹자대왈): 凶年饑歲(흉년기세), 君之民老弱轉乎溝壑(군지민노약전호구학), 壯者散而之四方者(장자산이지사방자), 幾千人矣(기천인의), 而君之倉廩實(이군지창름실), 府庫充有司莫以告(부고충유사막이고), 是上慢而殘下也(시상만이잔하야), 曾子曰(증자왈): ‘戒之戒之(계지계지)! 出乎爾者(출호이자), 反乎爾者也(반호이자야).’ 夫民今而後得反之也(부민금이후득

반지야). *君無尤焉*(군무우언). *君行仁政*(군행인정), *斯民親其上*(사민친기상), *死其長矣*(사기장의).

  특히 맹자는 군주의 책임을 강조하며, 백성이 굶주리고 고통받는 상황에서 군주가 사치와 향락에 빠지는 것은 큰 죄악이라고 지적합니다. 백성을 해치는 정치는 도적과 다를 바 없으며, 이러한 군주는 백성에게 버림받을 수밖에 없다고 강한 어조로 비판합니다. 이는 군주의 권위를 절대화하던 당시 사회에서 매우 혁식적인 주장으로, 민본사상의 핵심을 잘 보여줍니다.

  종합하자면, 「양혜왕장구 상·하」는 정치의 목적은 이익이 아니라 인의(仁義)이며, 국가의 근본은 군주가 아니라 백성이라는 점을 일관되게 강조하고 있습니다. 맹자는 도덕적 자기 수양과 백성에 대한 배려가 결합될 때 비로소 안정된 국가와 평화로운 사회가 가능하다고 보았으며, 이는 오늘날에도 정치와 행정, 나아가 지도자의 역할을 성찰하는 데 중요한 기준을 제공해 준다고 할 수 있겠습니다.

4. 호연지기와 인의의 실천을 강조한 공손추장구 상하

『맹자(孟子)』의 「공손추장구(公孫丑章句) 상·하」는 제자 공손추와의 문답을 중심으로 맹자의 사상적 기초가 이론적으로 전개된 편입니다. 이 장에서는 맹자의 도덕철학, 정치관 그리고 인간 이해의 핵심 개념들이 비교적 체계적으로 설명되며, 특히 '호연지기(浩然之氣)'와 '인의(仁義)'의 실천이 강조됩니다.

상편에서 공손추는 맹자가 여러 나라에서 뜻을 펼치지 못하고 있음에도 불구하고 조금도 위축되지 않는 이유를 묻습니다. 이에 대해 맹자는 자신에게 '호연지기'가 있기 때문이라고 답합니다. 그리고 공손추가 "호연지기가 무엇이냐"고 묻자 이렇게 답합니다.

맹자께서 말씀하셨습니다.

"말로는 형용하기가 어려운 것이란다. 그것은 지극히 크고 지극히 굳센 것이니, 바르게 기르고 해가 되는 것이 없으면 하늘과 땅 사이에 가득 차게 되지. 그 기는 언제나 의로움과 도와 함께 있는 것이므로 이것들이 없으면 그 기는 시들어지게 된단다. 또 이것은 언제나 의(義)를 행하는 동안에 자연스럽게 생기는 것이지, 의는 밖에서 억지로 한꺼번에 잡아올 수 있는 건 아니란다. 자기 마음속에 무언가 불쾌한 것이 있으면, 이것은 곧 시들어지게 된단다. 그렇기에 내가 고자는 의를 알지 못한다고 했는데, 그것은 그가 의를 밖에 있는 것으로 보고 있기 때문이란다. 기는 언제나 의를 수반하는 것이므로 결코 기만을 추구함으로써 기가 바르게 된다고 해서도 아니 되며,

그렇다고 해서 기를 기르는 일을 잊어서도 아니 되고, 또 기를 지나치게 기르려고 해서 송나라 사람처럼 해서는 아니 된단다. 송나라의 어떤 사람이 곡식의 싹이 빨리 자라지 않음을 걱정해서 싹을 뽑아 올리고선, 몸이 지칠 대로 지쳐 집으로 돌아왔지. 그는 가족을 보고 말하기를 '나는 오늘 몹시 피곤하구나. 나는 곡식의 싹이 자라는 걸 도와주었지'라고 말했단다. 그의 아들이 뭔가 이상해 밭으로 달려가 보니, 곡식의 싹들이 모두 말라 죽어 있었단다. 세상에는 이렇게 싹을 뽑아 잘 자라도록 도와주지 않는 자가 드물더구나. 호연지기를 기르는 것이 무익하다고 해서 내버리는 자는 곡식의 싹이 자라도록 김을 매지 않는 자이고, 호연지기를 억지로 조장하는 것은 싹을 뽑아 올리는 자란다. 이러한 일은 다만 무익할 뿐만 아니라, 도리어 해가 되는 것이란다.”

曰(왈): 難言也(난언야). 其爲氣也(기위기야), 至大至剛(지대지강), 以直養而無害(이직양이무해), 則塞於天地之間(즉색어천지지간). 其爲氣也(기위기야), 配義與道(배의여도), 無是(무시), 餒也(뇌야). 是集義所生者(시집의소생자), 非義襲而取之也(비의습이취지야). 行有不慊於心(행유불겸어심), 則餒矣(즉뇌의). 我故曰(아고왈), 告子未嘗知義(고자미상지의), 以其外之也(이기외지야). 必有事焉而勿正(필유사언이물정), 心勿忘(심물망), 勿助長也(물조장야). 無若宋人然(무야송인연), 宋人有閔其苗之不長而揠之者(송인유민기묘지부장이알지자), 芒芒然歸(망망연귀). 謂其人曰(위기인왈): ‘今日病矣(금일병의), 予助苗長矣(여조묘장의).’ 其子趨而往視之(기자추이왕시지), 苗則槁矣(묘즉고의). 天下之不助苗長者寡矣(천하지부조묘장자과의). 以爲無益而舍之者(이위무익이사지자), 不耘苗者也(불운묘자야), 助之長者(조지장자),

揠苗者也(알묘자야). *非徒無益*(비도무익), *而又害之*(이우해지).

    호연지기란 크고 바르며, 의로움에 의해 길러지는 정신적 기운으로, 사사로운 욕심이나 외부의 압력에 흔들리지 않는 도덕적 힘을 의미합니다. 맹자는 이 기운은 단번에 형성되는 것이 아니라, 매일매일 옳은 일을 실천하고 마음에 부끄러움이 없을 때 자연스럽게 축적된다고 설명합니다. 만약 의에 어긋나는 행동을 반복한다면, 이 기운은 쉽게 손상된다고도 덧붙입니다.

    또한 맹자는 공자의 정치적 처지를 언급하며, 성인이 세상에서 뜻을 펼치지 못하는 경우라도 그 도가 사라지는 것은 아니라고 말합니다. 이는 현실적 성공 여부와 도덕적 정당성을 분리하여 이해해야 한다는 관점으로, 도를 따르는 자의 가치는 외부의 인정이 아니라 내면의 올바름에 있음을 강조한 것입니다. 아울러 맹자는 인의가 정치의 근본이며, 이를 저버린 권력은 결코 오래 지속될 수 없다고 다시 한 번 강조합니다.

    하편에서는 인간의 본성과 도덕 감정에 대해 더욱 구체적으로 논합니다. 맹자는 인간에게는 누구나 측은지심, 수오지심, 사양지심, 시비지심이라는 네 가지 마음이 본래 갖추어져 있다고 설명하며, 이를 ‘사단(四端)’이라 부릅니다. 이 사단은 각각 인·의·예·지의 단서가 되며, 잘 기르고 확충하면 완전한 덕으로 발전할 수 있다고 봅니다. 반대로 이를 방치하거나 억누르면 도덕적 타락으로 이어진다고 경고합니다.

맹자께서 말씀하셨습니다.

"그런데 그 본마음을 놓고 보면 선을 행하는 것이 가능하단다. 그래서 본성이 선하다고 하는 것이지. 선하지 않는 것을 행하는 일은 그 마음의 본연이 저지르는 죄가 아니란다. 불쌍한 사람들을 측은히 여기는 마음(측은지심)은 모든 사람이 공통적으로 가지고 있지. 악을 부끄러워하고 미워하는 마음(수오지심) 역시 모든 사람이 가지고 있으며, 타인을 공경하는 마음(공경지심)도 모든 사람이 공통적으로 가지고 있고, 옳고 그름을 가리고자 하는 마음(시비지심) 역시 모든 사람이 가지고 있단다. 측은지심은 인이며, 수오지심은 의이고, 공경지심은 예이며, 시비지심은 지란다. 인의예지는 외부에서 들어와 나를 바꾸는 것이 아니고, 본래 자신이 가졌지만 그 사실을 생각하지 못할 뿐이란다. 그러므로 '구하면 얻을 수 있지만 버리면 잃어버린다'는 말이 있단다. 선함이나 선하지 않음이 사람마다 두 배 또는 다섯 배로 다르거나 계산할 수 없이 차이가 벌어지는 것은 자신의 선한 근본을 다 발휘할 수 없어서 그렇게 된 것이란다.

孟子曰(맹자왈): 乃若其情(내약기정), 則可以爲善矣(즉가이위선의), 乃所謂善也(내소위선야). 若夫爲不善(약부위불선), 非才之罪也(비재지죄야). 惻隱之心(측은지심), 人皆有之(인개유지), 羞惡之心(수오지심), 人皆有之(인개유지), 恭敬之心(공경지심), 人皆有之(인개유지), 是非之心(시비지심), 人皆有之(인개유지). 惻隱之心(측은지심), 仁也(인야), 羞惡之心(수오지심), 義也(의야), 恭敬之心(공경지심), 禮也(예야), 是非之心(시비지심), 智也(지야). 仁義禮智(인의예지), 非由外鑠我也(비유외삭아야), 我固有之也(아고유지야), 弗思耳矣(불사이의). 故曰(고왈): '求則得之(구즉득지), 舍則失之(사즉실지).'

或相倍蓰而無算者(혹상배사이무산자), ***不能盡其才者也***(불능진기재자야).

    또한 맹자는 정치 지도자의 역할을 강조하며, 백성의 마음을 얻는 것이 곧 천하를 얻는 길이라고 말합니다. 형벌과 위엄으로 다스리는 정치는 겉으로는 질서를 유지하는 것처럼 보일 수 있으나, 백성의 자발적인 지지를 얻지 못하면 근본적으로 불안정할 수밖에 없다고 봅니다. 따라서 군주는 먼저 자신의 마음을 바르게 하고, 인의(仁義)에 근거한 정치를 통해 백성의 삶을 안정시켜야 한다고 주장합니다.

    이처럼 「공손추장구 상·하」는 맹자의 사상이 단순한 정치 비판을 넘어, 인간의 내면과 도덕수양을 근본으로 삼고 있음을 잘 보여주고 있습니다. 맹자는 개인의 마음수양과 사회·정치 질서가 분리될 수 없다고 보았으며, 의로움을 꾸준히 실천하는 과정에서 참된 힘과 안정이 생긴다고 설파합니다. 이는 오늘날에도 개인의 삶과 공적 책임을 함께 성찰하게 하는 깊은 철학적 통찰을 제공한다고 할 수 있겠습니다.

5. 왕도정치의 철학적 토대를 밝히는 등문공장구 상하

『맹자(孟子)』의 「등문공장구(滕文公章句) 상·하」는 맹자가 등나라 문공을 비롯한 여러 인물들과의 대화를 통해 정치의 정통성과 사회질서의 근본 원리를 밝혔습니다. 이 장은 특히 유가 정치사상이 다른 학파들과 어떻게 구별되는지를 분명히 드러내며, 왕도정치의 이론적 정당성을 집중적으로 논증하고 있습니다.

상편에서 맹자는 등문공이 나라를 다스리는 방법을 묻자, 요·순으로 대표되는 성왕의 도를 따를 것을 권합니다. 그는 정치의 근본은 제도나 기술이 아니라 도(道)에 있으며, 그 도란 곧 인의(仁義)에 기초한 왕도정치라고 설명합니다. 또한 당시 성행하던 여러 학설, 특히 농가(農家)와 같은 사상을 언급하며 비판을 가합니다. 농가가 주장한 군주와 백성이 함께 밭을 갈아야 한다는 평등론에 대해, 맹자는 사회에는 각자의 역할과 분업이 필요하다고 보았습니다. 모든 사람이 동일한 일을 한다면 질서는 무너지고, 오히려 백성의 삶이 더 어려워질 수 있다고 지적합니다.

"상서(향교鄕校를 주周나라에서는 상庠, 은殷나라에서는 서序라고 부른 데서 나온 말)와 학교를 설립해서 백성들을 가르쳤으니, 상(庠)은 봉양한다는 뜻이고, 교(校)는 가르친다는 뜻이며, 서(序)는 활쏘기를 익힌다는 뜻입니다. 하나라에서는 교라 했고, 은나라에서는 서라 했으며, 주나라에서는 상이라 했답니다. 배우는 것은 하·은·주 3대가 모두 그 이름을 함께했으니, 모두가 인륜을 밝히기 위한 것이었습니다. 위에

서 인륜이 밝으면 아래의 백성들은 친목하게 됩니다. 왕도로써 천하를 다스리는 사람이 나타나면 반드시 등나라에 와서 이 법을 본받을 것이니, 이는 왕도의 스승이 될 수 있습니다. 『시경(詩經)』에 이르길 '주나라가 비록 오래된 나라이지만, 천명을 받은 자는 새롭구나'라고 했으니, 이는 문왕을 두고 한 말이랍니다. 문공께서 힘써 왕도를 시행한다면 또한 문공의 나라를 새롭게 할 수 있을 겁니다."

設爲庠序學校以教之(설위상서학교이교지), 庠者養也(상자양야), 校者教也(교자교야), 序者射也(서자사야). 夏曰校(하왈교), 殷曰序(은왈서), 周曰庠(주왈상), 學則三代共之(학즉삼대공지), 皆所以明人倫也(개소이명인륜야). 人倫明於上(인륜명어상), 小民親於下(소민친어하). 有王者起(유왕자기), 必來取法(필래취법), 是爲王者師也(시위왕자사야). 詩云(시운): '周雖舊邦(주수구방), 其命維新(기명유신).' 文王之謂也(문왕지위야). 子力行之(자력행지), 亦以新子之國(역이신자지국).

맹자는 정치와 생업의 구분을 강조합니다. 군주는 도로써 나라를 다스리고, 백성은 각자의 생업에 힘쓰는 것이 바람직한 사회질서라는 것입니다. 이는 계급적 특권을 옹호하기보다는, 각자가 맡은 바 역할을 충실히 수행할 때 사회 전체가 안정된다는 유가적 질서관을 보여줍니다. 아울러 맹자는 성왕의 제도가 단순한 관습이 아니라, 백성의 삶을 편안하게 하기 위해 마련된 합리적 장치였음을 강조합니다.

하편에서는 유가사상과 묵가, 양가 등 다른 학파들과의 사상적 대립이 더욱 분명히 드러납니다. 맹자는 묵가의 겸애설(兼愛說)에 대해, 차별 없는 사랑은 현실의 인간관계와 도덕 감정을 무시한 주장이라고 비판합니다. 부모와 남을 동일하게 대하는 것은 인간의 자연스러운 정과 윤리를 해친다는 것입니다. 또한 양주로 대표되는 양가의 위아설(爲我說)에 대해서도, 개인의 이익만을 중시하면 사회 공동체가 유지될 수 없다고 보았습니다. 이처럼 맹자는 유가의 인의 사상이 인간의 본성과 사회 질서 모두에 가장 부합하는 길임을 강조합니다.

또한 맹자는 예(禮)의 중요성을 반복해서 언급합니다. 예는 인간의 욕망을 억누르기 위한 인위적 규범이 아니라, 인간의 본성을 조화롭게 드러내는 질서라고 설명합니다. 올바른 예와 제도가 갖추어질 때, 백성은 강제 없이도 안정된 삶을 영위할 수 있으며, 군주의 통치 또한 자연스럽게 정당성을 얻게 됩니다.

종합적으로 「등문공장구 상·하」는 왕도정치의 철학적 토대를 밝히는 동시에, 유가사상이 왜 다른 학파들보다 현실적이고 지속 가능한 정치 이론인지를 논증한 장이라 할 수 있습니다. 맹자는 인의에 근거한 통치, 역할과 분업에 기초한 사회 질서, 그리고 인간 본성에 부합하는 예의 중요성을 통해, 혼란한 시대를 바로잡을 수 있는 올바른 정치의 방향을 제시하는데, 이는 오늘날에 공공질서와 지도자의 책임을 성찰하는 데도 중요한 시사점을 제공합니다.

6. 도덕판단의 객관적 기준을 확립한 이루장구 상하

『맹자(孟子)』의 「이루장구(離婁章句) 상·하」는 도덕판단의 기준과 정치·사회 질서의 근본 원리를 다루었는데, 맹자의 윤리사상과 정치철학이 깊이 있게 전개됩니다. 특히 인간이 무엇을 기준으로 옳고 그름을 판단해야 하는지, 그리고 지도자와 백성이 각각 어떠한 도덕적 책임을 지니는지가 핵심 주제로 제시됩니다.

상편에서 맹자는 먼저 올바른 판단의 기준에 대해 논합니다. 그는 시력이 뛰어난 이루(離婁)나 솜씨가 뛰어난 장인이라 하더라도, 기준이 되는 법도와 규범이 없으면 정확한 판단이나 완전한 성취가 불가능하다고 말합니다. 이를 통해 맹자는 인간의 도덕적 행위 또한 개인의 감각이나 능력에만 의존해서는 안 되며, 반드시 인의(仁義)와 예(禮)라는 보편적 기준에 따라야 한다는 점을 강조합니다. 즉, 도덕은 상대적이거나 임의적인 것이 아니라, 누구나 따라야 할 객관적 원칙 위에 세워져야 한다는 것입니다.

맹자께서 말씀하셨습니다.

"이루의 밝은 눈, 공수자의 교묘한 기술도 그림쇠(컴퍼스)와 곱자('ㄱ' 모양의 자)가 없으면 사각형과 원형을 그릴 수 없습니다. 또 제나라의 유명한 악사인 사광의 밝은 귀로도 육률(12률 중 양성에 속하는 여섯 가지 음계)을 사용하지 않으면 오음(궁상각치우)을 바로 낼 수 없답니다. 요·순의 도로도 어진 정치를 베풀지 않으면 천하를 태평하게 다스릴 수 없습니다. 지금 어진 마음이 있고 어질다는 소문이 들려

도 백성들이 그 혜택을 입지 못하고 후세의 법도로 삼을 수 없는 것은 선왕의 도를 행하지 않기 때문입니다. 그러므로 '선한 것만으로는 정치를 하기엔 부족하고, 법만 가지고 있다고 저절로 실행되는 것은 아니다'라고 했습니다.

孟子曰(맹자왈): 離婁之明(이루지명), 公輸子之巧(공수자지교), 不以規矩(불이규구), 不能成方員(불능성방원). 師曠之聰(사광지총), 不以六律(불이육률), 不能正五音(불능정오음). 堯舜之道(요순지도), 不以仁政(불이인정), 不能平治天下(불능평치천하). 今有仁心仁聞(금유인심인문), 而民不被其澤(이민불피기택), 不可法於後世者(불가법어후세자), 不行先王之道也(불행선왕지도야). 故曰(고왈): '徒善不足以爲政(도선부족이위정). 徒法不能以自行(도법불능이자행).'

또한 맹자는 군주와 신하, 부모와 자식, 윗사람과 아랫사람 사이의 관계에서 각자의 도리가 분명히 지켜져야 사회가 안정된다고 말합니다. 특히 윗사람이 먼저 도덕적 모범을 보일 때 아랫사람도 자연스럽게 이를 따르게 되며, 권력이나 형벌에 의존하는 정치는 오래 지속될 수 없다고 지적합니다. 이는 도덕적 권위가 정치적 권력보다 우선한다는 맹자의 일관된 입장을 보여줍니다.

하편에서는 이러한 논의가 더욱 현실적인 정치 문제로 확장됩니다. 맹자는 군주가 인의를 저버리고 사사로운 욕심이나 이익을 좇을 경우, 비록 형식상 왕의 지위에 있다 하더라도 참된 군주라 할 수 없다고 말합니다. 반대로 백성을 해치는 폭군은 이미 군주의 자격을 상실한 존재로 간주되며, 그러한 자가 축출되는 것은 반역이 아니라 정의의 실현이라고 주장합니다. 이는 민본사상을 한층 더 분명히 드러내는 대목이라 할 수 있습니다.

또한 맹자는 예와 법의 관계에 대해서도 언급합니다. 법과 제도는 사회질서를 유지하는 데 필요하지만, 그것이 인의와 예의 정신을 담지 못한다면 백성을 억압하는 도구로 전락할 수 있다고 경고합니다. 따라서 참된 정치는 법 이전에 도덕이 바로 서야 하며, 군주는 백성의 삶을 세심하게 살피고 그들의 마음을 얻는 데 힘써야 한다고 강조합니다.

종합해 보면, 「이루장구 상·하」는 도덕판단의 객관적 기준을 확립하고, 그 기준이 개인의 수양에서 정치운영에 이르기까지 일관되게 적용되어야 하는 이유를 밝힌 장이라 할 수 있습니다. 맹자는 능력이나 지위보다 인의와 예에 기초한 도덕성이 사회의 근본임을 강조하며, 지도자의 도덕적 책임이 곧 국가의 흥망을 좌우한다고 말합니다. 이러한 사상은 오늘날에도 공적 권한을 가진 이들의 윤리와 사회정의를 성찰하는 데 깊은 시사점을 제공합니다.

7. 성인의 행적을 둘러싼 의문을 해명한 만장장구 상하

『맹자(孟子)』의 「만장장구(萬章章句) 상·하」는 제자 만장과의 문답을 통해 성인(聖人)의 행적과 처신 그리고 유가적 도덕판단의 기준을 해명했습니다. 이 장은 역사적 인물들의 행동을 둘러싼 의문을 해소하는 과정에서, 맹자의 윤리관과 인간 이해가 구체적으로 드러난다는 점에서 중요한 의미를 지닙니다.

상편에서는 주로 요·순과 같은 성왕, 그리고 이윤·백이와 같은 고대 인물들의 행적이 논의됩니다. 만장은 '성인도 현실 속에서 타협하거나 부득이한 선택을 한 것이 아닌가?'라는 의문을 제기하며, 특히 순임금이 아버지 고수와 동생 상을 대했던 태도가 과연 효(孝)에 부합하는지를 스승 맹자에게 묻습니다. 이에 대해 맹자는 효의 본질은 형식적 복종이 아니라, 도덕적 원칙을 지키면서도 가족을 버리지 않는 데 있다고 설명합니다. 순은 아버지의 잘못을 바로잡을 수 없었으나, 그렇다고 그를 해치거나 버리지도 않았으며, 자신의 도를 지키면서 부모를 봉양하였다는 점에서 참된 효를 실천한 인물로 평가됩니다.

또한 맹자는 이윤이 탕왕을 도와 상나라를 세운 과정에 대해서도 설명합니다. 이윤은 여러 차례 등용을 거절했으나, 때로는 적극적으로 정치에 참여했습니다. 이러한 행위가 일관되지 않다고 보일 수 있으나, 그 근본에는 항상 백성을 구제하고 도를 실현하려는 목적이 있었다고 해석합니다. 즉, 성인의 행동은 겉으로는 달라 보일 수 있으나, 그 기준은 언제나 인의에 있다는 점을 강조합니다.

만장이 여쭈었습니다.

"사람들의 말로는, 이윤이 고기를 썰고 끓이는 것으로써 등용되기를 바랐다는데, 그러한 일이 있었습니까?"

맹자께서 말씀하셨습니다.

"아니란다. 그렇지 않아! 이윤은 유신의 들판에서 농사지으면서 요순의 도를 즐기고 있었단다. 의롭지 않고 도가 아니라면 그에게 천하를 녹으로 준다 해도 돌아보지 않았고, 말 4천 필을 준다 해도 거들떠보지도 않았단다. 의롭지 않고 도리에 어긋난 것이라면 하나의 지푸라기라도 남에게 주지도 않았고, 하나의 지푸라기라도 남에게 받지도 않았지."

萬章問曰(만장문왈): 人有言(인유언), 伊尹以割烹要湯(이윤이할팽요탕), 有諸(유저)?

孟子曰(맹자왈): 否(부), 不然(불연). 伊尹耕于有莘之野(이윤경우유신지야), 而樂堯(이악요), 舜之道焉(순지도언). 非其義也(비기의야), 非其道也(비기도야), 祿之以天下(녹지이천하), 弗顧也(불고야). 繫馬千駟(계마천사), 弗視也(불시야). 非其義也(비기의야), 非其道也(비기도야), 一介不以與人(일개불이여인), 一介不以取諸人(일개불이취저인).

하편에서는 백이와 숙제의 행적을 중심으로, 세상에 나아가거나 물러나는 판단 기준이 논의됩니다. 백이와 숙제는 주나라의 곡식을 먹지 않고 수양산에서 굶어 죽었는데, 이에 대해 맹자는 그들의 선택 역시 시대 상황과 개인의 도덕적 판단에 따른 것이라고 설명합니다. 어떤 이는 세상을 피해 절개를 지키고, 어떤 이는 세상에 나아가 도를 펼치는데, 그 어느 쪽이든 인의에 부합한다면 모두 존중받아야 한다는 것입니다. 맹자는 이를 통해 도덕적 행위에는 하나의 고정된 방식만 있는 것이 아니라, 상황에 맞는 적절한 실천이 중요하다는 점을 밝힙니다.

아울러 맹자는 성인을 무조건적으로 이상화하거나 흉내 내려는 태도를 경계합니다. 성인은 특정한 행동 양식이 아니라, 인의라는 원칙을 상황에 맞게 실현한 존재이므로, 후대의 사람들은 겉모습이 아니라 그 정신을 본받아야 한다고 말합니다.

종합적으로 「만장장구 상·하」는 성인의 행적을 둘러싼 의문을 해명하면서, 유가 윤리의 핵심이 형식이나 결과가 아니라 동기와 원칙에 있음을 밝힌 편이라 할 수 있습니다. 맹자는 인간의 도덕적 판단은 상황과 관계를 고려하되, 결코 인의라는 근본을 벗어나서는 안 된다고 보았으며, 이는 오늘날에도 도덕적 딜레마와 공적 책임을 판단하는 데 중요한 기준을 제공합니다.

8. 인간에 대한 신뢰를 바탕으로 성선설을 주장한
   고자장구 상하

『맹자(孟子)』의 「고자장구(告子章句) 상·하」는 맹자가 고자(告子) 및 다른 사상가들과 논쟁을 통해 인간 본성과 도덕의 근원을 논리적으로 밝혔습니다. 이 장은 맹자의 사상 가운데 가장 철학적 성격이 강하며, 특히 성선설(性善說)의 이론적 기초가 체계적으로 제시된다는 점에서 중요한 위치를 차지합니다.

상편에서 맹자는 먼저 고자의 인간관을 비판합니다. 고자는 인간의 성품을 물과 같다고 보아, 선과 악은 외부 환경과 교육에 따라 달라진다고 주장합니다. 이에 대해 맹자는 물이 아래로 흐르는 것이 자연이듯, 인간의 본성 또한 선을 향해 나아가는 것이 자연스러운 경향이라고 반박합니다. 악행은 본성이 악해서가 아니라, 외부 환경이나 욕망에 의해 본성이 손상되었기 때문에 나타난 결과라고 설명합니다. 이를 통해 맹자는 선(善)은 인간의 타고난 본질이며, 후천적 산물이 아니라는 점을 강조합니다.

고자가 말했습니다.
"사람의 본성은 소용돌이치면서 흐르는 물과 같습니다. 동쪽 방향으로 물길을 터주면 동쪽으로 흐르고, 서쪽 방향으로 물길을 터주면 서쪽으로 흐릅니다. 사람의 본성에 선함과 선하지 않음의 구분이 없는 것은, 물에 동쪽과 서쪽의 구분이 없는 것과 같습니다."
맹자께서 말씀하셨습니다.

"물에는 정말 동서의 구분이 없지만, 어찌 상하의 구분이 없겠느냐? 사람의 본성이 선한 것은 물이 아래로 흘러가는 것과 같지. 낮은 곳으로 흘려내려 가지 않는 물이 없듯이 그 본성이 선하지 않는 사람은 없단다. 지금 물을 손으로 쳐서 사람의 이마 위로 튀어오르게 할 수가 있고, 또 거세게 흘러가게 한다면 산에라도 올라가게 할 수가 있지. 그러나 그것이 어찌 물의 본성이겠느냐? 물에 외부의 힘을 가하면 그렇게 되는 것이란다. 사람이 선하지 않는 일을 하는 것은 그 본성이 외부로부터 영향을 받기 때문이란다."

告子曰(고자왈): 性猶湍水也(성유단수야), 決諸東方則東流(결저동방즉동류), 決諸西方則西流(결저서방즉서류). 人性之無分於善不善也(인성지무분어선불선야), 猶水之無分於東西也(유수지무분어동서야).

孟子曰(맹자왈): 水信無分於東西(수신무분어동서), 無分於上下乎(무분어상하호)? 人性之善也(인성지선야), 猶水之就下也(유수지취하야). 人無有不善(인무유불선), 水無有不下(수무유불하). 今夫水(금부수), 搏而躍之(박이약지), 可使過顙(가사과상), 激而行之(격이행지), 可使在山(가사재산). 是豈水之性哉(시기수지성재)? 其勢則然也(기세즉연야). 人之可使爲不善(인지가사위불선), 其性亦猶是也(기성역유시야).

또한 맹자는 인간에게는 누구나 측은지심, 수오지심, 사양지심, 시비지심이라는 네 가지 도덕적 마음이 본래 갖추어져 있다고 말합니다. 이 사단은 인(仁)·의(義)·예(禮)·지(智)의 싹에 해당하며, 잘 기르고 확충하면 성인의 경지에 이를 수 있다고 설명합니다. 반대로 이를 방치하면 도덕적 타락으로 이어지므로, 교육과 수양의 목적은 새로운 도덕을 주입하는 것이 아니라, 이미 존재하는 선한 본성을 잘 보존하고 키우는 데 있다고 주장합니다.

하편에서는 이러한 성선설이 정치와 사회 질서로 확장됩니다. 맹자는 인간의 본성이 선하다면, 정치 역시 이를 전제로 설계되어야 한다고 보았습니다. 즉, 백성을 불신하고 억압하는 법과 형벌 중심의 통치는 인간 본성을 거스르는 것이며, 오히려 백성의 선한 마음을 북돋우는 인의정치가 바람직하다는 것입니다. 그는 가혹한 세금과 전쟁, 착취는 백성의 선한 본성을 파괴하는 요인이라고 지적하며, 이러한 환경에서 발생하는 범죄를 백성의 탓으로 돌리는 것은 부당하다고 비판합니다.

또한 맹자는 도덕 수양에서 '존심양성(存心養性)'의 중요성을 강조합니다. 이는 마음을 보존하고 본성을 기르는 것으로, 외부의 유혹과 욕망에 흔들리지 않고 본래의 선한 마음을 지켜나가는 태도를 의미합니다. 이를 위해서는 끊임없는 성찰과 절제가 필요하며, 군주와 지도자일수록 더욱 높은 수준의 도덕적 자기 관리가 요구된다고 말합니다.

따라서 「고자장구 상·하」는 인간 본성에 대한 논쟁을 통해 맹자사상의 철학적 핵심을 가장 명확히 드러낸 장이라 할 수 있습니다. 맹자는 인간을 근본적으로 신뢰하는 성선설을 바탕으로, 도덕 수양과 정치의 방향을 제시하였으며, 개인의 책임과 사회 제도의 역할을 조화롭게 설명합니다. 이러한 사상은 오늘날에도 인간 이해, 교육의 목적, 그리고 정치와 제도를 설계하는 데 깊이 있는 성찰을 제공합니다.

9. 도덕적 자율성과 존엄의 철학을 완성한 진심장구 상하

『맹자(孟子)』의 「진심장구(盡心章句) 상·하」는 맹자 사상의 완결이라 할 수 있는 편으로, 인간의 마음과 본성을 끝까지 다하는 것, 즉 '진심(盡心)'을 주제로 삼고 있습니다. 이 장에서는 개인의 도덕수양, 인간본성의 완성, 그리고 성인과 범인의 차이가 종합적으로 논의되며, 맹자의 철학이 인간 존재의 근본 문제로까지 확장됩니다.

맹자께서 말씀하셨습니다.

"자신의 마음에 최선을 다하면 자신의 본성을 알게 됩니다. 자기의 본성을 알면 곧 하늘의 이치를 알게 됩니다. 자기의 마음을 잘 보존하고 본성을 잘 기르는 것이 하늘을 섬기는 도리입니다. 단명하거나 장수하거나 개의치 않고 몸을 수양함으로써 천명을 기다리는 것이 천명을 세우는 방법입니다."

孟子曰(맹자왈): 盡其心者(진기심자), 知其性也(지기성야). 知其性(지기성), 則知天矣(즉지천의). 存其心(존기심), 養其性(양기성), 所以事天也(소이사천야). 殀壽不貳(요수불이), 脩身以俟之(수신이사지), 所以立命也(소이입명야).

상편에서 맹자는 "자신의 마음에 최선을 다하면 자신의 본성을 알게 되고, 자기의 본성을 알면 하늘의 이치를 안다"고 말하며, 인간의 마음과 천도(天道)가 서로 분리되지 않는다고 설명합니다. 인간에게 부여된 본성은 하늘의 이치에서 비롯된 것이므로, 자신의 마음을 온전히 보존하고 실현하는 것이 곧 하늘의 뜻을 따르는 길이라는 겁니다. 여기서 진심이란 욕망과 사사로운 계산에 흔들리지 않고, 타고난 선한 본성을 끝까지 확충하는 도덕적 실천을 의미합니다.

또한 맹자는 부귀나 빈천, 생사와 같은 외적 조건이 인간의 가치를 결정하지 않는다고 강조합니다. 참된 가치는 외부 환경이 아니라 마음의 올바름에 있으며, 비록 세상에서 뜻을 얻지 못하더라도 도를 지키는 삶은 자신에게 떳떳하다고 봅니다. 그는 '대장부'의 모습을 제시하며, 부귀로도 유혹할 수 없고, 빈천으로도 흔들 수 없으며, 위력으로도 굴복시킬 수 없는 인물을 이상적인 인간상이라고 말합니다.

하편에서는 이러한 도덕적 이상이 현실 속에서 어떻게 실천되어야 하는지를 보다 구체적으로 제시합니다. 맹자는 인간의 수명과 성공·실패는 하늘에 달려 있지만, 마음을 어떻게 쓰느냐는 오로지 인간 자신에게 달려 있다고 말합니다. 따라서 결과에 집착하기보다, 과정에서 인의를 다하는 것이 중요하며, 이를 통해 삶의 평안과 존엄을 지킬 수 있다고 봅니다.

또한 맹자는 성인과 일반인의 차이에 대해 언급하며, 그 차이는 본성의 유무가 아니라 보존과 실천의 정도에 달려 있다고 설명합니다. 누구나 성인이 될 가능성을 지니고 있으나, 이를 스스로 포기하지 않고 끝까지 밀고 나가는 사람이 드물기 때문에 성인이 적을 뿐이라는 겁니다. 이는 인간에 대한 깊은 신뢰를 전제로 한 맹자의 사상적 특징을 잘 보여줍니다.

아울러 맹자는 학문의 목적을 지식의 축적이 아니라 마음을 바르게 하는 데 둡니다. 외물에 끌려다니며 마음을 잃어버리는 삶을 경계하고, 끊임없는 성찰을 통해 본래의 마음을 회복하는 것이 진정한 배움이라고 말합니다. 이는 정치와 사회를 논하던 이전 장들과 달리, 인간 내면의 완성을 중심에 둔 사유로써 『맹자』 전체를 마무리하는 성격을 지닙니다.

따라서 「진심장구 상·하」는 인간이 자신의 마음과 본성을 끝까지 실현할 수 있다는 가능성을 제시하며, 도덕적 자율성과 존엄의 철학을 완성한 장이라 할 수 있습니다. 맹자는 외부 세계의 성공 여부를 넘어, 스스로에게 부끄럽지 않은 삶을 사는 것이 인간이 도달할 수 있는 가장 높은 경지임을 설파하고 있으며, 이는 오늘날에도 인간의 삶과 가치 그리고 자기 성찰의 의미를 깊이 생각하게 합니다.

10. 인간 본성과 감정의 조화를 추구한
맹자의 사단(四端)과 칠정(七情)

맹자의 사단(四端)은 인간 내면의 선한 본성의 씨앗이며, 칠정(七情)은 그 본성이 현실 속에서 드러나는 감정의 흐름으로, 오늘날에도 우리는 내 안에 숨어 있는 사단을 발견하고 칠정을 조화롭게 다스려야 인간다운 삶을 지킬 수 있습니다.

◆ 사단(四端)은 인간 본성의 선한 싹

맹자는 인간의 본성이 본래 선하다고 보았습니다. 이를 성선설(性善說)이라고 하지요. 그는 사람이 태어날 때부터 선한 마음의 단서를 가지고 있으며, 이 네 가지 마음을 사단(四端)이라고 하였습니다.

측은지심(惻隱之心): 남의 고통을 보면 안타까워하는 마음으로, '인(仁)의 시작'입니다. 인간은 본능적으로 타인의 고통에 공감하는 능력을 가지고 있습니다. 경쟁이 치열한 현대사회에서는 타인의 고통에 무감각해지기 쉽습니다. 측은지심은 타인에게 공감하고 도움을 주려는 마음으로, 공동체를 지탱하는 윤리의 기초입니다.

수오지심(羞惡之心): 부끄러움을 알고 악을 미워하는 마음으로, '의(義)의 시작'입니다. 자신의 도덕적 기준을 세우는 근본입니다. 불의와 부조리가 넘쳐나는 세상에서 수오지심은 자신의 부끄러움을 느낄 수 있는 능력을 뜻합니다. 타인의 눈이 아닌 내면의 양심이 판단의 기준이 될 때 사회는 건강해집니다.

사양지심(辭讓之心): 겸손히 양보할 줄 아는 마음으로, '예(禮)의 시작'입니다. 인간관계를 원만하게 하는 바탕입니다. 자기주장이 강한 시대일수록 양보와 겸손은 더욱 필요합니다. 사양지심은 단순한 예절이 아니라 상대의 존엄을 인정하는 마음가짐입니다.

시비지심(是非之心): 옳고 그름을 분별하는 마음으로, '지혜(智)의 시작'입니다. 도덕적 판단과 비판적 사고의 근원이 됩니다. 정보가 넘쳐나는 시대에는 옳고 그름을 가려내는 능력이 절실합니다. 시비지심은 도덕적 분별력뿐 아니라, 사실과 거짓을 구별하는 지적 능력으로 확장될 수 있습니다.

맹자는 이러한 네 가지 마음을 '단(端)', 즉 선의 싹이라고 하였습니다. 그 이유는 사람에게는 이미 선의 씨앗이 존재하며, 그것을 키워나가는 것이 수양의 과정이기 때문입니다. 따라서 인간이 선해지는 것은 외부의 강제가 아니라, 본래 마음속의 선한 본성을 스스로 기르는 노력에 달려 있다는 겁니다.

이처럼 사단은 감정과 감정이 부딪치는 시대일수록 인간성을 지켜주는 내적 기준이 됩니다. 감정을 억누르기보다, 사단의 방향으로 이끌어가는 것이 중요합니다. 분노는 정의로, 슬픔은 공감으로, 욕망은 창조로 승화될 수 있습니다.

◆ 칠정(七情)은 인간 감정의 자연스러운 흐름

인간은 도덕적 존재인 동시에 감정적인 존재입니다. 기쁨, 분노, 슬픔, 사랑, 미움, 두려움, 욕망 등은 인간이라면 누구나 느끼는 자연스러운 감정입니다. 유가(儒家)에서는 이를 '칠정(七情)'이라 불렀습니다. 칠정은 다음과 같습니다.

희(喜)=기쁨, 노(怒)=분노, 애(哀)=슬픔, 구(懼)=두려움,

애(愛)=사랑, 오(惡)=미움, 욕(欲)=욕망

이 일곱 가지 감정은 인간 본성이 자연스럽게 발현된 것으로, 본래 선하거나 악하지 않습니다. 중요한 것은 그것을 어떻게 다스리느냐입니다. 감정이 제자리를 지킬 때 그것은 인격을 풍요롭게 하지만, 통제되지 못하면 스스로를 해치게 됩니다. 따라서 후대의 유가 사상가들은 사단과 칠정을 함께 논하며, "사단은 본성의 근원, 칠정은 그 본성이 움직이는 작용"이라 설명했습니다. 사단이 방향을 잡아주면 칠정은 올바르게 흐를 수 있다는 겁니다.

◆ 사단과 칠정, 본성과 감정의 균형을 이루어야

사단은 인간 내면의 도덕적 근본, 칠정은 그것이 현실 속에서 움직이는 형태입니다. 예를 들어, '분노(怒)'는 통제되지 않으면 폭력으로 흐르지만, 불의에 맞서는 '의로운 분노'로 발현된다면 이는 수오지심(羞惡之心)의 표현이 됩니다.

'사랑(愛)'은 집착으로 흐를 수도 있지만, 절제되고 배려 있는 사랑은 측은지심(惻隱之心)으로 드러납니다. 즉, 사단은 감정의 방향을 제시하는 나침반이며, 칠정은 사단을 세상 속에서 드러내는 힘이라고 할 수 있습니다. 이 두 가지가 조화롭게 운행될 때 비로소 인간은 성숙한 도덕적 존재가 된다는 겁니다.

오늘날 우리는 감정이 넘쳐나는 시대에 살고 있습니다. SNS와 미디어를 통해 분노, 슬픔, 욕망이 실시간으로 전파되며, 감정의 과잉이 사회적 갈등을 낳기도 합니다. 이때 맹자의 사단과 칠정은 우리에게 깊은 성찰을 제공합니다.

◆ 사단을 길러 칠정을 조화시키자

맹자는 "사단이 자라면 인의예지가 충만해진다"고 했습니다. 오늘날의 언어로 표현하자면, "선한 감정의 씨앗을 키우면 감정의 폭풍 속에서도 흔들리지 않는다"는 뜻입니다. 사단은 인간의 도덕적 중심이며, 칠정은 삶을 풍요롭게 하는 에너지입니다. 감정을 부정하거나 억누르기보다, 사단의 이치에 따라 조화롭게 다스릴 때 진정한 인간다움을 회복할 수 있습니다.

맹자의 사단과 칠정은 결국, 감정의 시대를 살아가는 우리에게 건네는 마음의 철학입니다. 사단은 '마음의 나침반'이고, 칠정은 '삶의 바람'입니다. 바람은 막을 수 없지만, 나침반이 있다면 우리는 방향을 잃지 않습니다.

11. 호연지기(浩然之氣)는
도덕적 자기 수양을 통해 형성되는 정신의 기둥

맹자의 '호연지기(浩然之氣)'는 단순한 도덕적 기백을 넘어, 인간 내면의 도덕성과 올바른 삶을 가능하게 하는 원천적 힘입니다. 이 개념은 급변하는 현대사회에서도 자기 정체성 유지, 도덕적 실천, 정신적 자립을 위한 중요한 철학적 지침이 될 수 있습니다.

맹자는 호연지기를 "도의를 오랫동안 쌓아 이룬 것"이라 말했습니다. 이것은 타고난 것이 아니라, 지속적인 도덕적 실천과 자기 수양을 통해 기르는 것입니다. 맹자는 호연지기를 "천지 간에 가득 찬 기운"이라 하면서, 거짓이나 사욕, 외부의 유혹에 흔들리지 않는 정직하고 떳떳한 내면의 힘이라고 정의했습니다. 이는 군자의 정신적 기둥이며, 사사로운 이익이나 욕망에 휘둘리지 않고 공정과 정의, 도리를 지키는 데 필요한 정신적 에너지입니다.

오늘날 우리는 빠르게 변화하는 정보 사회, 경쟁 중심의 사회, 물질적 가치를 중시하는 세상 속에 살고 있습니다. 이런 세상에서 개인은 자주 정체성의 혼란, 도덕적 기준의 붕괴, 심리적 불안정을 경험하게 됩니다. 특히 외부 평가와 비교 중심의 문화는 사람들을 타인의 시선에 의존하게 만들고, 내면의 가치보다는 즉각적인 성공이나 인기에 집착하게 합니다.

이런 우리에게 맹자의 호연지기는 개인이 스스로를 지키고, 자기 주도적으로 윤리적 삶을 살아가는 데 필요한 방향을 제시합니다. 즉, 타인에 의한 판단보다 스스로의 내면에 기준을 두고, 정의롭고 떳떳한 삶을 살도록 이끕니다.

호연지기는 하루아침에 이루어지지 않으며, 작은 선행과 올바른 판단이 쌓여 형성됩니다. 현대인은 이를 자기계발, 좋은 습관, 꾸준한 성찰을 통해 실현할 수 있습니다. 예를 들어, 정직하게 말하기, 책임감 있는 행동, 타인에 대한 공감과 배려 등은 모두 호연지기를 기르는 일상의 실천입니다.

맹자는 외부 권력이나 위협 앞에서도 정의를 지키는 기개가 바로 호연지기라고 말했습니다. 현대사회에서도 윤리적 딜레마에 처하거나 조직 내 부당함에 대해 침묵하지 않고, 소신 있게 말할 수 있는 도덕적 용기가 필요합니다. 이는 공익 제보자나 양심적 행동을 하는 시민, 직장에서의 양심적인 판단 등으로 나타날 수 있습니다.

호연지기를 지닌 사람은 외부의 칭찬이나 비난에 휘둘리지 않으며, 자기 내면의 가치 기준에 따라 움직입니다. 현대인은 SNS, 경쟁, 소비문화로 인해 자기 가치를 타인의 시선에 맡기는 경향이 큽니다. 하지만 호연지기는 자기 중심의 도덕성과 정신적 자립을 통해 내면의 평정심을 유지하도록 도와줍니다.

맹자가 말한 호연지기는 단순한 용기나 자존심이 아니라, 도덕적 삶의 결과로 자연히 형성되는 위대한 에너지입니다. 이는 오늘날의 개인주의 사회에서도 여전히 유효한 가치로, 정의감, 자기 수양, 타인을 위한 배려, 사회적 책임감과 같은 다양한 형태로 구체화될 수 있습니다.

현대인은 빠른 변화와 복잡한 관계 속에서 끊임없이 방향을 잃기 쉽습니다. 이럴 때 맹자의 호연지기는 흔들리지 않는 내면의 나침반이 되어줄 수 있습니다.

"자신의 도리를 다한 삶은 언제나 당당하다"는 맹자의 정신은 오늘날에도 강력한 실천적 지혜로 다가옵니다. 호연지기는 도덕적 자기 수양을 통해 형성되는 정신의 기둥으로, 현대인의 자기 정체성과 윤리적 삶에 깊은 통찰을 줍니다.

12. 집단의 이익보다는 인의(仁義)를 바탕으로 나라를 다스려라

『맹자(孟子)』 「만장장구(萬章章句)」는 순임금(舜)과 상(象)의 관계, 왕위 계승 그리고 백리해(百里奚)의 지혜에 대해 이야기합니다. 맹자는 제자 만장(萬章)과의 문답에서 성인(聖人)의 덕과 천명(天命)의 도리를 설명하며, 특히 순임금과 그 아우 상(象)의 관계 그리고 왕위 계승의 정당성을 밝혔습니다. 순임금은 천하의 어질고 지혜로운 왕으로 요임금의 덕을 이어받아 왕위에 올랐는데, 그 과정에서 혈연보다는 덕을 중시하는 천하의 공명한 도리가 드러나고 있습니다.

제자 만장이 "순임금께서는 아우 상을 매우 사랑하셨는데, 어찌하여 그에게 천하를 물려주시지 않았습니까?"라고 묻자, 맹자는 "덕이 없는 자에게는 천하를 맡길 수 없기 때문이다"라고 답하였습니다. 순임금은 인애(仁愛)로써 가족을 대하였으되, 공정(公正)한 마음으로 천하를 다스렸습니다. 사랑과 공의는 구별되어야 하며, 사사로운 정에 치우쳐 공도(公道)를 어길 수는 없다는 뜻이었기 때문입니다.

순임금은 아우 상이 비록 그를 시기하고 해치려 하였으나, 끝내 원망하지 않고 오히려 관직을 주어 포용하였습니다. 그러나 상의 마음이 바르지 못하였으므로, 천하의 중임은 맡길 수 없었죠. 이는 공과 사를 분명히 한 순임금의 대공무사(大公無私)한 덕을 보여주는 일화입니다.

또한 왕위 계승에 관하여 맹자는 "요임금이 순을 천거하였고, 순이 우를 천거하였다"고 말하였습니다. 이는 혈통에 의한 세습이 아니라, 덕에 따른 천거의 원리라 하였습니다. 천자는 하늘의 명을 받아 백성을 다스리므로, 그 자격은 오직 덕에 달려 있음을 밝힌 것이죠. 맹자는 "천하가 귀하게 여기는 것은 오직 덕이다"라고 하여, 천명(天命)의 이치는 곧 민심(民心)에 있음을 강조하였습니다. 하늘은 덕 있는 자에게 그 명을 내리고, 백성은 스스로 그를 따르게 되니, 이것이 곧 성왕의 도리라 하였습니다.

이러한 순임금의 도와 대비되는 인물로, 맹자는 백리해(百里奚)의 지혜를 예로 들기도 하였습니다. 백리해는 진(秦)나라의 재상이 되어 나라를 부강하게 만들었으나, 그 본래의 출신은 미천하였고 젊은 시절에는 초(楚)나라에서 포로로 팔려갔던 자였습니다. 그러나 그는 세속의 굴욕에 개의치 않고 스스로 재능을 닦아 마침내 인재로 발탁되었지요.

만장이 여쭈었습니다.

"어떤 사람이 말하기를 '백리해는 진나라의 제사에 바칠 짐승을 기르는 사람한테 다섯 마리의 양가죽을 받고 자신을 팔아서, 거기서 소먹이는 일을 하며 진나라의 목공에게 벼슬자리를 구했다'고 하는데, 그 말이 사실입니까?"

맹자께서 말씀하셨습니다.

"아니, 그게 아니란다. 호사가가 한 소릴 게야. 백리해는 우나라 사람이었지. 진나라 사람이 수극에서 나오는 구슬과 굴에서 나오는 말을 선물로 보내어, 길을 빌려 괵나라를 정벌하고자 한다며 군사가 우나라를 통과할 수 있도록 요청한 일이 있었단다. 그때 궁지기는 길을 빌려주지 말자고 간언했지만, 백리해는 간언하지도 않았지.

우공한테 간언해 보았자 통하지 않음을 알았기 때문에 그는 우나라를 떠나 진나라로 갔단다. 그때 그의 나이는 이미 70이었지. 그렇게 피신한 상황에서 소치기가 되어 진나라의 목공에게 벼슬자리를 구하는 것이 추잡한 일인지를 몰랐다면, 그를 지혜로운 사람이라고 할 수 있겠느냐? 간언해 봐야 소용없음을 알고 간언하지 않았으니 지혜롭지 않다고 할 수 있겠느냐?"

萬章問曰(만장문왈): 或曰(혹왈): '百里奚自鬻於秦養牲者(백리해자죽어진양생자), 五羊之皮食牛(오양지피식우), 以要秦穆公(이요진목공).' 信乎(신호)?

孟子曰(맹자왈): 否(부), 不然(불연), 好事者爲之也(호사자위지야). 百里奚(백리해), 虞人也(우인야). 晉人以垂棘之璧(진인이수극지벽), 與屈産之乘(여굴산지승), 假道於虞以伐虢(가도어우이벌괵). 宮之奇諫(궁지기간), 百里奚不諫(백리해불간). 知虞公之不可諫而去之秦(지우공지불가간이거지진), 年已七十矣(년이칠십의), 曾不知以食牛干秦穆公之爲汙也(증부지이식우간진목공지위오야), 可謂智乎(가위지호)? 不可諫而不諫(불가간이불간), 可謂不智乎(가위부지호)?

맹자는 이 이야기를 통해 군자는 자신이 처한 환경에 굴하지 않고 덕과 지혜를 길러야 함을 설파하였습니다. 백리해는 비록 몸은 낮은 처지에 있었으나, 그의 뜻은 나라를 걱정하고 백성을 이롭게 하려는 데 있었으니, 바로 지혜로운 자의 본보기라 할 수 있습니다.

요컨대, 순임금의 행적은 성인의 덕과 천명 정치의 본질을 드러냈으며, 백리해의 이야기는 지혜로운 자가 시대를 만났을 때 어떠한 도리로 처해야 하는지를 보여줍니다. 맹자는 이를 통하여, 임금은

덕으로써 천하를 다스리고, 신하는 지혜로써 군주를 보필해야 함을
강조하였죠. 천하의 근본은 덕에 있고, 덕은 곧 인(仁)과 의(義)에 뿌
리를 둔다는 겁니다.

「만장장구(萬章章句)」에서 맹자는 '하늘은 덕 있는 자에게 명을 내
리고, 덕은 공정무사함에서 비롯된다'는 것을 강조한 겁니다. 순임
금이 혈연보다 덕을 앞세우고, 백리해가 자신의 처지를 이겨내고
지혜를 닦은 것처럼, 인간의 참된 가치는 출신이나 지위가 아니라
마음의 도(道)에 달려 있음을 일깨워준 것이라 할 수 있습니다.

맏 孟(맹) 은 아들 자(子)와 그릇 명(皿)으로 이루어졌습니다. 이 孟(맹) 자는 고대인들의 맏아들에 대한 인식의 변화를 읽을 수 있는 몇 안 되는 글자 중의 하나랍니다. 자형의 변화는 없었지만 이 글자에는 역사적 인식이 담겨 있습니다. 먼저 글자의 구성부터 살펴보고 역사적 인식에 대해 알아보기로 합시다. 자형의 상부를 이루고 있는 子(자)는 강보에 싸인 아기를 본뜬 상형글자로 머리와 두 팔 그리고 하나의 다리로 묘사하고 있습니다. 다리를 하나로 그린 것은 아직 서서 걷지 못하는 '갓난아이'임을 나타내려 한 것이랍니다. 皿(명)은 음식을 담을 수 있는 넓은 그릇을 본뜬 상형글자입니다. 원래는 제기용 그릇이었지만 일반적인 '그릇'의 대표명사가 되었답니다. 이에 따라 커다란 그릇(皿)에 아기(子)를 담고 있는 것으로 그림이 그려지는데, 그 내용을 알고 나면 참으로 끔찍합니다. 고대 중원의 일부 지역에서는 맏아들을 잡아먹는 상상하기 어려운 풍속이 있었답니다. 그러한 내용이 『墨子(묵자)』에 기록되어 있죠. 즉 "초나라의 남쪽에는 사람을 잡아먹는 교나라가 있는데, 그 나라에서는 맏아들을 낳게 되면 신선한 고기처럼 잡아먹는데, 이는 마땅히 동생을 위해서라고 한다. 맛이 좋은 것은 군왕에게 바치는데, 그 군왕이 기분이 좋으면 그 아버지에게 상을 내린다. 어찌 흉악한 풍속이 아니겠는가?(楚之南(초지남), 有啖人之國者橋(유담인지국자교), 其國之長子生(기국지장자생), 則鮮而食之(즉선이식지), 謂之宜弟(위지의제). 美則以遺其君(미즉이유기군), 君喜則賞其父(군희즉상기부). 豈不惡俗哉(기불악속재)?)"라는 대목이 있습니다. 또한 춘추시대의 군왕인 제환공(齊桓公)과 그의 일급 요리사인 역아(易牙)에 얽힌 이야기 역시 괴기스럽기 짝이 없습니다. 즉 역아가 자신의 맏아들을 요리해 군왕에게 바치자 아주 맛있게 먹었다는 역사적 사실이랍니다. 고대인들이 맏아들을 잡아먹거나 제물로 바치는 데에는 두 가지 이유가 있습니다. 첫째는 아직 정상적인 혼례풍속이 정착되기 이전의 고대시대에는 약탈혼이 성행했는데, 빼앗아온 여자가 낳은 첫 아이는 자신의 아이가 아닐 가능성이 높아 혈통으로 인정할 수 없는 인식이 바탕에 깔려 있다는 점이랍니다. 둘째는 지금도 남아 있는 풍습인데, 햇곡식이나 그것으로 빚은 술 등 처음으로 나온 것을 천신과 조상신에게 바치는 고대인들의 의례 때문이었다는 것이죠. 이러한 역사적 바탕 위에서 만들어진 孟(맹) 자는 문화가 성숙된 후대로 오면서 그 의미 또한 변화하였습니다. 약탈혼이 아니라 정해진 배필과 만나 맏아들(子)을 낳으면 제기용의 큰 그릇(皿)에 올려 조상신에게 안녕을 빌 뿐만 아니라 맏아들을 중심으로 가문이 이어지고 번성하기를 기원하였다는 점에 '맏아들'이란 뜻을 갖게 되었답니다.

아들 子(자)는 강보에 싸인 아기를 본뜬 상형글자로 머리와 두 팔 그리고 하나의 다리로 묘사하였답니다. 다리를 하나로 그린 것은 아직 서서 걷지 못하는 '갓난아이'임을 나타내려 한 것이죠. 본뜻은 그러하였지만, 보통 장성하지 않은 아이들을 총칭하게 되었답니다. 또한 후대로 오면서 남자의 경칭으로 쓰이기도 하고, 스승이나 작위의 이름으로까지 그 의미가 확대되었습니다.

맹자(孟子)란 중국 전국시대의 사상가인 맹자(孟子)와 그의 제자들의 이야기를 담아낸 책입니다.

제 5 편

시경
詩經

시경(詩經)

시경(詩經)이란 삼천여 년 전 사람들의
희로애락(喜怒哀樂)의 감정을 시(詩)로써 표현한 책

1. 『시경(詩經)』은 오늘날에도 유효할까?

『시경(詩經)』은 중원 최고(最古)의 시가를 엮은 책으로, 문학적 가치뿐 아니라 정치·사회·윤리 등을 담고 있는 고전입니다. 공자가 "시삼백(詩三百)"이라 부르며 교육의 기본으로 삼았을 만큼, 『시경』은 동아시아 문화 전반에 깊은 영향을 끼쳤습니다. 그 구성과 내용이 오늘날까지도 공감을 얻고 있습니다.

먼저 『시경』은 크게 국풍(國風), 아(雅), 송(頌)의 세 부분으로 구성되었습니다. 전체 305편 가운데 국풍이 160편으로 가장 많은 비중을 차지하며, 아는 다시 소아(小雅)와 대아(大雅)로 나뉘고, 송은 종묘 제사에 사용된 노래들로 구성되어 있습니다. 이러한 구성은 『시경』이 단순한 문학 작품집이 아니라, 민간의 삶에서부터 왕실과 제례 문화에 이르기까지 사회 전반을 포괄하고 있음을 보여줍니다.

국풍은 말 그대로 각 나라의 노래라는 뜻으로, 주나라 왕실의 지배를 받던 제후국들의 민요를 모아 놓은 부분입니다. 여기에는 주나라를 중심으로 한 여러 나라의 노래가 실려 있는데, 대표적으로 주남(周南)·소남(召南)을 비롯하여 패(邶)·용(鄘)·위(衛)·정(鄭)·제(齊)·위(魏)·당(唐)·진(秦)·진(陳)·회(檜)·조(曹)·빈(豳) 등의 나라가 포함되어 있습니다. 이들 국가는 현재의 중국 중원과 황하 유역을 중심으로 존재했던 제후국들로, 각 지역의 풍속과 정서가 노래 속에 생생히 반영되어 있습니다.

국풍은 왕이나 귀족의 시각이 아니라, 백성들의 일상적 삶과 감정을 직접적으로 담아낸 노래들을 소개하고 있습니다. 사랑과 이별, 그리움과 원망, 노동의 고됨, 전쟁으로 인한 슬픔 등 인간이라면 누구나 겪는 감정이 꾸밈없이 표현되어 있습니다. 공자는 국풍을 통해 한 나라의 정치와 도덕 상태를 살필 수 있다고 보았는데, 이는 백성의 노래가 곧 그 사회의 현실을 반영한다고 보았기 때문입니다.

아(雅)는 비교적 격조 높은 궁중 음악으로, 주나라 왕실과 귀족 사회의 의식과 정치적 이상을 담고 있습니다. 소아는 신하들의 노래에 가깝고, 대아는 왕실의 공적과 역사적 사건을 노래한 작품들입니다. 송은 종묘나 제사에서 불린 찬가로, 조상과 신에게 바치는 엄숙한 노래들로 구성되어 있어, 『시경』의 종교적·의례적 성격을 보여줍니다.

그렇다면 『시경』의 감성이 오늘날까지도 이어지는 이유는 무엇일

까요? 가장 큰 이유는 『시경』이 다루는 감성이 시대와 문화를 초월한 보편적 인간 감정이기 때문입니다. 사랑하는 이를 기다리는 마음, 가족을 걱정하는 마음, 사회의 부조리에 대한 분노, 더 나은 삶을 바라는 소망은 고대나 현대나 크게 다르지 않습니다. 『시경』은 이러한 감정을 과장하거나 미화하지 않고, 짧고 소박한 언어로 표현함으로써 오히려 깊은 공감을 이끌어냅니다.

또한 『시경』은 은유와 상징 등 시적 형식을 활용하여 감정을 전달합니다. 이는 독자가 자신의 경험을 떠올리며 작품을 해석할 여지를 남기며, 시대가 바뀌어도 새로운 의미로 읽히게 합니다. 이러한 여백과 절제의 미학이 『시경』을 살아 있는 고전으로 만들고 있습니다.

결론적으로 『시경』은 특정 시대의 노래인 동시에 모든 시대의 노래입니다. 국풍을 통해 백성의 숨결을 담아내고, 아와 송을 통해 정치와 제례의 질서를 담아낸 『시경』은, 인간의 삶과 감정을 정직하게 노래했기에 오늘날에도 여전히 깊은 울림을 주고 있다고 할 수 있습니다.

2. '생각함에 사특함이 없다'는 『시경(詩經)』의 구성은?

'詩三百(시삼백), 一言以蔽之(일언이폐지), 曰(왈), 思無邪(사무사)'는 『논어』「위정」편에 나오는 구절로, 공자가 『시경』 전체의 정신을 한마디로 요약한 말입니다. "시 삼백 편을 한마디로 말하자면 생각에 사특함이 없다"는 뜻입니다. 여기서 '사(思)'는 단순한 사고 작용이 아니라 마음의 지향과 감정, 의지까지 포함하는 인간 내면의 움직임을 가리키며, '무사(無邪)'는 삿됨이 없고 바르며 꾸밈이 없는 상태를 의미합니다.

공자는 『시경』을 단순한 문학 작품으로 보지 않았습니다. 그는 시를 통해 인간의 정서를 교화하고, 정치와 도덕을 바로 세울 수 있다고 보았습니다. 『논어』에서 "시는 흥기하게 하고, 관찰하게 하며, 무리를 화합하게 하고, 원망을 표현하게 한다"고 한 것처럼, 시는 인간 감정을 순화하고 사회적 관계를 조화롭게 합니다. 따라서 『시경』을 '사무사(思無邪)'로 규정한 것은, 수많은 작품들이 결국 인간의 정서를 바르고 진실하게 표현하고 있기 때문입니다.

특히 『시경』에는 남녀 간의 사랑, 이별의 슬픔, 노동의 고단함, 정치에 대한 비판 등 다양한 내용이 담겨 있습니다. 표면적으로 보면 감정의 표현이 매우 솔직하고 때로는 격렬해 보이기도 합니다. 그러나 공자는 이러한 표현이 방종하거나 음란한 것이 아니라, 인간 본성에서 우러난 자연스럽고 진실한 감정이라고 보았습니다. 그것은 도를 벗어난 욕망의 발산이 아니라, 절제 속에서 드러나는 순수한 정서이기에 '사무사'라 할 수 있다는 것입니다.

여기에는 공자의 인간관이 반영되어 있습니다. 그는 인간의 본래적 감정을 부정하지 않았습니다. 오히려 감정은 자연스러운 것이며, 중요한 것은 그것이 예(禮)의 틀 안에서 조화를 이루는가에 있다고 보았습니다. 『시경』의 작품들은 기쁨과 슬픔, 사랑과 원망을 담고 있으되, 사회적 질서를 무너뜨리는 방향으로 치닫지 않습니다. 감정을 표현하지만 지나치지 않고, 비판은 제기하되 파괴적이지 않습니다. 이러한 점에서 공자는 『시경』이 감정을 바르게 이끌어 주는 교화의 책이라고 평가한 것입니다.

또한 '사무사'는 정치적 의미도 내포합니다. 공자는 군자가 시를 배워야 한다고 강조하였는데, 이는 시를 통해 백성의 마음을 이해하고 자신의 마음을 바르게 할 수 있기 때문입니다. 삿된 생각이 없다는 것은 사사로운 욕심이나 왜곡된 의도가 없다는 뜻이며, 이는 곧 정치의 청렴성과도 연결됩니다. 『시경』을 읽고 그 정신을 체득한 사람은 자연히 마음이 정직해지고, 타인을 헤아릴 줄 아는 인격을 갖추게 된다고 본 것입니다.

결국 사무사(思無邪)는 『시경』의 문학적 특징을 넘어, 공자가 지향한 도덕적 인간상의 표현이라 할 수 있습니다. 바른 마음, 꾸밈없는 감정, 절제된 표현이 곧 군자의 기본자세이며, 『시경』은 그러한 자세를 길러 주는 교화의 교과서라는 것이 공자의 생각이었습니다. 따라서 이 한마디는 시에 대한 평가인 동시에, 인간 수양의 기준을 제시하는 말이라 할 수 있습니다.

3. 『시경(詩經)』의 「북풍(北風)」이 오늘날에도 사랑받는 이유는?

　고대 문학의 시초로 불리는 『시경(詩經)』은 기원전 11세기부터 6세기경까지의 민간 노래와 궁정의 제례가 혼합된 시집으로, 유가(儒家)에서 '인(仁)'과 '예(禮)'를 교육하기 위한 도구로 중시해 왔습니다. 그 가운데 「북풍(北風)」은 이산(離散)의 슬픔, 공동체 붕괴의 아픔, 인간 본성 등을 회복하기 바라는 마음을 절제된 언어로 담아낸 대표적인 작품입니다.

◆ 「북풍」의 내용과 감성

　「北風其涼, 雨雪其雱(북풍기량, 우설기방)」으로 시작되는 이 시는, 거세게 부는 북풍과 눈보라를 묘사하며, 그 추위 속에 놓인 이방인의 고통을 토로합니다. 시에서는 따뜻한 남쪽을 그리워하며, 고향과 가족 그리고 공동체의 포용을 꿈꾸죠. 이는 단순한 자연 묘사에 그치지 않고, 사회적 소외, 유배, 전쟁의 파편화된 인간성 등을 상징합니다.

　몇 해 전 인기리에 방영되었던 '옷소매 붉은 끝동'에서 주인공 정조 이산과 궁녀 덕임의 『시경』 낭독 장면에서 다음과 같은 「북풍(北風)」이라는 시가 잔잔하게 울려 퍼졌죠.

북풍(북풍北風)

　북쪽에서 불어오는 바람은 차갑고 눈비마저 펑펑 내린다네. 자애로움으로 나를 좋아하는 이와 손을 잡고 함께 가리라. 머뭇거릴 시간이 없네, 어서 빨리 서두르세!

　北風其涼(북풍기량), 雨雪其雱(우설기방). 惠而好我(혜이호아), 攜手同行
(휴수동행). 其虛其邪(기허기사), 既亟只且(기극지차)!

　　북쪽에서 불어오는 바람은 세차고 눈비마저 펑펑 내린다네. 자애
로움으로 나를 좋아하는 이와 손을 잡고 함께 가리라. 머뭇거릴 시
간이 없네, 어서 빨리 서두르세!

　北風其喈(북풍기개), 雨雪其霏(우설기비). 惠而好我(혜이호아), 攜手同歸
(휴수동귀). 其虛其邪(기허기사), 既亟只且(기극지차)!

　　붉지 않다고 여우 아니며 검지 않다고 까마귀 아니랴. 자애로움으
로 나를 좋아하는 이와 손을 잡고 함께 돌아가리라. 머뭇거릴 시간
이 없네, 어서 빨리 서두르세!

　莫赤匪狐(막적비호), 莫黑匪烏(막흑비오). 惠而好我(혜이호아), 攜手同車
(휴수동거). 其虛其邪(기허기사), 既亟只且(기극지차)!

　　'그대를 생각하나 감히 울지도 못하네.愿言思伯(원언사백) 不敢哀傷
(불감애상)'라는 구절은, 개인의 감정이 외부 현실에 의해 억눌리는 모
습을 잘 보여줍니다. 그러나 억제된 감정 속에서도 사람에 대한 그
리움과 희망을 놓지 않는 태도는 오늘날까지도 깊은 울림을 줍니다.
　　오늘날 우리는 디지털과 속도의 시대를 살아갑니다. 그러나 그런
삶의 중심에 단절, 외로움, 정서적 고립이라는 감정이 깊숙이 자리
하고 있음은 부정할 수 없습니다. 이럴 때 고대의 시 「북풍」은 인간

존재의 근원적인 감정, 즉 따뜻함을 갈망하는 인간 본성을 다시 일깨워줍니다.

특히 가족의 해체, 이주 노동, 고령화 등으로 인한 관계 단절이 심화되고 있는 오늘날의 현실 속에서, 「북풍」은 '따뜻한 곳으로 돌아가고 싶은 마음', '누군가에게 받아들여지고 싶은 간절함'을 시적으로 드러내고 있죠. 이는 고전 시가가 단지 학문적 대상이 아니라, 치유와 공감의 감성 매체가 될 수 있음을 보여줍니다.

또한 이 시는 단절된 인간이 어떻게 감정을 억제하면서도 품위 있게 고통을 이겨내는지, 그리고 어떻게 희망을 놓지 않고 타자와 연결되려 하는지를 보여줍니다. 이 점에서 「북풍」은 현대인의 감정 회복에 실질적인 영향을 끼치는 정서적 자산이 됩니다.

「북풍」은 시대를 초월하여 인간의 보편적인 슬픔과 희망을 노래한 시입니다. 방송과 미디어는 이 시를 대중에게 보다 가깝게 전달함으로써, 고전을 일상적 정서와 연결시키는 역할을 하고 있죠. 나아가 현대인에게 「북풍」은 단지 과거의 시가 아니라, 공감하고 위로받을 수 있는 감성의 언어가 되기도 합니다.

따라서 이 시는 현재에도 여전히 유효하며, 진정한 인간성 회복의 열쇠가 될 수 있습니다.

4. 예나 지금이나 남녀의 사랑은 전전반측(輾轉反側)인가?

『시경(詩經)』「주남(周南)」의 관저저구(關關雎鳩)에 수록된 전전반측(輾轉反側)은 남녀 간의 사랑과 그로 인한 내적 갈등을 섬세하게 드러내는 표현으로 잘 알려져 있습니다. 이 말은 본래 밤에 잠자리에 들었으나 마음이 괴로워 잠을 이루지 못하고 이리저리 뒤척이는 모습을 뜻하며, 주로 사랑으로 인한 그리움과 번민을 상징적으로 나타냅니다. 『시경』은 이러한 인간의 감정을 직접적으로 묘사하기보다는 절제된 언어와 비유를 통해 드러내고 있다는 점에서, 유가적 윤리와 인간 감정을 함께 보여준다고 할 수 있습니다.

찾아도 찾지 못한 채 자나 깨나 마음속엔 그리움만 가득하여, 이리 뒤척이고 저리 뒤척이고 잠 못 이룬다네.
求之不得(구지부득), *寤寐思服*(오매사복). *悠哉悠哉*(유재유재), *輾轉反側*(전전반측).

전전반측이 등장하는 시에서는 남녀 간의 애정이 자연스럽고 보편적인 감정으로 제시됩니다. 사랑하는 이를 향한 그리움, 만나지 못하는 상황에서 비롯되는 불안과 초조함은 인간이라면 누구나 겪을 수 있는 감정으로 묘사됩니다. 이때의 애정은 단순한 욕망이 아니라, 마음 깊은 곳에서 우러나오는 정서적 결합으로 이해됩니다. 이러한 점에서 『시경』은 인간 감정을 억압의 대상으로만 보지 않고, 도덕적 성찰의 대상이 되는 삶의 일부로 받아들이고 있음을 알 수 있습니다.

그러나 『시경』의 애정 표현이 언제나 긍정적으로만 해석되는 것은 아닙니다. 일부 시편에서는 남녀 간의 관계가 사회적 질서와 충돌할 때 발생하는 갈등 또한 드러납니다. 특히 이미 혼인한 유부남이나 유부녀의 일탈이 직접적으로 서술되지는 않지만, 은근한 비유와 상황 묘사를 통해 도덕적 긴장 상태를 느끼게 하는 경우가 있습니다. 이는 개인의 감정이 공동체의 윤리와 충돌할 때 발생하는 문제를 독자로 하여금 스스로 성찰하게 만드는 방식이라 할 수 있습니다.

유가적 관점에서 볼 때, 남녀 간의 애정은 예(禮)에 의해 조율되어야 할 감정입니다. 혼인은 개인적 사랑을 사회적 책임 속에 정착시키는 제도이며, 이를 벗어난 관계는 개인의 감정이 아무리 진실하다 하더라도 비판의 대상이 됩니다. 『시경』은 이러한 판단을 노골적으로 내리기보다는, 전전반측과 같은 심리 묘사를 통해 인간 내면의 흔들림을 보여주고, 그로 인한 불안과 고통을 암시합니다. 이는 일탈이 가져오는 달콤함보다는, 오히려 마음의 불안정과 도덕적 괴로움을 부각시키는 효과를 낳습니다.

결국 『시경』에서 전전반측은 사랑의 깊이를 보여주는 동시에, 그 사랑이 마땅한 자리를 벗어날 때 발생하는 갈등과 고뇌를 함께 담고 있는 표현이라 하겠습니다. 남녀 간의 애정은 인간다움의 증거이지만, 그것이 사회적 관계와 책임을 무너뜨릴 때에는 개인과 공동체 모두에게 상처를 남긴다는 점을 『시경』은 조용히 일러주고 있습니다. 이러한 절제된 서술 방식은 오늘날에도 인간 감정과 윤리의 균형을 성찰하는 데 중요한 시사점을 제공한다고 생각됩니다.

5. 주공(周公)이 남쪽 지역에서 채집한 11편의 시로 구성된 주남

『시경(詩經)』의 「주남(周南)」은 국풍(國風) 가운데 가장 앞에 놓인 부분으로, 모두 11편의 시로 구성되어 있습니다. 「주남(周南)」은 주공(周公)이 주나라 초기에 남쪽 지역을 다스리고 교화하는 과정에서 백성들 사이에 전해지던 노래를 채집한 것입니다. 따라서 주남은 단순한 민요 모음이 아니라, 주나라 정치이념이 민간의 삶 속에 어떻게 스며들었는가를 보여준다고 할 수 있습니다.

주남에 실린 11편은 다음과 같습니다. 관저(關雎), 갈담(葛覃), 권이(卷耳), 주남도요(周南桃夭), 토저(兎罝), 부이(芣苢), 한광(漢廣), 여분(汝墳), 린지지(麟之趾) 등으로 구성되어 있으며, 전반적으로 가정생활, 혼인, 여성의 덕, 노동과 기다림이라는 주제가 반복됩니다. 이처럼 주남은 귀족의 정치적 업적보다 백성의 일상과 도덕적 삶에 초점을 맞추고 있습니다.

가장 먼저 등장하는 관저는 『시경(詩經)』 전체에서 첫 작품으로, 군자의 덕에 어울리는 짝을 구하는 내용을 노래합니다. 이는 단순한 연정시가 아니라, 혼인이 욕망이 아니라 예(禮)에 근거해야 함을 상징적으로 드러낸 작품입니다. 공자는 이 시를 "즐거우되 음란하지 않고, 슬프되 상하지 않는다"고 평가하였는데, 이는 주남 전체의 정서를 평가하는 말로 이해됩니다.

갈담과 권이는 여성의 노동과 기다림을 주제로 한 시입니다. 갈담은 베를 짜는 여인의 모습을 통해 근면함과 가정적 덕목을 드러내고, 권이는 남편을 기다리는 아내의 마음을 섬세하게 표현합니다.

이들 작품은 여성의 감정을 솔직하게 드러내면서도, 불만이나 원망보다는 절제와 인내의 미덕을 강조합니다.

도요는 혼인을 앞둔 젊은 여성의 모습을 복숭아나무에 비유하여 노래한 시로, 주남 가운데서도 밝고 경쾌한 분위기를 띱니다. 이는 혼인이 개인의 문제가 아니라 가문과 사회의 질서를 이루는 중요한 의례임을 상징적으로 보여줍니다. 토저는 사냥의 모습을 노래하면서, 성실하고 바른 남자의 모습을 이상적인 배우자로 제시합니다.

아름다운 복사꽃(도요桃夭)

작고 고운 복사꽃이 활짝 피어나니 탐스런 꽃이로다. 그 아가씨 시집가면 그 집안이 화목하리라.

桃之夭夭(도지요요), 灼灼其華(작작기화). 之子于歸(지자우귀), 宜其室家(의기실가).

작고 고운 복숭아나무에 주렁주렁 열매 맺네. 그 아가씨 시집가면 그 집안이 화목하리라.

桃之夭夭(도지요요), 有蕡其實(유분기실). 之子于歸(지자우귀), 宜其家室(의기가실).

작고 고운 복숭아나무에 잎이 무성하네. 그 아가씨 시집가면 그 집안사람들 화목하리라.

桃之夭夭(도지요요), 其葉蓁蓁(기엽진진). 之子于歸(지자우귀), 宜其家人(의기가인).

부이는 약초를 캐는 여성의 노동을 통해 소박한 삶의 기쁨을 드러내며, 한광은 넓은 강을 사이에 두고 닿을 수 없는 이상적 대상에 대한 그리움을 노래합니다. 이는 인간의 욕망이 항상 충족되는 것이 아님을 보여주면서도, 그 감정을 과도하게 분출하지 않고 절제된 언어로 표현합니다. 여분은 강가에서 부모를 그리워하는 마음을 노래하는데, 효와 가족애라는 유교적 가치와도 맞닿아 있습니다.

린지지는 기린의 발자국에 비유해, 훌륭한 자손이 태어날 징조를 노래한 시로 해석됩니다. 이는 「주남(周南)」이 개인감정에 머무르지 않고, 가문의 번성과 사회의 안정이라는 공동체적 이상으로 나아가고 있음을 보여줍니다.

이처럼 「주남」 11편은 사랑과 노동, 기다림과 기쁨이라는 평범한 삶의 장면을 통해, 예에 맞는 감정의 표현과 도덕적 삶의 모습을 자연스럽게 제시합니다. 주공이 남쪽 땅에서 채집하였다고 전해지는 이 노래들은, 백성의 노래 속에서 이상적인 질서를 발견하려는 주나라 정치의 특징을 잘 드러냅니다.

따라서 『시경』의 「주남」은 주나라 백성의 일상생활과 도덕 질서가 조화를 이루는 이상적인 사회상을 보여주며, 『시경』 전체를 여는 서문과 같은 역할을 하고 있습니다.

6. 주나라의 예와 덕, 정치의 이상을 소개한 소남 14편

『시경(詩經)』「소남(召南)」은 국풍 가운데 「주남(周南)」에 이어 두 번째로 수록된 부분으로, 모두 14편의 시로 구성되어 있습니다. 「소남(召南)」은 소공 석(召公 奭)이 주나라 초기에 남쪽 지역을 순행하며 백성들 사이에 전해지던 노래를 채집한 것입니다. 「주남(周南)」이 비교적 평온하고 이상적인 가정 질서를 보여준다면, 「소남(召南)」은 현실적인 삶의 문제와 감정을 담아내고 있어 두 편은 서로 보완적인 관계를 이룹니다.

「소남」에 실린 14편은 작소(鵲巢), 채번(采蘩), 초충(草蟲), 채평(采蘋), 감당(甘棠), 행로(行露), 강유사(江有氾), 교언(巧言), 대거(大車), 전여(殿輿), 표유매(摽有梅), 소성(小星), 하성(何生), 추위(騶虞) 등으로 이루어져 있습니다. 이 작품들은 혼인과 가정, 여성의 감정, 사회적 불의, 선한 정치 등 다양한 주제를 다루고 있습니다.

작소는 까치가 집을 짓는 모습을 통해 혼인의 정당성과 가정의 질서를 상징적으로 노래한 작품입니다. 이는 「주남(周南)」의 혼인 관련 시들과 맥을 같이하지만, 보다 현실적인 가정 형성의 의미를 강조합니다. 채번과 채평은 제사에 쓰일 나물과 풀을 채집하는 여인의 모습을 통해, 여성의 근면함과 예에 대한 정성을 드러냅니다. 이는 소남이 개인 감정뿐 아니라 예제(禮制) 속의 삶을 중시하고 있음을 보여줍니다.

초충과 강유사는 이별과 그리움을 주제로 한 시입니다. 특히 강유사는 강물의 흐름에 비유해, 서로 만나기 어려운 상황 속에서도 변하지 않는 마음을 표현합니다. 이러한 작품들은 인간관계에서 비롯되는 슬픔과 기다림을 사실적으로 묘사하면서도, 절제된 정서를 유지하고 있다는 점에서 『시경』 특유의 미학을 잘 드러냅니다.

「소남」에서 가장 널리 알려진 작품은 감당입니다. 감당은 소공 석이 정치를 펼치던 시절에 백성들이 그의 덕을 기려 그가 쉬던 감나무조차 함부로 베지 않았다는 내용을 노래합니다. 이는 『시경』 전체에서도 드물게 선정(善政)에 대한 직접적인 찬가로 평가되며, 덕 있는 정치가 백성의 자발적 존경을 이끌어낸다는 점을 상징적으로 보여줍니다.

아가위나무(감당甘棠)

우거진 아가위나무 자르거나 베지 마라. 소목공인 소백님이 머물렀던 곳이라네.

蔽芾甘棠(폐불감당), 勿剪勿伐(물전물벌), 召伯所蘢(소백소롱).

우거진 아가위나무 자르거나 꺾지 마라. 소백님이 쉬셨던 곳이라네.

蔽芾甘棠(폐불감당), 勿剪勿敗(물전물패), 召伯所憩(소백소게).

우거진 아가위나무 자르거나 휘지 마라. 소백님이 즐겨 거닐었던 곳이라네.

蔽芾甘棠(폐불감당), 勿剪勿拜(물전물배). 召伯所說(소백소열).

반면 행로와 교언은 사회적 부정과 위선을 비판하는 작품입니다. 행로는 혼인 과정에서의 부당함과 억울함을 노래하며, 교언은 말만 교묘하고 속은 바르지 못한 인물을 풍자합니다. 이러한 시들은 「소남」이 단순히 이상만을 노래하지 않고, 현실 사회의 모순을 비판적으로 드러내고 있음을 보여줍니다.

대거와 표유매는 혼인을 기다리는 여성의 초조함과 세월의 흐름에 대한 인식을 담고 있습니다. 특히 표유매는 떨어져 가는 매실을 통해, 혼인 시기를 놓칠지 모른다는 불안을 섬세하게 표현하여 오늘날에도 공감을 불러일으킵니다. 소성은 밤늦게까지 일하는 여인의 모습을 통해 노동의 고단함과 책임감을 보여주며, 추위는 온화한 통치 아래에서 백성이 평안하게 살아가는 이상적 사회를 상징적으로 묘사합니다.

이처럼 「소남」 14편은 혼인과 노동, 기쁨과 슬픔, 덕정에 대한 기억과 사회 비판까지 폭넓은 내용을 담고 있습니다. 주공이 채집한 「주남」이 비교적 안정된 도덕 질서를 보여준다면, 소공 석의 「소남」은 그 질서가 현실 속에서 어떻게 유지되는가를 보여주는 노래들이라 할 수 있습니다.

『시경』의 「소남」은 남쪽 땅 백성들의 삶과 감정을 있는 그대로 담아내면서도, 그 속에서 예와 덕, 정치의 이상을 읽어내려는 주나라의 시각을 잘 드러냅니다. 이러한 점에서 「소남」은 「주남」과 함께 국풍의 시작을 이루며, 『시경』 전체의 현실성과 도덕성을 동시에 떠받치는 중요한 부분이라 평가할 수 있습니다.

7. 패풍·용풍·위풍·왕풍의 구성과 내용

『시경(詩經)』의 국풍(國風)은 주나라 제후국들의 민요를 모은 부분으로, 각 나라의 풍속과 사회 현실, 백성들의 감정이 생생하게 드러납니다. 그 가운데 패풍(邶風)·용풍(鄘風)·위풍(衛風)·왕풍(王風)은 모두 위(衛) 지역과 그 주변 지역의 노래들로, 서로 인접한 지역의 문화와 정서를 비교해 볼 수 있는 중요한 묶음입니다. 이 네 풍은 국풍 가운데서도 현실비판과 개인감정 표현이 비교적 강한 편에 속합니다.

먼저 패풍은 위나라의 옛 땅 가운데 패(邶) 지역에서 전해진 노래들로 이루어져 있습니다. 패풍의 작품들은 전반적으로 사회 질서의 붕괴와 인간관계의 불안함이 강하게 나타납니다. 혼인과 사랑을 주제로 한 시가 많지만, 그 내용은 화목함보다는 배신, 이별, 원망이 주를 이룹니다. 이는 당시 패 지역의 정치적 혼란과 도덕적 해이가 백성들의 삶에 깊은 상처를 남겼음을 보여줍니다. 패풍은 감정 표현이 직접적이며, 억눌린 분노와 슬픔이 노골적으로 드러난다는 점에서 국풍 가운데서도 매우 현실적인 성격을 띱니다.

다음으로 용풍은 패풍과 같은 위나라 계통이지만, 용 지역에서 채집된 노래들입니다. 용풍 역시 혼인과 남녀 관계를 주요 소재로 삼고 있는데, 패풍보다 한층 더 비판적이고 풍자적인 성격을 지닙니다. 특히 무절제한 연애, 예를 어긴 관계, 신의 없는 행동에 대한 질타가 자주 등장합니다. 이는 개인의 타락이 곧 사회 전체의 도덕 붕괴로 이어진다는 인식을 반영합니다. 용풍의 시들은 짧지만 날카로운 표현을 통해 사회의 병폐를 꼬집는 내용이 많습니다.

쥐를 보아라(상서相鼠)

쥐를 보아도 가죽이 있거늘 사람으로서 체통이 없구나. 사람으로서 체통이 없으면 죽지 않고 무엇을 하려는가.

相鼠有皮(상서유피), 人而無儀(인이무의). 人而無儀(인이무의), 不死何爲(불사하위).

쥐를 보아도 이빨이 있거늘 사람으로서 절제함이 없구나. 사람으로서 절제함이 없으면 죽지 않고 무엇을 기다리는가.

相鼠有齒(상서유치), 人而無止(인이무지). 人而無止(인이무지), 不死何俟(불사하사).

쥐를 보아도 몸통이 있거늘 사람으로서 예의가 없구나. 사람으로서 예의가 없으면 어찌하여 빨리 죽지 않는가.

相鼠有體(상서유체), 人而無禮(인이무례). 人而無禮(인이무례), 胡不遄死(호불천사).

위풍은 위나라의 중심 지역에서 전해진 노래들로, 패풍과 용풍에 비해 상대적으로 정서가 다양합니다. 위풍에는 사랑과 그리움, 노동의 고단함, 정치적 불만이 고루 나타납니다. 특히 여인의 시점에서 남편이나 연인을 기다리는 노래가 많아, 여성의 내면 감정이 섬세하게 드러납니다. 동시에 방탕한 귀족과 무능한 통치자에 대한 비판도 담겨 있어, 위나라 사회의 이중적인 모습을 보여줍니다. 위풍은 개인감정과 사회비판이 균형을 이루는 풍으로 평가됩니다.

마지막으로 왕풍은 다른 국풍과 달리 특정 제후국이 아니라, 주나라 왕실 직할지에서 전해진 노래들입니다. 그러나 그 내용은 왕실의 영화로움보다는 오히려 쇠퇴와 혼란을 반영합니다. 왕풍의 시편들은 서주 말기에서 동주 초기에 이르는 왕실 권위의 약화, 예악 질서의 붕괴, 백성들의 불안한 삶을 담고 있습니다. 충신이 배척당하고, 예가 무너진 현실에 대한 탄식이 반복되며, 이는 천자의 나라조차 혼란을 피할 수 없었음을 보여줍니다.

이 네 풍을 종합해 보면, 패풍·용풍·위풍은 모두 위나라 사회의 도덕적 혼란과 인간관계의 균열을 각기 다른 강도로 반영하고 있으며, 왕풍은 그보다 더 넓은 차원에서 주 왕실 질서의 붕괴를 노래하고 있습니다. 이들 국풍은 화려한 이상보다는, 제도와 도덕이 무너질 때 백성의 삶이 어떻게 흔들리는지를 적나라하게 보여줍니다.

패풍·용풍·위풍·왕풍은 『시경』의 국풍 가운데서도 가장 현실 비판적이고 감정의 농도가 짙은 부분이라 할 수 있습니다. 이 시편들은 고대 중국 사회의 혼란한 사회상을 민중의 언어로 기록한 귀중한 자료이며, 『시경』이 단순한 문학 작품이 아니라 역사와 사회를 비추는 거울임을 분명히 보여줍니다.

 인생에 한 번은 읽어야 할 사서삼경

8. 정풍·제풍·위풍·당풍·진풍의 구성과 내용

『시경(詩經)』의 정풍(鄭風)·제풍(齊風)·위풍(魏風)·당풍(唐風)·진풍(秦風)은 각기 독특한 정치·문화적 배경을 지닌 나라들의 시로, 국풍 전체에서도 개성이 매우 뚜렷한 시들입니다. 이들 풍을 통해 우리는 각 제후국의 사회 분위기와 민중 정서를 비교해 볼 수 있습니다.

먼저 정풍은 정나라에서 전해진 노래들로, 국풍 가운데서도 특히 연애 감정과 남녀 관계의 표현이 자유롭고 강렬한 것으로 유명합니다. 정나라는 상업과 교류가 활발한 지역이었으며, 이러한 개방적 분위기가 시에도 반영되었습니다. 정풍의 시들은 사랑의 기쁨과 갈등, 만남과 이별을 솔직하게 노래하며, 감정 표현이 직접적이고 생동감이 넘칩니다. 이 때문에 후대 유가들로부터 방종하다는 비판을 받기도 하였으나, 그만큼 인간의 자연스러운 감정을 잘 보여주는 시들로 평가됩니다.

둘째 아드님(장중자將仲子)

제발 둘째 아드님이시여! 우리 마을을 넘어오지 마세요. 내가 심은 버드나무 꺾지 마세요. 어찌 버드나무가 아까워서겠소. 우리 부모님이 두렵답니다. 둘째 아드님 그립지마는 부모님 말씀 또한 두렵답니다.

將仲子兮(장중자혜), *無踰我里*(무유아리), *無折我樹杞*(무절아수기). *豈敢愛之*(기감애지), *畏我父母*(외아부모). *仲可懷也*(중가회야), *父母之言*(부모지

언), *亦可畏也*(역가외야).

　제발 둘째 아드님이시여! 우리 집 담장을 넘어오지 마세요. 내가 심은 뽕나무 꺾지 마세요. 어찌 뽕나무가 아까워서겠소. 우리 집 여러 오빠들이 두렵답니다. 둘째 아드님 그립지마는 여러 오빠들 말씀 또한 두렵답니다.

　將仲子兮(장중자혜), *無逾我牆*(무유아장), *無折我樹桑*(무절아수상). *豈敢愛之*(기감애지), *畏我諸兄*(외아제형). *仲可懷也*(중가회야), *諸兄之言*(제형지언), *亦可畏也*(역가외야).

　제발 둘째 아드님이시여! 우리 집 정원을 넘어오지 마세요. 내가 심은 박달나무 꺾지 마세요. 어찌 박달나무가 아까워서겠소. 다른 사람들 말들이 두렵답니다. 둘째 아드님 그립지마는 다른 사람들 말 또한 두렵답니다.

　將仲子兮(장중자혜), *無逾我園*(무유아원), *無折我樹檀*(무절아수단). *豈敢愛之*(기감애지), *畏人之多言*(외인지다언). *仲可懷也*(중가회야), *人之多言*(인지다언), *亦可畏也*(역가외야).

　다음으로 제풍은 제나라의 노래들로, 강한 국가와 풍요로운 사회의 분위기가 비교적 뚜렷하게 드러납니다. 제나라는 부국강병을 이룬 나라였기에, 제풍에는 자신감과 활력이 느껴집니다. 그러나 동시에 귀족 사회의 사치와 방종, 계층 간 갈등을 비판하는 내용도 포함되어 있습니다. 혼인과 사랑을 다룬 노래 역시 많지만, 그 이면에는 권력과 부를 둘러싼 긴장이 배어 있어, 제나라 사회의 양면성을 보여줍니다.

위풍(魏風)은 위나라에서 전해진 노래들로, 소박하고 절제된 정서가 특징입니다. 위나라는 비교적 작은 나라였으며, 농경 중심의 삶이 유지되었습니다. 이러한 배경 속에서 위풍의 시들은 노동의 고단함, 가족에 대한 애정, 성실한 삶의 태도를 담담하게 노래합니다. 화려한 감정 표현보다는 일상의 지속과 인내가 중심이 되며, 이는 국풍 가운데서도 가장 현실적이고 담백한 세계를 보여주는 시들로 평가됩니다.

당풍(唐風)은 진나라(晉)의 옛 땅인 당 지역에서 전해진 노래들입니다. 당풍의 시들은 전쟁과 정치적 불안의 그림자가 비교적 짙게 드리워져 있습니다. 국경 분쟁과 군역으로 인한 이별, 나라의 장래에 대한 걱정이 반복해서 등장하며, 개인의 감정보다는 공동체의 운명을 염려하는 목소리가 강합니다. 이는 당시 당 지역이 강대국들 사이에서 긴장된 위치에 놓여 있었음을 반영합니다.

마지막으로 진풍은 진나라(秦)에서 전해진 노래들로, 국풍 가운데서도 가장 웅장하고 거친 정서를 띱니다. 진나라는 서방 변경의 군사 국가였기 때문에, 진풍에는 전쟁, 군사 훈련, 국경 수비와 같은 소재가 자주 등장합니다. 병사들의 고단함과 결연한 의지, 나라를 지키려는 강인한 정신이 강하게 드러나며, 후대에 진나라가 천하를 통일하게 되는 강력한 기질의 원형을 엿볼 수 있습니다.

이 다섯 풍을 종합해 보면, 정풍은 인간 감정의 자유로움을, 제풍은 부강함 속의 긴장을, 위풍은 소박한 삶의 지속을, 당풍은 정치적 불안을, 진풍은 군사적 긴장과 강인함을 각각 대표합니다. 이처럼 『시경』의 국풍은 각 지역이 처한 현실과 감정의 차이를 그대로 담아내어, 고대 중국 사회의 다양한 모습을 보여주는 귀중한 자료라 할수 있습니다.

따라서 정풍·제풍·위풍·당풍·진풍은 『시경』이 서로 다른 삶의 현장을 기록한 살아 있는 노래집임을 분명히 보여주며, 오늘날에도 인간과 사회를 이해하는 데 깊은 통찰을 제공합니다.

9. 진풍·회풍·조풍·빈풍의 구성과 내용

『시경(詩經)』의 진풍(陳風)·회풍(檜風)·조풍(曹風)·빈풍(豳風)은 국풍의 후반부에 해당하는 부분으로, 비교적 작은 나라나 특정 지역의 현실을 담아낸 시들입니다. 이들 풍은 분량은 적지만 고대 사회의 생활상과 도덕의식을 이해하는 데 중요한 의미를 지닙니다.

먼저 진풍은 진나라(陳)에서 전해진 노래들로, 전반적으로 감정의 혼란과 도덕적 해이가 두드러지게 나타납니다. 진나라는 정치적으로 안정되지 못했고, 왕실과 귀족 사회의 기강이 약화되어 있었습니다. 이러한 현실은 진풍의 시들에서 방종한 사랑, 질서 없는 남녀 관계, 허무감으로 표현됩니다. 사랑을 노래하되 절제가 부족하고, 감정의 기복이 심하게 드러나는 것이 특징으로 당시 사회 분위기의 혼탁함을 반영합니다.

다음으로 회풍은 작은 제후국인 회(檜)에서 전해진 노래들입니다. 회나라는 국력이 약하고 외세의 압박을 자주 받던 나라로, 회풍의 시들에는 불안과 초조, 소외감이 짙게 배어 있습니다. 개인적 감정을 노래하더라도 그 배경에는 나라의 장래에 대한 걱정과 삶의 불안함이 깔려 있습니다. 표현은 비교적 절제되어 있으나, 그 안에 담긴 정서는 무겁고 음울한 편입니다.

조풍은 조나라에서 전해진 노래들로, 국풍 가운데서도 현실 비판이 비교적 분명한 부분에 속합니다. 조풍의 시들은 통치자의 무능과 사회 질서의 붕괴를 은근히 비판하며, 백성의 삶이 피폐해졌음을 드러냅니다. 혼인과 가정의 문제를 다룬 시도 있지만, 그 배경에는 정치의 실패가 개인의 삶에 미치는 영향이 깔려 있습니다. 조풍은 민요의 형식을 빌려 정치적 메시지를 전달하는 기능이 강합니다.

마지막으로 빈풍은 주나라 발상지인 빈(豳) 지역에서 전해진 노래들로, 다른 국풍과 성격이 다소 다릅니다. 빈풍은 주나라가 아직 왕조를 세우기 전에, 농경 공동체로 살아가던 시기의 삶을 노래합니다. 이 시들에는 농사, 계절의 변화, 노동의 리듬, 공동체 생활이 생생하게 담겨 있습니다. 전쟁이나 정치적 갈등보다는, 땅을 일구고 가족과 함께 살아가는 근본적인 생존의 기쁨과 고단함이 중심이 됩니다.

빈풍의 가장 큰 특징은 건전하고 소박한 정서입니다. 힘든 노동 속에서도 서로 돕고, 계절의 순환에 맞추어 살아가는 삶의 질서가 안정적으로 그려집니다. 이러한 모습은 후대 유가들에 의해 이상적인 고대 사회의 모습으로 평가되었으며, 주나라 덕치의 뿌리가 어디에 있었는지를 보여주는 증거로 이해되었습니다.

칠월에는 대화성인 심성(心星)이 서쪽으로 유주하니 더위가 물러가고, 구월이면 겨울옷을 준비해야 한다네. 동짓달은 바람이 차갑고, 섣달에는 추위가 맵고 심해지니, 저고리가 없고 털옷이 없다면, 어떻게 한 해를 나겠는가. 정월엔 보습을 닦고, 이월엔 밭 갈러 간다네. 내 아내와 아이들이 함께, 저 남쪽 밭으로 들밥 내오면, 권농관도 기뻐한다네.

七月流火(칠월류화), 九月授衣(구월수의). 一之日觱發(일지일필발), 二之日栗烈(이지일률렬). 無衣無褐(무의무갈), 何以卒歲(하이졸세). 三之日於耜

(삼지일어사), *四之日擧趾*(사지일거지). *同我婦子*(동아부자), *饁彼南畝*(엽피남무), *田畯至喜*(전준지희).

이 네 풍을 종합해 보면, 진풍·회풍·조풍은 모두 소국의 불안정한 정치 현실과 그로 인한 민중의 감정 동요를 반영하고 있으며, 빈풍은 그러한 혼란 이전의 근본적이고 건강한 공동체적 삶을 보여줍니다. 국풍의 마지막에 빈풍이 배치된 것은, 혼란한 현실 속에서도 정치와 사회가 지향해야 할 이상적인 모습을 제시하려는 의도로 해석됩니다.

결론적으로 진풍·회풍·조풍·빈풍은 분량은 적지만 『시경』 국풍의 의미를 완성하는 중요한 부분입니다. 이들 노래는 고대 중국 사회의 다양한 삶의 조건과 감정 상태를 입체적으로 보여주며, 『시경』이 단일한 가치관을 추구하지 않고 현실과 이상을 함께 담아낸 문학적 기록임을 분명히 드러내고 있습니다.

10. 주나라 귀족 사회의 정치의식과
도덕적 책임감을 표현한 소아

『시경(詩經)』의 소아(小雅)는 국풍(國風) 다음에 배치되는 아(雅) 가운데 앞부분으로, 주나라 중·상층 귀족과 신하들의 노래들로 이루어진 시편들입니다. 국풍이 민간의 생활과 감정을 담았다면, 소아는 왕실과 제후를 가까이에서 보좌하던 계층의 시선으로 정치 현실과 도덕적 이상을 노래한 것이 특징입니다. 전체 『시경』 305편 가운데 소아는 약 74편으로 이루어져 있으며, 내용과 성격 면에서 매우 다양합니다.

소아의 가장 큰 특징은 정치적 성격과 현실 비판입니다. 소아에 실린 시들은 궁정 연회에서 불리거나, 제후와 신하가 서로의 뜻을 전하는 데 사용되었으며, 단순한 감정 표현을 넘어 정치에 대한 충언과 경계의 역할을 수행하였습니다. 이는 소아가 단순한 궁중 음악이 아니라, 도덕과 정치가 긴밀히 결합된 문학이라는 점을 보여줍니다.

소아의 구성과 내용을 주제별로 살펴보면, 첫째로 왕실과 제후를 찬미하는 시들이 있습니다. 이들 작품은 왕의 공덕과 조상의 업적을 기리고, 주나라 왕실의 정통성과 권위를 강조합니다. 그러나 이러한 찬가는 무조건적인 아첨이 아니라, 왕이 마땅히 지켜야 할 덕의 기준을 제시하는 성격을 띱니다. 즉, 찬미를 통해 이상적 군주의 모습을 간접적으로 제시하는 것입니다.

둘째로, 소아에는 정치 현실에 대한 우려와 비판이 두드러집니다.

부패한 관리, 무능한 통치, 무거운 부역과 세금으로 고통받는 백성의 현실이 시 속에 은근히 드러납니다. 다만 국풍처럼 직접적인 원망이나 감정의 분출보다는, 완곡한 비유와 상징을 통해 절제된 방식으로 비판하는 것이 소아의 특징입니다. 이는 신하로서의 예를 지키면서도 할 말을 전하려는 태도를 반영합니다.

셋째로, 전쟁과 국방에 관한 내용도 소아에서 중요한 비중을 차지합니다. 외적의 침입에 대비하는 긴장감, 장기간 원정에 나서는 군사들의 고단함, 국가 안보에 대한 염려 등이 담겨 있습니다. 이러한 시들은 개인의 감정보다는 공동체 전체의 안위를 중심으로 하며, 나라를 지키는 책임이 얼마나 무거운 것인지를 강조합니다.

상추를 뜯는다네, 저기 새로 개간한 밭에서도 뜯고 여기 묵정밭에서도 뜯는다네. 어진 신하인 방숙께서 당도하시니 수레가 삼천 대라네. 군대의 방어력을 점검하시고 방숙께서 직접 지휘하시네. 네 필 검푸른 말이 끄는 수레에 타시니 네 필 철총이들 건장하다네. 타신 수레는 붉은빛이요, 대나무로 만든 휘장과 물고기 가죽으로 만든 화살통에 가슴께엔 쇠고리를 차고 고삐는 가죽으로 만들었다네.

薄言采芑(박언채기), *於彼新田*(어피신전), *呈此菑畝*(정차치무). *方叔涖止*(방숙리지), *其車三千*(기거삼천). *師干之試*(사간지시), *方叔率止*(방숙솔지). *乘其四騏*(승기사기), *四騏翼翼*(사기익익). *路車有奭*(노거유석), *簟茀魚服*(점불어복), *鉤膺鞗革*(구응조혁).

넷째로, 소아에는 연회와 의례의 노래들도 포함되어 있습니다. 왕과 신하가 함께 모여 술과 음악을 나누는 장면을 묘사하면서, 그 자리가 단순한 향락의 장이 아니라 질서와 예가 지켜지는 정치적 공간임을 드러냅니다. 이러한 시편들은 예악(禮樂) 질서가 주나라 정치의 핵심 기반이었음을 잘 보여줍니다.

다섯째로, 개인적 감정이 전혀 없는 것은 아닙니다. 소아에도 신하의 억울함, 좌절, 충성심이 담긴 시들이 존재합니다. 충성을 다했음에도 인정받지 못하는 마음, 올바른 말을 했다가 배척당하는 상황에 대한 슬픔이 절제된 언어로 표현됩니다. 이는 국풍의 개인적 감정과 달리, 공적인 역할 속에서 겪는 개인의 고뇌를 보여줍니다.

전체적으로 소아는 국풍과 대아를 잇는 중간 단계의 시 세계라 할 수 있습니다. 국풍이 백성의 삶을 바탕으로 하고, 대아가 왕실의 역사와 국가적 대의를 노래한다면, 소아는 그 사이에서 정치가 실제로 작동하는 현장을 담아냅니다. 따라서 소아를 통해 우리는 주나라 정치가 이상과 현실 사이에서 어떻게 긴장과 조화를 이루었는지를 엿볼 수 있습니다.

결론적으로 『시경』의 소아는 주나라 귀족 사회의 정치의식과 도덕적 책임감을 문학적으로 형상화한 부분입니다. 찬미와 비판, 충성과 경계가 교차하는 이 시편들은, 『시경』이 단순한 시집이 아니라 정치와 윤리를 함께 담은 고전임을 알게 합니다.

11. 주왕실의 역사·천명·덕치를 노래한 대아

『시경(詩經)』의 대아(大雅)는 아(雅)에 속한 두 부분 가운데 소아(小雅) 다음에 배치되며, 주나라 왕실의 역사와 정치이념을 본격적으로 노래한 시편들로 이루어져 있습니다. 국풍이 민간의 삶을, 소아가 신하와 귀족의 현실 인식을 담았다면, 대아는 국가의 근본과 왕조의 정통성을 중심 주제로 삼고 있다는 점에서 『시경』 전체에서 매우 중요한 위치를 차지합니다.

대아는 편수는 많지 않지만, 내용 면에서는 가장 장중하고 공적인 성격을 띱니다. 주나라의 시조인 후직(后稷)부터 문왕과 무왕에 이르기까지의 계보, 은나라를 대신하여 천하를 맡게 된 정당성, 그리고 주나라 왕실이 지켜야 할 정치 원칙이 이야기 형태로 전개됩니다. 이는 대아가 단순한 노래가 아니라, 왕조의 역사 서술과 정치 선언의 성격을 동시에 지니고 있음을 의미합니다.

대아의 첫 번째 특징은 주나라 건국의 기원과 천명사상입니다. 여러 시편은 후직이 농경을 가르쳐 백성을 살렸다는 이야기에서 시작하여, 주나라가 하늘의 보호 아래 성장해 왔음을 강조합니다. 이러한 서술은 주나라가 우연이나 무력으로 천하를 차지한 것이 아니라, 오래도록 덕을 축적하고 천명의 선택을 받아 왕조가 되었다는 점을 보여줍니다.

두 번째 특징은 문왕과 무왕의 덕업(德業)에 대한 찬미입니다. 문왕은 직접 전쟁을 벌이지 않았음에도 덕으로 천하의 인심을 얻은 군주로, 무왕은 그 뜻을 이어 폭군 주왕을 정벌한 인물로 묘사됩니다. 대아는 이 두 인물을 대비적으로 그리면서, 주나라 정치가 무력보다 덕을 근본으로 삼고 있음을 강조합니다. 특히 무왕의 은나라 정벌은 침략이 아니라, 천명을 집행한 의로운 행위로 해석됩니다.

세 번째 특징은 대아에는 왕조 교체의 정당성을 설명하는 논리가 분명하게 나타납니다. 은나라가 멸망한 이유는 폭정과 무덕(無德) 때문이고, 주나라가 흥한 이유는 덕과 예를 갖추었기 때문이라는 대비가 반복됩니다. 이는 훗날 유교 정치사상의 핵심이 되는 천명은 고정되지 않고, 덕 있는 자에게 옮겨 간다는 관점을 문학적으로 표현한 것입니다.

네 번째 특징은 왕에게 바치는 경계와 권면입니다. 대아는 왕실을 찬양하는 데 그치지 않고, 현왕에게 조상들의 덕을 본받아 정치에 임할 것을 거듭 당부합니다. 조상의 공덕을 기억하는 것은 단순한 추억이 아니라, 현재의 군주가 스스로를 단속해야 할 기준으로 제시됩니다. 이는 대아가 찬가인 동시에 훈계의 기능을 수행하고 있음을 보여줍니다.

하늘이 바야흐로 어려움을 내리는데 그렇게 희희낙락해선 안 된다네. 하늘이 바야흐로 넘어뜨리려 하니 그렇게 태연해선 안 된다네. 하는 말이 부드러우면 백성들이 잘 다스려지고 하는 말이 즐거우면 백성들이 안정된다네.

天之方難(천지방난), ***無然憲憲***(무연헌헌). *天之方蹶*(천지방궐), ***無然泄泄*** (무연설설). ***辭之輯矣***(사지집의), *民之洽矣*(민지흡의). ***辭之懌矣***(사지역의), *民之莫矣*(민지막의).

다섯 번째 특징은 대아에는 종묘·제사·예악 질서와 관련된 내용도 포함되어 있습니다. 조상에게 제사를 올리고, 왕실의 계보를 분명히 하는 일은 단순한 의례가 아니라, 정치 질서를 안정시키는 핵심 장치로 인식됩니다. 이러한 시편들은 주나라 정치가 종교적 의례와 깊이 결합되어 있었음을 보여줍니다.

종합하면, 『시경』의 대아는 주나라 왕실의 역사·천명·덕치 이념을 노래했다고 할 수 있습니다. 국풍과 소아가 개인과 사회의 현실을 보여준다면, 대아는 그 모든 것을 포괄하여 국가와 역사 차원의 의미로 끌어올립니다. 이 때문에 대아는 『시경』 가운데서도 가장 정치적이면서 가장 이념적인 부분으로 평가됩니다.

결론적으로 대아는 주나라가 어떤 근거로 천하를 다스려야 하는지를 시의 형식으로 제시한 정치 철학서라 할 수 있으며, 이후 동아시아에서 왕권과 도덕, 역사 인식을 형성하는 데 큰 영향을 끼쳤습니다.

12. 엄숙하고 의례적인 성격을 지닌 시편으로 구성된 송

『시경(詩經)』의 송(頌)은 『시경』을 이루는 세 가지 큰 부분 가운데 마지막에 놓인 부분으로, 국풍과 아(雅)에 비해 편수는 적지만 가장 엄숙하고 의례적인 성격을 지닌 시편들입니다. 송은 주로 종묘 제사나 국가적 제의(祭儀)에서 불리던 노래들로, 개인의 감정 표현이나 사회 비판보다는 신과 조상, 왕조의 공덕을 기리는 데 목적이 있습니다. 따라서 송은 『시경』 전체에서 정치와 종교, 예악 질서가 완결되는 지점을 이룹니다.

송은 크게 주송(周頌), 노송(魯頌), 상송(商頌)의 세 부분으로 나뉩니다. 이는 노래가 전승된 지역과 제사의 주체에 따른 구분으로, 각 부분은 서로 다른 역사적 배경과 성격을 지니고 있습니다. 그러나 공통적으로 모두 제사 음악이라는 점에서 일관된 특징을 공유합니다.

먼저 주송은 주나라 왕실의 종묘 제사에서 불린 노래들로, 송 가운데 가장 많은 편수를 차지합니다. 주송은 주나라 조상들의 공덕과 왕실의 정통성을 찬미합니다. 후직에서 문왕·무왕에 이르기까지 주나라를 세운 선왕들의 덕과 업적을 노래하며, 이들이 하늘의 명을 받아 천하를 다스렸다는 점이 반복해서 강조됩니다. 주송은 주나라 정치의 근본이 천명과 덕치에 있음을 강조합니다.

주송에는 또한 제사의 절차와 분위기가 생생히 드러납니다. 제물을 바치고, 음악과 춤이 어우러지며, 조상의 혼을 맞이하고 보내는 과정이 상징적으로 표현됩니다. 이를 통해 송은 단순한 찬가가 아니라, 의례 그 자체를 언어로 재현한 텍스트라 할 수 있습니다. 이러한 특징 때문에 주송의 언어는 국풍이나 소아에 비해 더욱 장중하고 반복적인 구조를 띱니다.

제사 옷(사의絲衣)

제사 옷은 산뜻하고 공손하게 관을 썼다네. 묘당에서 문전으로 가서 잡은 양과 소를 살펴본 뒤에 크고 작은 솥에 담긴 음식을 살펴본다네. 구부정한 외뿔소 잔에 맛있는 술이 부드럽다네. 시끄럽지도 오만하지도 않으니 장수의 복을 받으리라.

絲衣其紑(사의기부), 載弁俅俅(재변구구). 自堂徂基(자당조기), 自羊徂牛(자양조우), 鼐鼎及鼒(내정급자), 兕觥其觩(시굉기구). 旨酒思柔(지주사유). 不吳不敖(불오불오), 胡考之休(호고지휴).

다음으로 노송은 주나라 종실인 노나라에서 전해진 제사 노래들입니다. 노나라는 주공의 봉지로, 주나라 예제와 전통을 가장 충실히 계승한 나라로 여겨졌습니다. 노송은 비록 편수는 적지만, 노나라 군주들이 주나라의 제도를 본받아 조상과 선왕을 공경하고자 했음을 보여줍니다. 특히 제사를 통해 정치적 정통성을 확보하려는 의도가 강하게 드러나며, 예를 통한 통치의 이상이 강조됩니다.

마지막으로 상송은 은(상)나라에서 전해진 제사 노래들입니다. 이는 주나라가 은나라를 멸한 뒤에도, 은 왕실의 제사를 존속시켰음을 보여주는 중요한 증거입니다. 상송에서는 상나라 조상들의 공덕과 신성함이 찬미되며, 왕조는 바뀌었지만 조상 숭배와 제사의 전통은 존중되어야 한다는 인식이 드러납니다. 이는 주나라 정치가 단절이 아닌 계승을 중시했음을 보여주는 대목입니다.

송 전체의 구성과 내용을 종합해 보면, 송은 개인의 감정보다는 공동체 전체의 기억과 질서를 노래합니다. 여기서 시는 감정을 표현하는 수단이 아니라 하늘·조상·현재의 군주를 하나로 연결하는 의례적 언어의 역할을 합니다. 이러한 점에서 송은 『시경』 가운데 문학적 감정은 가장 절제되어 있지만, 가장 강력한 정치·종교적 의미를 지니고 있습니다.

결론적으로 『시경』의 송은 주·노·상 세 왕조의 제사 노래를 통해, 동아시아 고대 사회가 정치의 정당성을 어디에서 찾았는지를 분명히 보여줍니다. 즉, 덕 있는 조상과 하늘의 명, 그리고 이를 공경하는 현재의 통치자가 하나의 질서를 이룰 때 비로소 나라가 안정된다는 사상입니다. 이러한 점에서 송은 『시경』을 마무리하는 동시에, 예악 정치를 어떻게 완성해야 하는지를 일깨우는 핵심 부분이라 할 수 있습니다.

한자어원풀이

시 詩(시)는 말씀 언(言)과 관청 시 혹은 절 사(寺)로 이루어졌습니다. 言(언)은 입(口)에 나팔 모양의 악기(辛)를 대고서 소리를 낸다는 뜻을 담았는데, 言(언)이 들어가는 글자는 입을 통해 소리로 묘사하는 다양한 행동적 양식을 나타냅니다. 寺(시)는 중국에 불교가 전래되기 전인 후한시대까지만 해도 관청을 뜻하는 글자였답니다. 그러다 후한(後漢) 때인 서기 67년에 인도의 승려 가섭마등(迦葉摩騰)과 축법란(竺法蘭)이 명제(明帝)의 사신 채음(蔡愔)의 간청으로 불상과 경전을 흰 말에 싣고 낙양에 오자 귀빈을 접대하던 관청인 홍려시(鴻臚寺)에 머물게 한 데서 그 유래를 찾을 수 있답니다. 명제는 불교를 신봉하여 8년 후에는 낙양 교외에 백마사(白馬寺)라는 절을 지어 이들을 머물게 한 이후부터 '寺'는 사찰을 의미하게 되었습니다. 寺의 자형상부 '土'는 발걸음 뜻하는 '之'로써 '가다'는 의미로 쓰였으며, 하부의 마디 寸(촌)은 '길이'를 재는 단위로 쓰여 '마디지어 가다'는 뜻을 지니게 되었습니다. 이에 따라 관청이라는 뜻의 寺(시)에는 법도와 규칙(寸)을 지켜가야(之) 한다는 의미가 담겨 있죠. 따라서 모두가 동경하는 아름다운 풍경의 변화나 사람을 그리워하며 쓰는 詩(시)란, 가슴에 담긴 감성을 언어(言)로 표현할 때는 함축된 의미로 마디(寸) 짓고 운율을 지키며(之) 써야 듣는 사람에게 감동을 줄 수 있다는 의미가 담겨 있답니다.

날 經(경)은 가는 실 사(糸)와 물줄기 경(巠)으로 이루어져 있습니다. 糸(사)는 가느다란 실을 감아놓은 실타래를 본뜬 상형글자입니다. 糸는 가는 실을 감은 실타래를 본뜬 것이며, 巠(경)은 땅(一) 아래의 빈 공간(工)으로 흐르는 물줄기(巛)를 말합니다. 따라서 전체적인 의미는 세로로 맨 날줄(糸)과 같이 땅속 물길의 흐름(巠)을 나타내는 줄기라는 뜻이 담겨 있답니다. 그래서 성인의 날줄과 같은 말씀이 담겼다 하여 '경(經)이라고도 하고, 삶의 지침으로서의 도리라는 의미를 지니게 되었답니다.

시경(詩經)이란 삼천여 년 전 사람들의 희로애락(喜怒哀樂)의 감성을 시(詩)로써 남긴 책입니다.

제6편

서경
書經

서경(書經)

서경(書經)이란 요순시대 및 하은주의
역사를 기록(書)한 책

1. 요순(堯舜)시대부터 하은주(夏殷周)의 역사를 기록한 『서경(書經)』

『서경(書經)』은 요·순 시대에서 주 왕조에 이르기까지의 정치 문서와 훈계 및 고사를 모은 책으로, 고대 중국 정치사상과 천명(天命)·덕치(德治) 이념의 형성을 보여주는 중요한 문헌입니다. 『서경』은 내용과 시대에 따라 우서(虞書)·하서(夏書)·상서(商書)·주서(周書)로 구분되며, 각 부분은 해당 왕조의 통치 이상과 정치적 교훈을 반영합니다.

먼저 우서(虞書)는 요(堯)·순(舜) 시대의 정치와 도덕을 다룬 부분으로, 『서경』 전체 사상의 기초를 이룹니다. 우서의 중심 내용은 성군의 덕치와 선양(禪讓) 정치입니다. 요임금이 덕이 있는 순에게 천하를 맡기고, 순임금 역시 우에게 자리를 물려줌으로써 권력이 혈통이 아니라 덕과 능력에 의해 계승되어야 함을 보여줍니다. 이 과정에서 하늘의 뜻을 공경하고 백성을 근본으로 삼는 정치, 신중한 인재 등용, 조화로운 질서가 이상적 통치의 기준으로 제시됩니다.

하서(夏書)는 우의 치수사업과 하 왕조 초기의 통치를 중심으로 전개됩니다. 이 부분에서는 천하의 혼란을 다스리는 실천적 정치의 중요성이 강조됩니다. 특히 우가 사사로운 안일함을 버리고 홍수를 다스려 백성을 구한 일화는, 군주의 헌신과 책임윤리를 상징적으로 보여줍니다. 하서는 덕치의 이상이 현실 정치 속에서 구현되는 과정을 보여주며, 군주의 공적 책임이 개인적 욕망보다 우선함을 강조합니다.

상서(商書)는 은(殷) 왕조의 정치 문서를 담고 있으며, 주로 군주에 대한 훈계와 경계의 성격이 강합니다. 초기에는 덕을 중시하던 상 왕조가 점차 타락해 가는 과정이 드러나며, 하늘의 명을 두려워하지 않고 백성을 학대할 경우 왕조가 몰락할 수 있음을 반복적으로 경고합니다. 상서에서는 천명은 고정된 것이 아니라 군주의 도덕적 행위에 따라 이동할 수 있다는 사상이 보다 분명하게 나타납니다. 이는 이후 주서의 천명론(天命論)으로 이어지는 중요한 사상적 연결고리입니다.

마지막으로 주서(周書)는 『서경』에서 가장 분량이 많고 사상적으로도 완성도가 높은 부분으로, 주 왕조 성립의 정당성과 통치 원리를 체계적으로 제시합니다. 주서는 은의 폭정으로 천명이 이탈하고, 문왕의 덕과 무왕의 정벌을 통해 주나라가 천명을 계승했음을 설명합니다. 이 과정에서 덕치와 민본, 신중한 형벌과 군주의 자기경계가 강조되며, 왕조 교체조차도 도덕적 정당성에 의해 판단되어야 함을 밝힙니다. 특히 천명은 영구적인 특권이 아니라 끊임없이 덕으로 지켜야 할 책임임을 분명히 합니다.

종합하면, 우서는 이상적 정치의 원형을, 하서는 실천적 통치의 책임을, 상서는 타락에 대한 경계를, 주서는 덕과 천명에 기초한 정치이념의 완성을 보여줍니다. 『서경』은 이 네 부분을 통해 고대 중국 정치사상이 어떻게 형성되고 발전했는지를 일관된 흐름 속에서 제시하며, 이후 유교 정치철학의 근본 경전으로 자리 잡게 되었습니다.

2. 요임금이 두 딸을 순에게 시집보내며 선양(禪讓)한 이유는?

『서경(書經)』의 「요전(堯典)」과 「순전(舜典)」은 중국 고대 정치사상에서 이상적인 통치의 모습을 보여주는 매우 중요한 편입니다. 이 두 편은 혈통이나 무력이 아니라 덕과 능력에 근거한 정치, 즉 덕치(德治)를 이상적인 통치의 모습으로 서술하고 있으며, 특히 요임금에서 순임금으로 이어지는 선양(禪讓)이라는 독특한 왕위 계승 방식을 잘 보여주고 있습니다.

먼저 「요전(堯典)」은 요임금의 통치를 이야기하면서 시작됩니다. 요임금은 하늘의 뜻을 공경하고 백성을 사랑하는 성군으로 묘사됩니다. 그는 천문과 역법을 정비하여 농사시기를 바로잡고, 관리를 적절히 임명하여 나라의 질서를 안정시켰습니다. 또한 홍수와 같은 자연재해에도 적극적으로 대응하며 백성의 삶을 보호하고자 하였습니다. 이러한 내용은 요임금이 단순한 지배자가 아니라, 천명을 받아 백성을 돌보는 도덕적 통치자였음을 강조합니다.

요임금이 가장 깊이 고민한 문제는 후계자였습니다. 그는 자신의 아들 단주가 군주로서의 덕과 자질이 부족하다고 판단하였고, 혈연이 아닌 바람직한 인물을 천하의 주인으로 삼고자 하였습니다. 이 과정에서 요임금의 눈에 띈 인물이 바로 순이었습니다. 순은 신분은 낮았지만, 부모를 공경하는 효성과 어려움 속에서도 흔들리지 않는 인내심, 그리고 뛰어난 인격으로 널리 알려진 인물이었습니다.

요임금은 순의 덕과 능력을 검증하기 위해 여러 관직을 맡기고 국정에 참여하게 하였습니다. 이 시험 과정에서 중요한 사건이 바로 요임금이 자신의 두 딸을 순에게 시집보낸 일입니다. 이는 단순한 혼인이 아니라, 순이 가정이라는 사적인 영역에서도 덕을 실천할 수 있는지를 살펴보기 위한 시험이었습니다. 순은 왕의 사위가 되었음에도 불구하고 교만해지지 않았으며, 두 아내와 화목하게 지내고 부모를 공경하는 태도를 변함없이 유지하였습니다. 이를 통해 그는 내외를 아우르는 도덕적 인물임이 증명되었습니다.

요임금께서 조심스러운 마음으로 오륜(군신유의君臣有義, 부자유친父子有親, 부부유별夫婦有別, 장유유서長幼有序, 붕우유신朋友有信)을 펴도록 명하자 순은 모든 백성이 그것을 지킬 수 있도록 만들었습니다. 요임금이 그에게 백규(百揆: 영의정)의 직책을 맡기니 모든 일을 시의에 맞게 질서정연하게 처리하였습니다. 궐의 사대문에서 각 지방의 제후들을 영접하자 거기엔 화기애애함이 넘쳐흘렀고, 큰 숲속에 들여놓았으나 뜨거운 열풍과 우레와 폭우 속에서도 길을 잃지 않았답니다.

이를 지켜본 요임금께서 말씀하셨습니다.

"오오! 그대 순이여! 그대에게 일을 맡기고 언행을 살펴보며 언행이 공적을 이룰 수 있다고 보아온 지 3년이 되었구려. 이제 그대가 임금의 자리인 제위에 오르도록 하시오."

慎徽五典(신휘오전), 五典克從(오전극종). 納于百揆(납우백규), 百揆時敍(백규시서). 賓于四門(빈우사문), 四門穆穆(사문목목), 納于大麓(납우대록), 烈風雷雨弗迷(열풍뢰우불미).

帝曰(제왈): 格(격)! 汝舜(여순). 詢事考言(순사고언), 乃言底可績(내언지가적), 三載(삼재). 汝陟帝位(여척제위).

이후 요임금은 점차 순에게 정사를 맡기고, 마침내 천하를 맡길 인물로 확신하게 됩니다. 이러한 장면을 중심으로 이야기가 전개되는 것이 「순전(舜典)」입니다. 「순전」에서는 순이 요임금으로부터 선양을 받아 천자의 자리에 오르는 과정과, 즉위 이후의 정치가 서술됩니다. 순의 즉위는 무력이나 음모에 의한 것이 아니라, 덕과 능력을 공적으로 인정받아 가능한 것이었으며, 이는 고대 정치사상에서 매우 이상적인 계승 방식으로 평가됩니다.

순임금은 즉위한 이후에도 요임금의 정치를 본받아 덕치를 실천하였습니다. 그는 유능한 인재를 적극적으로 등용하고, 법과 제도를 정비하여 나라의 기강을 바로 세웠습니다. 특히 우를 발탁하여 홍수를 다스리게 한 일은 순임금이 인재를 알아보고 적재적소에 임명할 줄 아는 군주였음을 잘 보여줍니다. 이는 군주의 역할이 모든 일을 직접 처리하는 데 있는 것이 아니라, 능력 있는 인물을 신뢰하고 맡기는 데 있다는 점을 강조합니다.

이처럼 「요전(堯典)」과 「순전(舜典)」은 이상적인 정치란 무엇인가에 대한 고대의 모범적인 답을 제시하고 있습니다. 요임금이 덕 있는 인물을 찾아 시험하고, 두 딸을 시집보내어 인격을 확인한 뒤 선양한 과정과, 순임금이 그 뜻을 이어 덕으로 천하를 다스린 모습은 이후 유교 정치사상의 중요한 기준이 되었습니다. 이 두 편은 오늘날에도 지도자의 자질과 권력의 정당성에 대해 평가할 때 기준이 되는 고전이라 할 수 있습니다.

3. 동이족이 일으킨 상나라와 탕왕의 덕치

중국 상고 시대의 역사에는 언제나 흥망의 교훈이 깃들어 있습니다. 하나라(夏)는 중국 최초의 세습 왕조였는데, 그 마지막 왕인 걸(桀)은 폭정으로 나라를 무너뜨린 인물로 기록됩니다. 그의 몰락 뒤에 새롭게 일어난 나라가 바로 상(商) 또는 은(殷)이라 불린 나라였고, 그 건국의 주인공이 바로 탕왕(湯王)입니다.

탕왕은 본래 하나라의 제후국인 상(商)의 군주로, 성씨는 자(子), 이름은 탕(湯) 또는 천을(天乙)입니다. 그는 선대부터 하 왕실에 충성을 다하였으나, 걸왕이 점점 포악해지고 백성을 학대하자 하늘의 뜻이 이미 옮겨졌음을 깨달았다고 말합니다.

『서경(書經)』의 「탕서(湯誓)」에는 탕왕이 군사를 일으키기 전, 하늘과 백성에게 바친 맹문이 기록되어 있습니다. 그 문장은 짧지만, 왕도정치의 정신을 가장 잘 보여주는 고대의 선언문입니다. 탕왕은 그 글에서 이렇게 말합니다.

"나도 그대들이 웅성거리며 하는 말들을 들었다, 하나라의 걸왕이 죄를 지었기 때문에 나는 하늘의 명이 두려워 감히 그를 정벌하지 않을 수가 없다."

予惟聞汝衆言(여유문여중언), 夏氏有罪(하씨유죄), 予畏上帝(여외상제), 不敢不正(불감부정).

그는 자신의 반란을 사사로운 욕망이 아닌, 하늘의 뜻과 백성의 고통을 따른 정의로운 행동으로 규정했습니다. 탕왕은 자신의 잘못을 먼저 돌아보며, "내가 죄가 있거든, 그 죄를 나에게 돌리고 백성에게는 죄를 묻지 말라"고 하였지요. 이 말은 곧 왕의 덕이 백성의 안위보다 우선될 수 없다는 교훈을 건넵니다.

◆ 걸왕의 폭정과 하나라의 몰락

탕왕의 덕치가 빛을 발하기 위해서는 그 반대의 어둠이 필요했을지도 모릅니다. 그 어둠이 바로 하나라의 걸왕(桀)이었습니다. 걸왕은 본래 지혜롭고 용맹한 인물이었으나, 권력이 오래 지속되자 방탕과 교만에 빠졌습니다. 그는 자신을 하늘과 같은 존재라 여기며 백성의 고통을 외면했습니다. 호화로운 궁전을 짓고, 수천 명의 여인과 연회를 벌였으며, 백성을 징발하여 거대한 공사에 동원했습니다. 가장 유명한 일화는 '옥지지주(玉池之酒)'로, 술을 연못에 가득 채워 배를 띄워 놀았다는 주지육림(酒池肉林)의 전설입니다.

걸왕은 충신의 간언을 듣지 않고, 백성의 원망을 오히려 반역으로 여겼습니다. 그리하여 천재지변이 잦아지고, 여러 제후들이 떠나자, 하늘의 명이 이미 그를 버렸다는 인식이 퍼졌습니다. 이때 탕왕은 신중히 하늘의 뜻을 살피며 전쟁이 아니라 구제(救濟)의 뜻으로 군사를 일으켰습니다. 그의 군대가 하나라를 공격했을 때 많은 제후들이 자발적으로 그를 따랐습니다. 결국 걸왕은 멸망하고, 하나라는 역사 속으로 사라졌습니다.

탕왕은 승리 후에도 자만하지 않았습니다. 그는 궁궐을 검소하게 꾸미고 세금을 줄였으며, 하나라의 백성들을 보살폈습니다. 그리고

"하늘의 뜻을 받들어 사람을 사랑하라"는 말을 남겼습니다. 그의 정
치철학은 이후 주(周)나라의 덕치(德治) 사상으로 이어졌고, 그가 바
친 「탕서(湯誓)」는 후세 군주의 거울이 되었습니다.

◆ 왕도정치를 낳게 한 「탕서(湯誓)」

「탕서」는 단순히 전쟁의 명분을 주장한 것이 아니라, 왕이 스스
로를 하늘과 백성 사이의 매개자로 자리매김한 선언문입니다. 그는
천명(天命)을 인의(仁義)와 연결시켰습니다. 즉, 하늘은 덕 있는 자에
게 왕권을 내리고, 덕이 사라지면 명은 다른 이에게 옮겨간다는 것
입니다. 이는 후대 천명사상(天命思想)의 기원이 되었고, 주나라 문왕
과 무왕의 혁명 명분 또한 여기에서 비롯되었습니다.

탕왕은 백성의 생명과 삶을 천명보다 중요하게 여겼습니다. 그는
"백성이 나를 버리면, 하늘도 나를 버릴 것이다"라고 하였습니다.
이 사유는 유교의 '민본(民本)' 사상의 근간을 이룹니다. 즉, 군주가
덕으로 백성을 다스릴 때 나라가 서고, 폭력과 욕심으로 다스릴 때
나라가 무너진다는 교훈이지요.

◆ 은(殷)과 동이족(東夷)의 문화적 연관성

상나라는 탕왕 이후 천여 년 동안 이어졌으며, 중국 역사상 최초
로 청동기 문명을 완성한 왕조로 평가됩니다. 특히 그 중심지인 은
허(殷墟)는 점복에 사용된 갑골문(甲骨文)이 발견된 곳으로, 중국 문자
문화의 시작을 알리는 유적지이기도 합니다. 학자들은 상나라가 중
원 지역의 순수한 한족(漢族) 문화라기보다, 동이족(東夷) 계통의 문화

를 크게 받아들인 집단이었다고 보고 있습니다.

'이(夷)'란 동쪽에 사는 여러 부족을 가리키는 말이었으나, 그들은 단순한 오랑캐가 아니라 당시 중국 문명의 중요한 한 축이었습니다. 고고학적으로도 산동(山東)·하남(河南)·강소(江蘇) 지역의 용산문화(龍山文化)나 대문구문화(大汶口文化) 등이 상나라 청동기 문화의 전신으로 여겨집니다. 즉, 상나라는 하나라의 서방 문화와 동이족의 동방 문명이 융합된 결과라 할 수 있습니다. 그들의 제사의례, 점복신앙, 청동제기 등에는 동이계 문화의 상징인 신령·조상 숭배 풍습이 강하게 남아 있습니다.

상 왕조의 시조 전설에서도 하늘에서 새가 알을 떨어뜨려 조상이 태어났다는 '현조(玄鳥) 신화'가 전해지는데, 이 역시 동이족 특유의 조류 토템신앙과 깊은 관련이 있습니다. 이처럼 상나라는 단순히 하나라를 계승한 왕조가 아니라, 중원 문명과 동이 문화가 만난 융합의 나라였습니다. 그 안에서 도덕과 예(禮)의 체계가 형성되고, 인간과 신(神)의 관계가 정비되었으며, 이후 주나라의 예의(禮儀) 질서로 발전하게 됩니다.

◆ 덕으로 세운 나라, 교만으로 잃은 나라

하나라 걸왕과 상나라 탕왕의 이야기는 고대의 단순한 왕조 교체 이야기가 아니라, 권력과 덕, 교만과 겸손의 순환을 상징하는 역사입니다. 걸왕은 힘으로 백성을 억눌렀고, 탕왕은 덕으로 백성을 감화시켰습니다. 하늘의 뜻은 언제나 덕이 있는 자에게로 돌아가며, 그 뜻은 결국 백성의 마음에서 비롯된다는 사실을 고대 중국 사람들은 이미 알고 있었습니다. 상나라는 동이족 문화의 생명력과 중원의 정치적 제도를 융합해 '천명'과 '덕치'라는 두 축을 세웠습니다.

그 정신은 이후 주나라의 예악사상, 더 나아가 유교의 도덕정치로 이어졌습니다. 오늘날 우리가 역사를 되새길 때, 탕왕의 「탕서」는 단순한 옛 문장이 아니라, 지도자의 마음가짐을 일깨우는 거울과도 같습니다. 하늘의 뜻은 멀리 있지 않습니다. 그 뜻은 언제나 백성의 눈물과 기쁨 속에 깃들어 있습니다. 걸왕이 그것을 간과했을 때 나라가 무너졌고, 탕왕이 그것을 따랐을 때 새 시대가 열렸습니다. 덕으로 세운 나라는 오래가고, 힘으로 세운 나라는 반드시 기울게 마련입니다. 이것이 상나라 탕왕이 후세에 남긴 가장 값진 가르침이 아닐까요?

4. 동이족이 이어받은 은나라의 문화유산

　은나라는 중원 고대 상(商) 왕조로, 역사·문화적으로 동이족(東夷)과 깊이 관련된 것으로 평가됩니다. 은족은 황하 중·하류의 토착 세력과 동방 집단이 융합된 형태로, 고고학적으로도 동이 문화권의 특징인 청동기 제작기술·옥기(玉器)문화, 제의중심 사회구조 등을 공유하고 있습니다. 이러한 점에서 은나라를 단일 혈통의 왕조가 아닌, 여러 부족이 융합된 집단으로 이해하는 시각이 일반적입니다. 동이족은 당시의 중원 중심부에서 보았을 때 동쪽 지역의 여러 문화를 포괄하는 개념으로, 은나라의 문화적 기반을 형성하는 데 중요한 역할을 했습니다.

　은나라를 건국한 탕왕(湯王)은 폭정을 일삼던 하나라 걸왕을 무너뜨리고 상(商) 왕조를 세운 인물입니다. 탕왕은 단순한 무력 정벌자가 아니라 제후들의 신뢰를 얻어 민심을 기반으로 새로운 왕조를 세운 지도자로 평가됩니다. 그는 "하늘이 백성을 위해 군주를 세운다"는 천명(天命)사상을 강조했으며, 군주는 덕을 잃으면 하늘의 명이 바뀐다는 논리로 혁명의 정당성을 제시하였습니다. 이는 이후 중국 정치철학의 중요한 근거가 되었고, 왕조 교체의 사상적 명분이 되었습니다.

　탕왕의 뒤를 이은 태갑(太甲)은 초기 상왕조의 중요한 군주였으나 즉위 직후 정치를 제대로 수행하지 못해 혼란을 초래했습니다. 이때 탕왕의 신하이자 명재상으로 알려진 이윤(伊尹)이 핵심적 역할을 합니다. 태갑이 폭정을 행하자, 이윤은 그를 동궁(桐宮)에 유배시키고 스스로 섭정하며 국정을 안정시켰습니다. 이후 태갑이 반성하고 정치적으로 성숙해지자 이윤은 다시 그를 왕위에 복귀시켰으며, 태갑은 이후 덕정(德政)을 베풀어 상 왕조를 안정시키는 데 성공했습니다. 이 일화는 단순한 정치사건이 아니라 "덕에 어긋난 군주는 바르게 교정될 수 있다"는 유교적 정치윤리의 원형으로 해석됩니다. 또한 이윤은 훗날 중국 사서에서 성인지군(聖人之君)을 보좌한 현명한 재상인 현상(賢相)의 롤모델로 자리 잡습니다.

왕인 태갑이 여전히 태도를 고치려 하지 않자 이윤은 체념한 듯 중신들에게 푸념하듯 말했습니다.

"요즘도 임금께서 의롭지 못한 행동을 하는 건 평소의 습관이 성정이 되어버린 것 같소이다. 나는 이로움을 따르지 않는 임금은 받들어 모실 수가 없소. 동땅에 새로이 궁궐을 짓고 탕왕의 무덤을 조석으로 찾아뵙고 선왕의 유훈을 되새기게 하여 세상에 미혹되지 않게 합시다."

왕위를 계승한 태갑을 동땅의 궁으로 가게 하여 3년간 상복을 입고서 삼년상을 치르게 하니, 마침내 자신의 잘못을 뉘우치고 참된 덕을 갖추게 되었답니다.

王未克變(왕미극변).

伊尹曰(이윤왈): 茲乃不義(자내불의), 習與性成(습여성성). 予弗狎于弗順(여불압우불순), 營于桐宮(영우동궁), 密邇先王其訓(밀이선왕기훈), 無俾世迷(무비세미).

王徂桐宮居憂(왕조동궁거우), 克終允德(극종윤덕).

　은나라의 문화 수준을 가장 분명하게 보여주는 것이 바로 한자의 초기 형태와 은허(殷墟) 유적입니다. 일반적으로 한자의 기원은 은나라 후기의 갑골문(甲骨文)을 통해 뚜렷이 확인됩니다. 갑골문은 점복(占卜) 기록을 위해 거북 등딱지나 짐승 뼈에 새긴 글자로, 가장 오래된 중원 문자체계입니다. 이 문자들은 정치·경제·군사·제사·농업 등 다양한 내용을 담고 있어 당시 사회의 구조와 사고방식을 생생하게 보여줍니다. 갑골문은 현대 한자의 직접적인 원조로, 한자의 기본 구성 원리인 상형·지사·형성·회의의 체계가 이미 이 시기부터 자리 잡았음을 알려줍니다.

　은허(殷墟)는 현재 하남성 안양 일대에 위치하며, 대규모 궁전터, 제사 유적, 청동기 공방, 왕릉과 귀족 묘 등이 발견되어 상 왕조의 실체를 확고히 증명하고 있습니다. 갑골문도 대부분 이 은허 지역에서 출토되었습니다. 은허가 발굴되자 은나라를 전설이 아닌 실재한 왕조로 규명하게 되었으며, 중원 고대사 연구의 중요한 전환점이 되었습니다.

　요약하자면, 은나라는 동이(東夷)문화와 황하문명이 교차하며 발전한 왕조로, 탕왕의 혁명과 태갑·이윤의 정치적 교정과정은 중원 정치문화의 핵심사상을 형성했습니다. 또한 한자의 초기형태와 은허의 발굴은 상 왕조의 역사와 문화를 구체적·실증적으로 밝혀주었습니다.

5. 정치는 고정된 질서를 맹목적으로 유지해서는 안 된다

『서경(書經)』의 「반경(盤庚) 상·하」는 은(상)나라의 임금 반경이 수도를 은허(殷墟)로 옮기는 과정에서 신하들과 백성을 설득하고 경계하는 내용을 담은 편으로, 고대 정치사상에서 변화와 통치의 정당성이 어떻게 확보되어야 하는지를 잘 보여주는 기록이라 할 수 있습니다. 이 편은 단순히 수도 이전이라는 사건을 서술하는 데 그치지 않고, 군주가 중대한 결정을 내릴 때 어떠한 논리와 태도로 민심을 대해야 하는지를 보여주고 있습니다.

반경이 수도 이전을 단행하게 된 배경에는 반복된 천재지변과 정치적 혼란, 그리고 기존 도읍의 쇠퇴가 자리하고 있었습니다. 그러나 신하들과 백성들은 잦은 천도로 인해 삶의 기반이 흔들릴 것을 우려하며 강한 반발을 보였습니다. 이에 대해 반경은 자신의 결정이 사사로운 판단이 아니라 조상들의 선례와 하늘의 뜻에 근거한 것임을 강조합니다. 그는 과거의 성군들 역시 시대의 변화에 맞추어 도읍을 옮겼으며, 그러한 결단이 왕조의 명맥을 이어오게 했다는 점을 상기시킵니다. 이를 통해 반경은 전통을 계승하는 것이 반드시 과거에 머무는 것을 의미하지 않으며, 오히려 올바른 변화야말로 진정한 계승임을 설득하고자 하였습니다.

「반경 상」에서는 주로 신하들의 불만과 의심을 질책하는 강한 어조가 두드러집니다. 반경은 신하들이 국가의 장래보다는 개인의 안락과 이익에 집착하고 있다고 비판하며, 그러한 태도가 결국 나라를 위태롭게 할 것이라고 경고합니다. 이는 군주가 공동체 전체의 이익을 위해 때로는 엄격하고 단호한 언행을 취해야 함을 보여주는 대목이라 할 수 있습니다. 동시에 반경은 신하들이 왕의 뜻을 따르는 것이 단순한 복종이 아니라, 조상과 후손에 대한 책임을 다하는 길임을 강조합니다.

"이제 짐은 그대들과 함께 천도를 하여 우리나라를 안정시키고자 하노라. 그런데도 그대들은 내 마음의 괴로움을 헤아려보지도 않고, 어느 누구도 그대들의 본심을 시원하게 드러내어 진심으로 깊이 생각함으로써 나를 감동시키려 하지도 않고 있습니다. 그렇게 한다면 오직 자승자박과도 같이 그대들 스스로가 곤혹스러움과 고통을 초래하는 결과가 될 겁니다. 이는 마치 배를 타긴 하였으나 그대들이 건너갈 결심을 하지 못하여 배에 실은 물건을 썩히는 것과 마찬가지랍니다. 그대들의 진심 어린 성의가 부족하면 모두 다 함께 물속에 빠질 수밖에 없습니다. 우리 선왕들의 전례를 상고해 보지도 않고서 재난을 당하여 불같이 화를 내본들 어찌 이런 병고를 해결할 수 있겠습니까? 그대들이 먼 장래를 위해 계획을 도모하지도 않으면서 이미 겪었던 대홍수로 인한 재난을 생각지도 않는다면, 그대들 스스로가 근심걱정을 조장한 꼴이랍니다."

今予將試以汝遷(금여장시이여천), 安定厥邦(안정궐방). 汝不憂朕心之攸困(여불우짐심지유곤), 乃咸大不宣乃心(내함대불선내심), 欽念以忱動予一人(흠념이침동여일인). 爾惟自鞠自苦(이유자국자고), 若乘舟(약승주), 汝弗濟(여불제), 臭厥載(취궐재). 爾忱不屬(이침불속), 惟胥以沈(유서이침). 不其或稽(불기혹계), 自怒曷瘳(자노갈추)? 汝不謀長以思乃災(여불모장이사내재), *汝誕勸憂*(여탄권우).

반면 「반경 하」에서는 비교적 설득과 당부의 어조가 강화됩니다. 반경은 백성들에게 수도 이전이 단기적으로는 고통을 수반할 수 있으나, 장기적으로는 생활의 안정을 가져올 것임을 설명합니다. 그는 군주와 백성이 운명을 함께하는 존재임을 분명히 하며, 자신 역시 백성의 고통을 외면하지 않을 것임을 약속합니다. 이러한 태도는 통치자가 백성을 단순한 지배의 대상이 아니라, 함께 나라를 이루는 근본으로 인식하고 있음을 보여줍니다.

결과적으로 「반경 상·하」는 변화의 정당성을 확보하기 위해 필요한 세 가지 요소를 잘 드러내고 있다고 할 수 있습니다. 첫째는 조상과 천명이라는 전통적 권위를 통한 명분의 확립이며, 둘째는 국가 전체의 장래를 내다보는 장기적인 안목이고, 셋째는 신하와 백성을 향한 설득과 책임 의식입니다. 반경은 이 세 요소를 바탕으로 반대를 무릅쓰고 결단을 내렸으며, 이로 인해 결국 은나라는 번성하게 되었습니다.

따라서 『서경』의 「반경 상·하」는 이상적인 정치란 고정된 질서를 맹목적으로 유지하는 데 있지 않고, 도덕과 명분 위에서 필요한 변화와 혁명을 과감히 실행하는 데 있음을 보여주는 중요한 편이라 하겠습니다. 이는 오늘날에도 지도자의 결단과 민심의 관계를 깊이 성찰하게 한다고 볼 수 있습니다.

6. 주지육림(酒池肉林)을 만들어 향락에 빠진 주왕

『서경(書經)』 주서의 「태서상(泰誓上)」은 주나라 무왕이 은(商)나라의 폭군 주왕(紂王)을 정벌하기 직전에 행한 맹세의 말을 기록한 문헌으로, 단순한 전쟁 선언이 아니라 전쟁의 도덕적·정치적 정당성을 천명한 글입니다. 이 글은 주나라가 왜 은나라를 무너뜨릴 수밖에 없었는지, 그리고 그 행위가 어떻게 하늘의 뜻에 부합하는가를 논리적으로 설명하고 있습니다.

「태서상」에서 가장 먼저 강조되는 것은 주왕의 폭정입니다. 주왕은 말년에 주지육림(酒池肉林)을 만들고 향락에 빠져 정사를 돌보지 않았으며, 백성에게 과도한 세금과 부역을 강요하였습니다. 또한 간언하는 신하를 죽이고 충신을 멀리하고, 형벌을 남용하여 나라의 기강을 무너뜨렸습니다. 「태서상」에서는 이러한 행위를 단순한 개인적 타락이 아니라, 천하의 질서를 파괴하는 죄악으로 규정합니다. 즉, 주왕은 이미 군주로서의 자격을 상실하였다는 겁니다.

주나라가 주왕을 정벌한 이유는 사적인 원한이나 영토 확장이 아니라, 백성을 구하기 위한 불가피한 선택이었고 천명합니다. 「태서상」에서는 "백성이 주왕을 버렸고, 하늘 또한 그를 버렸다"는 논리를 제시합니다. 이는 군주의 권력이 백성의 신뢰와 천명으로 성립한다는 전제를 바탕으로 합니다. 백성이 더 이상 주왕을 군주로 인정하지 않고 고통 속에 신음하는 상황에서, 이를 바로잡지 않는 것이 오히려 죄가 된다고 보았습니다.

문왕이 천명을 받은 지 13년째인 어느 봄날에 아들 무왕은 제후들을 비롯한 그 휘하 군사들을 맹진에 모이게 하고 훈시를 하였습니다.

"아! 나의 우방인 제후들과 나의 일을 도와 처리하는 관원들이여! 나의 맹세를 분명하게 들으시오. 하늘과 땅은 만물의 부모이며 오직 사람만이 만물의 영장이라오! 그 가운데 총명한 분이어야 천자가 될 수 있는데, 천자는 만백성의 부모이기 때문이지요. 그런데도 오늘날 상나라의 임금인 수(폭군 주왕紂王의 이름)는 위로는 하늘을 공경하지 않고, 아래로는 백성들에게 커다란 재앙을 안겨주고 있습니다. 그는 주지육림(酒池肉林)을 만들어 술에 탐닉하고 여색에 빠져 포학무도한 일들을 아무렇지도 않게 저지르고 있습니다. 죄인을 벌함에 있어 가족에게까지 미치고, 벼슬자리는 후손에게까지 남발하고 있다오. 게다가 화려한 궁실과 누각과 정자들을 세우는 것은 물론 연못을 파게 하고 사치스런 옷만을 걸치고 있으며, 여기에 그대들 백성들을 잔혹하게 해치고 있습니다. 충신과 어진 사람들을 불태워 살해하고, 아이를 밴 부녀의 배를 가르고 뼈를 발라내었답니다. 이에 하늘은 크게 진노하시어 나의 돌아가신 아버님 문왕에게 천벌을 내리도록 하셨으나, 불행하게도 큰 공적을 이루기 전에 돌아가셨답니다."

惟十有三年春(유십유삼년춘), 大會于孟津(대회우맹진).

王曰(왕왈): 嗟(차)! 我友邦塚君(아우방총군), 越我御事庶士(월아어사서사), 明聽誓(명청서). 惟天地萬物父母(유천지만물부모), 惟人萬物之靈(유인만물지령). 但聰明(단총명), 作元后(작원후), 元后作民父母(원후작민부모).

今商王受(금상왕수), *弗敬上天*(불경상천), *降災下民*(강재하민). *沈湎冒色*(침면모색), *敢行暴虐*(감행폭학), *罪人以族*(죄인이족), *官人以世*(관인이세), *惟宮室台榭陂池侈服*(유궁실태사피지치복), *以殘害于爾萬姓*(이잔해우이만성). *焚炙忠良*(분자충량), *刳剔孕婦*(고척잉부). *皇天震怒*(황천진노), *命我文考*(명아문고), *肅將天威*(숙장천위), *大勳未集*(대훈미집).

    이와 함께 「태서상」은 역사적 선례를 중요한 근거로 제시합니다. 과거 하(夏)나라의 걸왕이 폭정을 일삼자 은나라의 탕왕이 그를 멸하여 천하를 얻었고, 이는 하늘의 뜻에 따른 것이었다고 설명합니다. 즉, 폭군을 무너뜨리고 덕 있는 자가 천하를 차지하는 일은 처음 있는 일이 아니라, 이미 역사 속에서 반복되어 온 질서라는 점을 강조한 것입니다. 주나라의 은나라 정벌은 이 선례를 계승한 행위로 제시됩니다.

    「태서상」에서 특히 두드러지는 사상은 천벌(天罰)의 주장입니다. 무왕은 스스로를 침략자가 아니라, 하늘의 명을 대신 집행하는 존재로 규정합니다. 주왕을 처벌하는 것은 인간의 사적인 판단이 아니라, 하늘이 이미 결정한 바를 실행하는 것이라는 논리입니다. 이로써 전쟁을 개인의 야욕이 아니라 도덕 질서를 회복하기 위한 신성한 행위로 격상시킵니다. 이러한 천벌 사상은 이후 중국 정치사상에서 왕조 교체를 정당화하는 핵심 논리가 됩니다.

    또한 「태서상」은 무왕이 전쟁을 가볍게 여기지 않았음을 보여줍니다. 그는 신하와 장수들에게 경계심과 두려움을 잃지 말 것을 당부하며, 자신 역시 하늘의 뜻을 두려워한다고 말합니다. 이는 주나라가 무력으로 천하를 얻되, 덕을 근본으로 삼아야 한다는 인식을 드러냅니다. 폭군을 무너뜨린 뒤에도 덕치가 이루어지지 않으면, 주나라 역시 같은 운명을 맞을 수 있다는 경고가 암묵적으로 담겨 있습니다.

결론적으로 『주서』의 「태서상」은 주지육림에 빠진 폭군 주왕의 정벌을, 단순한 정복 전쟁이 아니라 천명에 따른 도덕적 응징으로 설명합니다. 역사적 선례를 근거로 삼고, 천벌이라는 개념을 통해 전쟁의 정당성을 확보한 이 글은, 이후 왕조 교체와 혁명에 대한 사상적 기준을 제시한 중요한 문헌이라 할 수 있습니다.

7. 천명을 앞세워 은나라의 폭군 주왕을
   정벌하기 위한 연설을 하다

『서경(書經)』의 주서(周書) 가운데 「태서(泰誓)」는 주나라 무왕이 은나라 주왕(紂王)을 정벌하기 직전에 장병과 제후들에게 한 연설을 기록한 문헌입니다. '태서'는 상·중·하로 나뉘며, 주왕의 폭정을 고발하고 무왕의 출정 명분을 제시하며, 하늘의 뜻과 백성의 여망을 근거로 '정의로운 전쟁'임을 강조하는 내용을 담고 있습니다.

첫째, 「태서」의 핵심은 무왕이 전쟁의 명분을 분명히 밝히는 것입니다. 무왕은 단순한 영토 확장이 아니라, 은나라 말기의 심각한 폭정과 도덕적 붕괴를 바로잡기 위한 '천명(天命)'임을 강조합니다. 주왕이 하늘의 뜻을 잃었으며, 백성들에게 참혹한 고통을 안겨주었다고 지적하면서, 이러한 상황을 바로잡는 것이 주나라의 책임이라고 말합니다. 이를 통해 무왕은 자신의 군사 행동이 사리사욕이 아니라 백성을 위한 것임을 분명히 하고, 군사들의 결의를 고취합니다.

둘째, 「태서」는 천명사상(天命思想)을 매우 강하게 드러냅니다. 하늘은 덕 있는 자에게 나라를 맡기며, 덕을 잃은 자는 스스로 멸망하게 한다는 관점입니다. 무왕은 "하늘이 명을 바꾼 것이지, 내가 사사로운 감정으로 공격하는 것이 아니다"라고 하여 군사적 행동의 정당성을 하늘의 뜻에 근거해 설명합니다. 이 점은 후대 중국 정치사상의 근간이 되었으며, 왕조 교체의 정당성을 판단하는 기준으로 자리 잡았습니다.

셋째, 「태서」는 백성의 민심(民心)을 천명과 연결합니다. 무왕은 백성들이 이미 은나라의 폭정을 견디지 못하고 있으며, 민심이 주나라 쪽으로 기울고 있다고 강조합니다. 즉, 천명이 변했다는 것은 단지 신비한 의지가 아니라, 백성들의 고통과 판단 속에서 드러난다는 것입니다. 이 사상은 후대의 '민심이 곧 천심'이라는 관념의 중요한 근거가 됩니다.

넷째, 「태서」는 무왕 자신의 덕과 결의를 강조합니다. 무왕은 자신이 사치와 향락을 멀리하며 백성을 위해 절제된 삶을 살아왔다는 점을 군사들에게 보여줍니다. 이는 지도자의 도덕적 정당성이 군대를 움직이는 핵심이라는 점을 말해 줍니다. 무왕은 군사들에게 "내가 먼저 나아가고, 나의 결단과 희생이 여러분보다 앞설 것이다"라고 선언하며 지휘관으로서의 모범을 강조합니다.

이러한 내용은 현대사회에도 여러 교훈을 줍니다. ① 지도자의 정당성은 힘이 아니라 덕(德)에서 비롯된다는 점입니다. 권력은 목적이 아니라 수단이며, 지도자는 백성의 삶을 개선하기 위해 존재해야 한다는 정치윤리를 보여줍니다. ② 정의로운 명분이 없는 행동은 오래 지속될 수 없다는 원칙입니다. 조직, 공동체, 정치 모두에서 정당성은 구성원들의 신뢰와 합의를 바탕으로 형성됩니다. ③ 지도자는 민심을 읽어야 한다는 점을 보여줍니다. 백성의 고통과 요구를 외면하는 정권은 결국 지지를 잃고 무너진다는 점은 오늘날 민주주의 사회에서도 동일합니다.

8. 예나 지금이나 유비무환(有備無患)의 자세가 필요하다

『서경(書經)』은 하은주(夏殷周) 삼대의 정치를 기록한 경전으로, 그 말이 간결하나 뜻은 깊고, 그 가르침은 오늘날에도 변함없이 통하고 있습니다. 그중 상서(尙書) 「열명(說命)」은 은나라 고종(高宗)과 현신 부열(傅說)의 만남과 문답을 통해, 나라를 다스리는 근본과 군주가 지녀야 할 마음가짐을 밝히고 있습니다.

고종이 즉위한 뒤 정사가 뜻대로 이루어지지 않자, 이를 남의 탓으로 돌리지 않고 자신의 덕이 부족함을 돌아보고는 인재를 구하였습니다. 그 과정에서 꿈에 한 인물을 보았는데, 깨어나 살펴보니 그 형상이 성을 쌓는 노역에 종사하던 부열과 같았습니다. 고종은 그의 신분이 미천함을 문제 삼지 않고, 오직 말과 뜻이 도에 합당함을 보고서 재상으로 삼았습니다. 이는 사람을 쓰는 데 있어 귀천이나 출신보다 덕과 지혜를 근본으로 삼아야 함을 분명히 보여주는 대목입니다.

이어서 왕은 꿈속에서 보았던 모습을 떠올리고 화공(畵工)으로 하여금 그 형상을 그리도록 하였습니다. 그리고 온 세상을 뒤지고 살펴 그와 같이 생긴 사람을 찾도록 하였답니다. 그때 부열이라는 사람이 부암(傅巖)이라는 들판에서 일하고 있었는데, 그 모양이 꿈에 본 이와 비슷하였죠. 이에 부열을 재상으로 삼아 왕은 그를 좌우에 두었답니다.

乃審厥象(내심궐상), *俾以形旁求于天下*(비이형방구우천하). *說築傅巖之*

野(설축부암지야), *惟肖*(유초). *爰立作相*(원립작상). *王置諸其左右*(왕치제기 좌우).

　부열은 재상으로 등용된 뒤에도 자리에 안주하지 않고, 나라를 위하는 마음으로 간언을 아끼지 않았습니다. 「열명(說命)」에서 부열은 고종에게 아뢰기를, "평안할 때일수록 위태로움을 생각하시고, 나라가 다스려질 때일수록 어지러워질 가능성을 잊지 말아야 한다"고 하였습니다. 이는 후세에 유비무환(有備無患)이라는 말로 전해지는 뜻으로, 태평은 저절로 유지되는 것이 아니라 끊임없는 경계와 대비 속에서 지켜지는 것임을 일깨워줍니다.

　고종은 이러한 말을 귀하게 여기어 기꺼이 받아들이고, 자신을 더욱 닦아 정사를 바로잡았습니다. 군주가 자신을 완전한 존재로 여기지 않고 신하의 간언을 거울로 삼았기에, 은나라의 정치는 다시 안정될 수 있었습니다. 「열명(說命)」에 나타난 군신의 도는 명령과 복종에 있지 않고, 도를 중심으로 서로를 경계하고 보완하는 데에 있음을 잘 보여줍니다.

　이 글이 전하는 가르침은 비단 옛 왕조의 정치에만 머무르지 않습니다. 개인의 삶 또한 이와 다르지 않습니다. 일이 형통할 때일수록 스스로를 살피고, 편안함 속에서 앞날의 어려움을 대비할 줄 아는 지혜가 오래도록 근심을 멀리하는 길임을 일깨워줍니다. 준비되어 있으면 근심이 없고, 경계하면 허물이 적다는 이치는 예나 지금이나 변함이 없습니다.

9. 고대 왕도정치의 이론적 토대가 된 홍범구주(洪範九疇)

『서경(書經)』의 주서(周書)에서 특히 중요한 편인 「홍범(洪範)」은 주나라 초기의 정치 이념과 통치 원리를 보여주는 핵심 문헌입니다. 「홍범(洪範)」은 천하를 안정적으로 다스리기 위해 군주가 따라야 할 우주적 질서와 정치 규범을 체계화한 글로 평가됩니다.

『서경』의 주서는 요·순·하·은 시대를 다룬 다른 편들과 달리, 주나라의 건국과 통치 이념을 기록한 부분입니다. 무왕의 은나라 정벌, 성왕과 주공의 섭정, 그리고 새로운 왕조가 어떻게 천하를 다스려야 하는가에 대한 원칙이 주서 전반에 담겨 있습니다. 주서는 무력으로 얻은 천하를 덕과 제도로 안정시키는 과정을 강조하며, 왕권의 정당성을 천명(天命)과 민심에 두고 있습니다.

이 가운데 「홍범(洪範)」은 무왕이 은나라를 멸한 뒤, 은의 신하였던 기자(箕子)가 주나라에 전한 정치 원칙을 기록한 것으로 전해집니다. '홍범(洪範)'이란 말은 '큰 법도', 즉 천하를 다스리는 근본 규범을 뜻합니다. 「홍범(洪範)」은 하늘이 인간 사회에 부여한 질서가 있으며, 정치란 이 질서를 인간 세계에서 구현하는 일이라는 사상을 바탕으로 하고 있습니다.

무왕 13년에 임금님께서는 현인인 기자(箕子)를 찾아가 가르침을 청하였답니다.

"아! 기자시여! 하늘은 이 세상의 백성들을 보살피며 서로 화합하여 살도록 하였는데, 나는 일상에서 떳떳하게 살아가는 인륜의 도

리를 어떻게 제정해야 할지 잘 모르겠구려."

이에 기자는 곧바로 아뢰었답니다.

"제가 듣기론 옛날 우의 아버지 곤은 홍수를 막으려다 오행을 어지럽혔다 합니다. 그리하여 천제께서 진노하시어 대법인 홍범의 아홉 조목을 가르쳐주지 않아 인륜의 도리가 망치게 되었다고 합니다. 곤은 곧 순임금에게 죽임을 당하였고 아들 우가 뒤를 이어 홍수를 다스리게 되었는데, 하늘은 우에게 아홉 가지 대법인 홍범구주를 줌으로써 일상에서 떳떳하게 살아가는 인륜의 도리가 정하여졌다고 합니다. 그 첫째는 오행이요, 둘째는 다섯 가지 일을 공경하여 행하는 것이며, 셋째는 여덟 가지 정사를 힘써 행하는 것이고, 넷째는 천상역수를 조화시키는 것이며, 다섯째는 천자의 법칙을 세워 사용하는 것이고, 여섯째는 세 가지 덕행을 활용하여 백성을 다스리는 것이며, 일곱째는 점을 쳐 의문스러운 일을 밝혀 이용하는 것이고, 여덟째는 모든 징조를 잘 생각하여 정사에 반영하는 것이며, 아홉째는 다섯 가지 복을 누릴 수 있도록 하고 여섯 가지 곤궁함을 눌러 없애는 것이랍니다."

惟十有三祀(유십유삼사), 王訪于箕子(왕방우기자).

王乃言曰(왕내언왈): 嗚呼(오호)! 箕子(기자)! 惟天陰騭下民(유천음즐하민), 相協厥居(상협궐거), 我不知其彝倫攸敍(아부지기이륜유서). 箕子乃言曰(기자내언왈): 我聞在昔(아문재석), 鯀堙洪水(곤인홍수), 汩陳其五行(율진기오행). 帝乃震怒(제내진노), 不畀洪範九疇(불비홍범구주), 彝倫攸斁(이륜유두). 鯀則殛死(곤즉극사), 禹乃嗣興(우내사흥), 天乃錫禹洪範九疇(천내석우홍범구주), 彝倫攸敍(이륜유서). 初一曰五行(초일왈오행), 次二曰敬用五

事(차이왈경용오사), 次三日農用八政(차삼왈농용팔정), 次四日協用五紀(차사왈협용오기), 次五日建用皇極(차오왈건용황극), 次六日乂用三德(차륙왈예용삼덕), 次七日明用稽疑(차칠왈명용계의), 次八日念用庶徵(차팔왈념용서징), 次九日嚮用五福(차구왈향용오복), 威用六極(위용륙극).

「홍범(洪範)」의 핵심은 이른바 홍범구주(洪範九疇), 즉 아홉 가지 큰 통치 원칙입니다.

첫째는 오행(五行)으로, 물·나무·불·흙·쇠(水木火土金)의 다섯 기운이 우주와 인간 사회의 근본을 이룬다는 의미입니다. 이는 자연 질서와 정치 질서가 서로 분리되지 않음을 의미합니다.

둘째는 오사(五事)로, 군주가 갖추어야 할 다섯 가지 태도와 능력, 곧 모습·말·시각·청각·사고의 올바름을 말합니다. 이는 통치자의 개인적 수양이 정치의 출발점임을 보여줍니다.

셋째는 팔정(八政)으로, 식량·재정·제사·토지·교육·형벌·군사·외교 등 국가 운영의 기본 분야를 체계적으로 제시합니다. 이는 홍범구주 가운데 가장 실천적인 부분으로, 백성의 삶을 안정시키는 것이 정치의 핵심임을 강조합니다.

넷째는 오기(五紀)로, 역법과 시간질서를 바로 세워 농사와 국가 운영의 기준을 세우는 것을 의미합니다. 이는 하늘의 운행과 인간 사회의 조화를 상징합니다.

다섯째는 황극(皇極)으로, 홍범사상의 중심에 해당합니다. 황극은 군주가 치우침 없는 중심을 잡아 공정하고 바른 정치를 펼치는 것을 뜻합니다. 이는 군주 개인의 덕과 판단이 천하 질서의 축이 된다는 의미입니다.

여섯째는 삼덕(三德)으로, 정치 상황에 따라 강함·부드러움·중용을 적절히 사용하는 통치의 지혜를 말합니다.

일곱째는 계의(稽疑)로, 의심스러운 사안에 대해 점복과 숙고를 통해 신중히 판단하는 태도를 말합니다.

여덟째는 서징(庶徵)으로, 자연 현상을 정치의 결과로 살펴 군주의 덕과 정치를 반성하는 기준을 제시합니다.

마지막 아홉째는 오복육극(五福六極)으로, 선한 정치가 가져오는 복과 악한 정치가 부르는 재앙을 구체적으로 설명합니다.

요약하면, 『서경』 주서의 「홍범」은 천명·자연질서·군주수양·국가제도를 하나의 체계로 엮어, 이상적인 통치의 기준을 제시한 글입니다. 홍범구주는 이후 유교 정치사상에서 왕도정치의 이론적 토대가 되었으며, 동아시아 정치 문화 전반에 깊은 영향을 끼친 핵심 사상이라 할 수 있습니다.

10. 권력과 도덕 사이에서 균형을 찾아라

『서경(書經)』은 중국 고대의 정치와 도덕, 왕도(王道)의 원리를 기록한 경전으로, 요순(堯舜)에서 주(周)에 이르는 역대 왕들의 교훈을 담고 있습니다. 그중 「태갑(太甲)」은 우리 동이족이 세운 상(商)나라의 태종(太宗) 탕왕(湯王)의 손자인 태갑(太甲)과 그의 스승이자 재상인 이윤(伊尹) 사이에서 벌어진 사건을 기록하고 있습니다.

태갑은 어린 나이에 즉위하여 처음에는 덕스럽고 총명하였으나, 시간이 흐르면서 교만해지고 사치를 일삼으며 백성을 돌보지 않았습니다. 이에 재상 이윤은 나라의 안정을 염려하여 여러 차례 간언하였으나, 태갑이 이를 듣지 않았습니다. 결국 이윤은 결단을 내려 태갑을 동궁(桐宮)으로 내쫓고, 스스로 정사를 대신 처리하게 됩니다.

이 일은 단순한 정치 사건이 아니라, 임금과 신하의 올바른 관계, 그리고 왕도정치의 근본이 덕에 있음을 일깨우는 대표적인 이야기로 평가됩니다.

◆ 이윤의 충언과 정치적 의미

이윤은 탕왕의 옛 신하로서, 백성과 나라를 위한 도덕적 책임감을 지닌 인물이었습니다. 그는 태갑에게 다음과 같이 간언하였습니다.

"고인이 되신 탕왕께서는 크게 덕을 밝히시어 이른 새벽부터 크게 덕을 밝히고자 앉아서 아침을 기다리셨으며, 널리 뛰어난 인재

를 구하시어 후손들에게 나아갈 길을 열어주셨습니다. 조부님의 유훈을 받들어 어긋나는 행동으로 나라를 망하게 하는 일을 자초하지 않길 바랍니다. 왕께서는 신중하게 검소한 덕을 행하여 나라를 길이 보존토록 가슴 깊이 품어야 합니다."

先王昧爽不顯(선왕매상비현), 坐以待旦(좌이대단). 旁求俊彦(방구준언), 啟迪後人(계적후인), 無越厥命以自覆(무월궐명이자복). 慎乃儉德(신내검덕), 惟懷永圖(유회영도). 若虞機張(약우기장), 往省括于度則釋(왕성괄우도즉석). 欽厥止(흠궐지), 率乃祖攸行(솔내조유행). 惟朕以懌(유짐이역), 萬世有辭(만세유사).

이 말은 임금에게 권력의 근본이 하늘과 백성에게 있음을 일깨워 주는 말이었습니다. 그러나 태갑은 처음엔 이를 무시하였습니다. 이윤은 왕을 보좌하는 신하로서 충성을 다하기 위해, 일시적으로 왕을 폐위시키는 과감한 선택을 합니다. 이는 단순한 반역이 아니라, 도덕적 원리에 입각한 충정의 행위였습니다. 『서경』은 이를 "성인은 임금을 가르치되, 그 뜻을 하늘에 맞추었다(성인작명聖人作命, 이배천以配天)"고 표현하였습니다. 즉, 이윤은 왕을 바로 세우기 위해 잠시 권력을 거두었으나, 그 의도는 왕과 나라를 함께 구하려는 데 있었습니다.

◆ 태갑의 참회와 각성

동궁에 유배된 태갑은 처음에는 분노하고 불만을 품었으나, 시간이 지나며 자신이 저지른 잘못과 이윤의 충정을 깊이 깨닫게 됩니다. 그는 스스로를 돌아보며 "나는 조상의 뜻을 저버리고, 백성을 괴롭히는 어리석은 군주가 되었다"고 반성하였습니다.

그는 동궁에서 독서와 수양에 힘쓰며 마음을 다스렸고, 덕의 근본이 백성 사랑에 있음을 깨닫게 되었습니다. 이러한 참회의 과정을 거친 뒤, 이윤은 그가 진심으로 뉘우쳤음을 알고 다시 궁궐로 불러 왕위에 복귀시켰습니다.

복위한 태갑은 이전과 완전히 달라진 태도로 정치를 행하였죠. 그는 스스로를 낮추고 백성의 목소리에 귀 기울였으며, 모든 정무를 이윤과 상의하였습니다. 이에 상나라는 다시 태평을 되찾았고, 『서경』은 이 일을 두고 "태갑이 도를 회복하니, 하늘의 복이 다시 돌아왔다(태갑반덕太甲反德, 천명부귀天命復歸)"고 기록하였습니다.

◆ 임금과 신하의 관계

이 이야기의 핵심은 '임금과 신하의 바른 관계'에 있습니다. 임금은 덕으로 나라를 다스려야 하며, 신하는 충성으로 임금을 보좌해야 합니다. 그러나 충성은 단순한 복종이 아니라, 도의(道義)에 따른 간언을 포함합니다. 이윤은 임금을 바로잡기 위해 권위를 잠시 거슬렀지만, 그 마음속에는 오직 나라의 안녕과 백성의 복리만이 있었습니다. 이러한 충언은 '충(忠)'과 '의(義)'가 일치된 행위로, 진정한 신하의 도를 보여줍니다.

한편, 태갑의 참회 또한 중요한 의미를 가집니다. 그는 자신의 잘못을 깨닫고 이를 인정하였으며, 충언을 받아들이는 용기를 보였습니다. 이는 임금으로서의 겸허함과 자기 성찰의 덕목을 상징합니다.

『서경』이 전하고자 한 교훈은, 임금의 위대함은 권력의 크기가 아니라, 잘못을 고치고 바른 말을 받아들이는 용기에 있다는 점이었습니다.

오늘날 「태갑」의 이야기는 리더십과 조직 운영에도 깊은 교훈을 줍니다. 지도자가 잘못된 길을 갈 때, 참된 참모는 아부하거나 침묵하는 대신, 진실한 말을 해야 합니다. 또한 지도자는 비판을 두려워하지 말고, 그것을 성장의 계기로 삼아야 합니다.

이윤의 충언은 책임 있는 리더십의 본보기이며, 태갑의 참회는 성숙한 리더의 자세를 보여줍니다. 결국 임금과 신하, 상하 간의 관계는 권력의 관계가 아니라 진심과 도덕의 관계여야 한다는 것이 『서경』「태갑」의 핵심 교훈입니다.

11. 높이 오르려면 반드시 낮은 곳에서부터 시작하라

『서경(書經)』「태갑하(太甲下)」에는 다스림과 삶의 근본을 일깨워주는 지침이 담겨 있습니다.

"높은 곳을 오르고자 한다면 반드시 아래로부터 시작해야 하고, 먼 곳에 가고자 한다면 반드시 가까운 곳에서 출발하듯이 하십시오. 백성의 생업을 가벼이 여기지 마시고 어렵게 생각하셔야 합니다. 임금의 자리를 편안한 곳으로 생각하지 마시고 위태롭고 불안한 자리로 여기셔야 합니다."

若升高(약승고), 必自下(필자하), 若陟遐(약척하), 必自邇(필자이). 無輕民事(무경민사), 惟難(유난), 無安厥位(무안궐위), 惟危(유위).

'若升高(약승고) 必自下(필자하), 若陟遐(약척하) 必自邇(필자이)', 즉 '높이 오르려면 반드시 낮은 곳에서부터 시작하고, 멀리 가려면 반드시 가까운 곳에서부터 시작해야 한다'라는 구절은, 모든 성취의 출발점이 어디에 있는지를 분명히 밝혀주는 가르침이라 할 수 있습니다.

이 말은 겉으로는 단순해 보이지만, 그 뜻은 매우 깊습니다. 높은 곳에 오르고자 하는 사람이라 하더라도 단번에 정상에 이를 수는 없으며, 반드시 낮은 곳에서부터 차근차근 발을 내디뎌야 합니다. 먼 곳을 향해 나아가는 길 또한 그러하여, 지금 서 있는 자리에서 한 걸음씩 옮기지 않고서는 결코 목적지에 도달할 수 없습니다. 이는 자연의 이치이자, 인간의 삶과 배움, 그리고 정치와 경영 전반에 두루 통하는 원리입니다.

이 말은 특히 군주에게 필요한 경계의 뜻을 담고 있습니다. 나라를 다스리는 일 역시 갑작스러운 성과나 화려한 정책으로 이루어지는 것이 아니라, 근본을 바로 세우는 데서 시작되어야 함을 일깨우고 있습니다. 백성의 삶을 살피고, 법과 제도를 바로 세우며, 군주 스스로 덕을 닦는 일과 같은 기초가 흔들릴 때, 아무리 큰 뜻을 품는다 하더라도 그 정치는 오래갈 수 없습니다.

이 가르침은 개인의 삶에도 그대로 적용됩니다. 학문을 닦거나 인격을 기르는 데 있어서도 기초를 소홀히 하면 반드시 그 허점이 드러나게 됩니다. 처음에는 더디고 눈에 띄지 않더라도, 기본을 충실히 쌓아 올린 사람은 시간이 지날수록 흔들림 없는 힘을 갖추게 됩니다. 반대로 기초를 건너뛰고 빠른 결과만을 좇을 경우, 잠시 성과를 얻는 듯 보일 수는 있으나 결국 그 토대가 약하여 쉽게 무너지게 됩니다.

오늘날은 속도와 효율이 중시되는 시대이지만, 그럴수록 이 말이 지니는 의미는 더욱 크다고 할 수 있습니다. 빠르게 오르고 멀리 가고자 하는 마음은 누구에게나 있으나, 그 길이 단단하려면 반드시 시작의 자리를 돌아보아야 합니다. 작은 일에 성실하고, 기본을 소홀히 하지 않으며, 눈앞의 성과보다 장기적인 안목을 지니는 태도가 곧 기초를 다지는 일입니다.

그러므로 '若升高(약승고) **必自下**(필자하), **若陟遐**(약척하) **必自邇**(필자이)'는 우리에게 삶을 대하는 자세 그 자체를 묻고 있습니다. 높아지려거든 낮은 자리에서부터 스스로를 닦고, 멀리 가고자 하거든 지금의 한 걸음을 소중히 여기라는 뜻입니다. 『서경』「태갑하」의 이 가르침은, 모든 일에는 지름길이 없으며, 기초를 갖추어야 오래 그리고 멀리 갈 수 있다고 교훈을 전해 주고 있습니다.

12. 주나라의 토대를 쌓은 문왕과 무왕의 업적

『서경(書經)』 「주서(周書)」는 은(殷) 말기에서 주(周)왕조 성립에 이르는 정치적·도덕적 변혁 과정을 기록한 문헌으로, 주왕조의 정당성과 통치 이념을 천명하고 있습니다. 「주서」는 단순한 역사 기록을 넘어, 천명(天命) 사상과 덕치(德治)의 원리를 체계적으로 제시함으로써 이후 유교 정치사상의 근간을 이루었습니다.

「주서」는 은나라의 폭정과 도덕적 타락, 이에 따른 천명의 이탈, 그리고 주 왕실의 덕에 의한 천명 계승이라는 구조로 이야기가 전개됩니다. 이 과정에서 주왕, 문왕, 무왕은 각각 대비적이면서도 상호 연관된 역할을 수행합니다.

먼저 주왕(紂王)은 은왕조의 마지막 군주로서, 「주서」에서 전형적인 폭군의 모습으로 묘사됩니다. 그는 사치와 향락에 빠져 백성을 수탈하고, 간언을 받아들이지 않으며, 형벌을 남용하였습니다. 이러한 행위는 단순한 개인적 타락을 넘어, 하늘이 부여한 통치 정당성인 천명을 스스로 저버립니다. 「주서」는 주왕의 몰락을 통해, 군주의 도덕적 책임이 통치의 근본 조건임을 분명히 밝힙니다.

이와 대비되는 인물은 바로 문왕(文王)입니다. 문왕은 직접 무력으로 은을 멸하지는 않았으나, 덕을 닦고 백성을 편안하게 함으로써 천하의 민심을 얻은 군주로 그려집니다. 「주서」에서는 문왕이 형벌을 신중히 사용하고, 인재를 존중하며, 하늘의 뜻을 두려워하는 모습을 반복적으로 강조합니다. 이는 문왕이 이미 천명을 받을 자격을 갖춘 존재였음을 보여주며, 주 왕조의 성립이 우연이나 무력의 결과가 아니라 도덕적 필연임을 설명하는 근거가 됩니다.

문왕의 역할은 '천명을 준비한 군주'로 요약할 수 있습니다. 그는 은왕조를 직접 전복하지 않았지만, 덕치의 모범을 보이며 주왕조가 하늘의 뜻을 계승할 정통성을 쌓았습니다. 이러한 점에서 문왕은 「주서」에서 이상적 군주의 모범으로 제시됩니다.

무왕(武王)은 문왕의 뜻을 계승하여 실제로 은을 멸하고 주왕조를 건국한 인물입니다. 「주서」에서 무왕의 정벌은 사적인 야망이 아닌, 이미 하늘과 백성이 소원한 천명의 집행으로 정당화됩니다. 무왕은 출정에 앞서 스스로를 경계하며, 전쟁이 백성을 위한 불가피한 선택임을 강조합니다. 이는 무력 사용조차도 도덕적 명분과 절제가 필요하다는 「주서」의 정치관을 잘 보여줍니다.

무왕의 가장 중요한 역할은 천명의 실현자라 할 수 있습니다. 그는 문왕이 축적한 덕과 민심을 바탕으로, 폭정을 끝내고 새로운 질서를 수립하였습니다. 그러나 「주서」는 무왕 이후에도 주왕조가 지속적으로 덕을 닦지 않으면 천명이 다시 이동할 수 있음을 경고함으로써, 천명을 고정된 권리가 아닌 도덕적 책임으로 규정합니다.

종합하자면, 「주서」는 주왕을 반면교사로 삼아 폭정의 필연적 몰락을 보여주고, 문왕을 통해 덕에 의한 천명의 준비를, 무왕을 통해 천명의 실현과 정치적 전환을 설명합니다. 이를 통해 「주서」는 왕조 교체의 정당성을 도덕과 천명에 근거하여 설명하며, 이후 유교 정치사상에서 강조되는 덕치·민본·군주의 자기수양이라는 핵심 원리를 확립한 문헌이라 평가할 수 있습니다.

『서경(書經)』「주서(周書)」는 은(殷)왕조를 멸하고 새 왕조를 세운 정당성을 설명하는 동시에, 새로운 질서를 어떻게 유지하고 발전시킬 것인가를 밝히는 정치적 선언과 교훈을 담았습니다.

「주서」의 핵심은 천명(天命) 사상입니다. 주나라는 은나라를 무력으로 정복하였지만, 단순한 정복이 아니라 하늘의 뜻에 따른 혁명임을 강조합니다. 은의 마지막 왕 주왕(紂王)이 폭정을 일삼아 덕을 잃었기 때문에 천명이 떠났고, 덕을 갖춘 주 문왕과 무왕에게 천명이 옮겨왔다는 논리입니다. 이는 왕조 교체의 도덕적 정당성을 밝히는 이론으로, 정치권력의 근거가 혈통이나 무력에 있지 않고 덕에 있음을 선언한 것입니다.

특히 「태서(泰誓)」에서는 무왕이 출정에 앞서 군사와 백성에게 은 정벌의 정당성을 설파합니다. 그는 자신이 사사로운 욕심으로 군사를 일으킨 것이 아니라, 백성을 구하고 하늘의 명을 따르기 위해 행동한다고 밝힙니다. 여기에는 정치적 행위가 도덕적 책임과 결부되어야 한다는 인식이 분명히 나타납니다.

또한 「주서」에서는 덕치(德治)와 민본(民本) 사상이 강조됩니다. 주공의 여러 고명(誥命) 문서에서는 새 왕조가 안정받기 위해서는 무엇보다 백성을 편안하게 하고, 형벌을 신중히 하며, 덕으로 교화해야 함을 역설합니다. 백성은 나라의 근본이며, 백성의 마음을 얻는 것이 곧 천명을 유지하는 길이라는 인식이 반복됩니다. 이는 통치의 중심을 군주의 권위가 아니라 백성의 삶과 민심에 두는 사상입니다.

주공의 섭정과 관련된 문서들도 중요한 내용을 이룹니다. 무왕 사후 어린 성왕(成王)을 대신해 정사를 맡은 주공은, 자신의 권력이 사사로운 욕망이 아니라 왕실과 천하를 위한 것임을 밝히고 스스로를 경계합니다. 그는 친족과 공신들에게도 교만과 사치를 경계하라고 경고하며, 왕조 초기에 덕을 잃지 않도록 끊임없이 훈계합니다. 이는 창업보다 수성이 어렵다는 역사적 인식을 반영합니다.

「주서」에는 형벌과 제도에 대한 언급도 나타나지만, 그 근본은 어디까지나 도덕적 각성에 두고 있습니다. 형벌은 불가피한 수단일 뿐이며, 근본은 군주의 수양과 대신들의 충성 그리고 백성에 대한 사랑에 있다는 점을 강조합니다. 또한 제사와 예(禮)를 중시하여, 하늘과 조상에 대한 공경이 정치 질서의 근간임을 밝힙니다.

종합하면, 『서경』 「주서」는 왕조 교체의 정당성을 천명과 덕에 근거하여 설명하고, 새 왕조가 지켜야 할 정치 원칙을 제시한 문헌입니다. 그 중심에는 덕치, 민본, 경계와 절제 그리고 하늘에 대한 경외가 자리하고 있습니다. 이는 단순한 역사기록을 넘어, 후대 군주와 정치가가 본받아야 할 통치의 기준을 제시한 정치 철학서로서의 성격을 지닌다고 할 수 있습니다.

한자어원풀이

　글 書(서)는 붓 율(聿)과 가로 왈(曰)로 이루어졌습니다. 聿(율)은 붓대(丨)를 손으로 잡고(彐) 있는 모양과 함께 동물의 가는 털을 모아 만든 붓(二)의 형태를 그대로 본떠 만든 상형글자랍니다. 曰(왈)은 입의 모양을 본뜬 구(口)와 입에서 나오는 말을 추상적으로 표현한 것으로 바로 一(일)의 형태입니다. 그래서 '가로되', '말하다', '이르다' 등의 뜻을 나타낸 지사글자랍니다. 따라서 書(서)의 전체적인 의미는 성인(聖人)과 같은 훌륭한 사람이 말씀(曰)하신 것을 붓(聿)으로 기록한다는 의미가 담겨 있답니다. 이렇듯 훌륭한 책을 경전(經典)이라 하여 받들어 왔다는 데서 '글', '책'이란 뜻을 지니게 되었습니다.

　날 經(경)은 가는 실 사(糸)와 물줄기 경(巠)으로 이루어져 있습니다. 糸(사)는 가느다란 실을 감아놓은 실타래를 본뜬 상형글자입니다. 糸는 가는 실을 감은 실타래를 본뜬 것이며, 巠(경)은 땅(一) 아래의 빈 공간(工)으로 흐르는 물줄기(巛)를 말합니다. 따라서 전체적인 의미는 세로로 맨 날줄(糸)과 같이 땅속 물길의 흐름(巠)을 나타내는 줄기라는 뜻이 담겨 있답니다. 그래서 성인의 날줄과 같은 말씀이 담겼다 하여 '경(經)이라고도 하고, 삶의 지침으로서의 도리라는 의미를 지니게 되었답니다.

제 7 편

주역
周易

주역(周易)

주역(周易)이란 대자연의 변화원리(易)를
음양이원론으로 해석한 괘체와 함께 성현의 말씀을 기록한 책

1. 『주역(周易)』의 주요용어와 64괘체에 관하여

『주역(周易)』의 원전인 『역경(易經)』은 수천 년에 걸쳐 복희씨(伏羲氏)·문왕(文王)·주공(周公)·공자(孔子)라는 성인과 현인에 의해 완성된 동북아 최고의 점서(占書)이자 철학서라 할 수 있습니다. 기원전 3000년경 복희씨가 황하에 출현한 용마(龍馬)에 그려진 하도(河圖)를 보고서 8괘를 바탕으로 64(8×8=64)괘로 확장된 이후, 하나라 때는 64괘 중 중산간괘가 첫머리에 자리해 연산역(連山易)이라 하였고, 은나라 때는 중지곤괘를 앞세워 귀장역(歸藏易)이라 하였습니다. 그러다 기원전 1000년경에 주나라의 문왕이 64괘에 대한 설명서인 괘

사(卦辭), 그의 아들인 주공이 각 괘의 효에 대한 해설인 효사(爻辭)를 붙임으로써 『역경』이 완성되었습니다.

『주역(周易)』의 원전인 『역경(易經)』을 읽는 데 꼭 필요한 핵심용어 및 괘 구성에 따른 해석법을 다음과 같이 간단히 정리해 보았습니다.

◆ 양효와 음효

효(爻)는 괘를 이루는 음양의 최소 단위랍니다. 양효(陽爻)는 '⚊'로 표시하고 음효(陰爻)는 '⚋'로 표시한답니다. 이를 숫자로 표시할 때는 양효는 '9'를 앞세워 '구오' 등으로 읽고, 음효는 '6'을 머리에 두고서 '육이' 등으로 읽는답니다. ☰☲천화동인괘(天火同人卦)를 예로 들자면, 밑에서부터 초구(初九), 육이(六二), 구삼(九三), 구사(九四), 구육(九六), 구오(九五), 상구(上九)로 읽습니다.

◆ 8괘와 64괘

건괘(乾卦)☰ : 1건천(一乾天), 하늘, 강건, 아버지(父)

태괘(兌卦)☱ : 2태택(二兌澤), 연못, 기쁨, 소녀(小女)

이괘(離卦)☲ : 3리화(三離火), 불, 이별, 중녀(中女)

진괘(震卦)☳ : 4진뢰(四震雷), 우레, 변동, 장남(長男)

손괘(巽卦)☴ : 5손풍(五巽風), 바람, 순종, 장녀(長女)

감괘(坎卦)☵ : 6감수(六坎水), 물, 험난, 중남(中男)

간괘(艮卦)☶ : 7간산(七艮山), 산, 멈춤, 소남(小男)

곤괘(坤卦)☷ : 8곤지(八坤地), 땅, 유순, 어머니(母)

*64괘는 이 팔괘가 서로 조합(8×8=64)되어 이루어진답니다.

◆ 상괘와 하괘

☰☲천화동인괘(天火同人卦)를 예로 들면, 건괘☰가 상괘(上卦)이고 이괘☲가 하괘(下卦)가 된답니다.

◆ 내괘와 외괘

☰☲천화동인괘(天火同人卦)를 예로 들면, 이괘☲가 내괘(內卦)이고 건괘☰가 외괘(外卦)가 됩니다.

◆ 중(中)과 부중(不中)

☰☰重天乾卦(중천건괘)를 예로 들자면 하괘의 가운데에 자리한 구이(九二)와 상괘의 가운데 자리한 구오(九五)가 중(中)이며, 나머지 효는 모두가 부중(不中)이랍니다.

◆ 정(正)과 부정(不正)

양효(陽爻)의 바른 자리인 정위(正位)는 1, 3, 5이며, 음효(陰爻)의 바른 자리는 2, 4, 6이랍니다. 양효가 바른 자리에 있으면 정(正)이고 그렇지 않으면 부정(不正)이랍니다.

☰☰重天乾卦(중천건괘)를 예로 들자면, 1, 3, 5에 해당하는 초구와 구삼과 구오는 정(正)이며, 나머지 구이와 구사와 상구는 원래 음효의 바른 자리이므로 부정(不正)이랍니다. 그중에서 구오는 중(中)이면서 정(正)이므로 '중정(中正)하다'고 파악한답니다.

1. 크고 굳건한 하늘의 덕을 갖춰라. ☰ 중천건괘(重天乾卦)

2. 만물을 길러내는 땅처럼 포용의 미덕을 갖추어라.

  ☷ 중지곤괘(重地坤卦)

3. 끊임없이 혁신을 통해 나아가라. ☵ 수뢰둔괘(水雷屯卦)

4. 자기보다 앞서 나간 이를 본받아 몽매함을 타파하라.

  ☶ 산수몽괘(山水蒙卦)

5. 때로는 자기 성장을 위해 기다려라. ☵ 수천수괘(水天需卦)

6. 다툼과 송사에는 냉정한 성찰이 필요하다.

  ☰ 천수송괘(天水訟卦)

7. 군대를 이끌고 군중을 통솔할 때는 신뢰가 우선이다.

  ☷ 지수사괘(地水師卦)

8. 수직적 사고보다 친밀한 수평적 관계가 필요하다.

  ☵ 수지비괘(水地比卦)

9. 마음을 비우고 작은 것부터 차근차근 쌓아야 한다.

  ☴ 풍천소축괘(風天小畜卦)

10. 차분하고 소박한 마음으로 실행에 옮겨라. ☰ 천택리괘(天澤履卦)

11. 하늘과 땅이 교류하듯 자연의 이치에 따르라.

  ☷ 지천태괘(地天泰卦)

12. 불통과 단절은 소통이 막혀 곤란하다. ☰ 천지비괘(天地否卦)

13. 이웃과 더불어서 함께하는 것이 아름답다.

  ☰ 천화동인괘(天火同人卦)

14. 크게 소유하는 것은 하늘이 도와야 한다.

  ☰ 화천대유괘(火天大有卦)

15. 자신을 낮추는 것이 곧 이기는 것이다. ☷ 지산겸괘(地山謙卦)

16. 즐겁고 기쁨이 지나치지 않아야 길하다. ☳ 뇌지예괘(雷地豫卦)

17. 믿음을 갖고 도를 지켜 따라야 한다. ☱ 택뢰수괘(澤雷隨卦)

18, 부모의 뜻을 이어 문제를 해결해야 한다.

  ☶ 산풍고괘(山風蠱卦)

19. 돈독하고 지혜롭게 임해야 한다. ☷ 지택림괘(地澤臨卦)

20. 유순하면서도 겸손하게 관찰해야 한다. ☴ 풍지관괘(風地觀卦)

21. 입으로 깨물어 화합하는 것이 관건이다.

  ☲ 화뢰서합괘(火雷噬嗑卦)

22. 꾸미는 것을 소박하게 해야 한다. ☶ 산화비괘(山火賁卦)

23. 양(陽)이 깎여나가니 조신해야 한다. ☶ 산지박괘(山地剝卦)

24. 일양(陽)이 돌아오니 벗들도 함께 와야 한다.

  ☷ 지뢰복괘(地雷復卦)

25. 매사에 진실하여 망령들지 않아야 한다.

  ☰ 천뢰무망괘(天雷无妄卦)

26. 선현의 지혜를 얻어 덕을 쌓아야 한다.

  ☶ 산천대축괘(山天大畜卦)

27. 현인을 길러 백성에게까지 미치게 해야 한다.

  ☶ 산뢰이괘(山雷頤卦)

28. 지나치게 무리함은 원망할 데도 없다. ☱ 택풍대과괘(澤風大過卦)

29. 연이은 험난함에는 진실한 마음이 중요하다.

⚏ 중수감괘(重水坎卦)

30. 거듭된 밝음에 매달려 의지하는 것이 좋다.

☲ 중화리괘(重火離卦)

31. 늘 깨어서 사지육신의 감각을 느껴야 한다.

☶ 택산함괘(澤山咸卦)

32. 서로 신뢰하는 부부처럼 오래도록 지속하라.

☳ 뇌풍항괘(雷風恒卦)

33. 물러남에도 때를 맞추는 것이 아름답다. **☰ 천산둔괘(天山遯卦)**

34. 올바름을 굳게 지키는 것이 힘의 원천이다.

☳ 뇌천대장괘(雷天大壯卦)

35. 장성한 후에는 더 큰 무대로 나아가야 한다.

☲ 화지진괘(火地晉卦)

36. 어려움을 알고 올바르게 처신하는 게 이롭다.

☷ 지화명이괘(地火明夷卦)

37. 집안을 다스리는 도리가 올바르면 길하다.

☴ 풍화가인괘(風火家人卦)

38. 분열과 어긋남에도 집안의 도는 지켜야 한다.

☲ 화택규괘(火澤睽卦)

39. 어려움과 고난이 닥쳐도 도와줄 벗이 있다.

☵ 수산건괘(水山蹇卦)

40. 어렵고 험한 시기도 때가 되면 풀린다. **☳ 뇌수해괘(雷水解卦)**

41. 덜어내고 비움이 곧 수신(修身)이다. **☶ 산택손괘(山澤損卦)**

42. 보태주고 채워주니 길하면서도 허물이 없다.

풍뢰익괘(風雷益卦)

43. 때로는 과감한 결단이 필요하다. 택천쾌괘(澤天夬卦)

44. 우연한 만남에도 냉정한 판단이 필요하다. 천풍구괘(天風姤卦)

45. 사람들이 모여드니 진실함이 관건이다. 택지췌괘(澤地萃卦)

46. 차츰차츰 내실을 쌓으면 위로 오르게 된다.

지풍승괘(地風升卦)

47. 계속해서 올라가다 보면 곤경에 빠지게 된다.

택수곤괘(澤水困卦)

48. 마르지 않는 우물의 덕이 함께하니 길하다.

수풍정괘(水風井卦)

49. 현재의 삶을 크게 바꾸는 것이니 개혁이다.

택화혁괘(澤火革卦)

50. 변혁을 이뤄내는 가마솥이니 엄중해야 한다.

화풍정괘(火風鼎卦)

51. 우레가 쳐서 위엄을 떨치나 자신의 허물을 고쳐야 한다.

중뢰진괘(重雷震卦)

52. 때론 제자리에 멈춰 반성해야 한다. 중산간괘(重山艮卦)

53. 모든 일은 차근차근 해야 한다. 풍산점괘(風山漸卦)

54. 누이를 시집보냄이니 관계를 지속시키려 노력해야 한다.

뇌택귀매괘(雷澤歸妹卦)

55. 풍성하여 성대하여도 집안이 적막하면 안 된다.

뇌화풍괘(雷火豐卦)

56. 정처 없이 유랑하는 데도 노잣돈은 필요하다.

  ䷴ 화산려괘(火山旅卦)

57. 지나치게 공손하고 순종하는 것은 부끄러운 일이다.

  ䷸ 중풍손괘(重風巽卦)

58. 진실한 믿음에서 우러나는 기쁨이라야 옳다.

  ䷹ 중택태괘(重澤兌卦)

59. 민심이 흩어지는 것을 막으려면 안정을 이루어야 한다.

  ䷺ 풍수환괘風水渙卦)

60. 절도 있게 자신을 조절하고 제어해야 한다.

  ䷻ 수택절괘(水澤節卦)

61. 진실한 믿음이 천하에 미치게 하라. ䷼ 풍택중부괘(風澤中孚卦)

62. 작은 일이라도 지나치면 화(禍)를 자초한다.

  ䷽ 뇌산소과괘(雷山小過卦)

63. 이미 이루어졌어도 올바름을 굳게 지켜야 한다.

  ䷾ 수화기제괘(水火既濟卦)

64. 아직 이루어지지 않음은 또 다른 시작이다.

  ䷿ 화수미제괘(火水未濟卦)

2. 복희팔괘도와 문왕팔괘도, 정역팔괘도에 관하여

팔괘(八卦)는 하늘과 땅, 인간과 자연, 만물의 변화를 상징하는 여덟 개의 기호로 구성됩니다. 이 팔괘의 기원과 전개는 세 가지 중요한 배열, 즉 복희팔괘도(伏羲八卦圖), 문왕팔괘도(文王八卦圖), 정역팔괘도(正易八卦圖)를 통해 이어집니다. 이들은 같은 팔괘를 기반으로 하면서도 배열 방식과 철학적 해석에서 중요한 차이를 보이며, 각각의 시대적, 사상적 배경을 반영하고 있습니다. 이 세 가지 팔괘도의 구조, 상징, 철학적 의미에 대해 알아봅시다.

◆ 복희팔괘도(伏羲八卦圖)와 문왕팔괘도(文王八卦圖)

복희팔괘도는 전설에 따르면 고대 중원의 성인 복희(伏羲)가 하도(河圖)를 바탕으로 처음 제정한 것으로 알려져 있습니다. '선천팔괘(先天八卦)'라고도 불리며, 이는 우주 만물이 생성되기 이전의 본원적 질서를 표현합니다.

상하좌우의 균형과 음양의 조화를 고려한 배열로 乾(하늘)과 坤(땅)이 서로 대칭을 이루죠. 즉 음양 변화의 원형적 질서, 정태적이고 이상적인 우주의 본질적 구조를 상징합니다. 모든 변화 이전의 상태, 즉 '선천(先天)'의 질서이자 음양의 근본 원리를 통해 우주의 조화와 균형, 정적이고 원형적인 상징체계를 표현하고 있습니다.

문왕팔괘도는 주나라 문왕(周文王)이 복희팔괘를 현실세계의 변화에 적용하여 새롭게 배열한 것이랍니다. 후천팔괘(後天八卦)라고도 불리죠. 이는 실제 세상의 시간, 계절, 방향과 관련된 변화의 질서를 반영한 구조입니다.

시간의 흐름, 계절 변화, 방위를 반영한 배열로 각 괘가 팔방(동서 남북+사위)에 대응하고 있죠. 예를 들면, 震(동), 兌(서), 坎(북), 離(남)을 나타내죠. 이는 곧 자연계의 순환, 인간사회의 변화를 반영한 것으로 역동적인 세계를 설명하는 틀이라고 할 수 있죠. 그래서 풍수, 의학, 점술 등 실용학문에 광범위하게 응용되면서 음양오행과 구체적으로 연결되어 시공간의 흐름을 설명하고 있습니다.

선천팔괘(복희팔괘) **후천팔괘(문왕팔괘)**

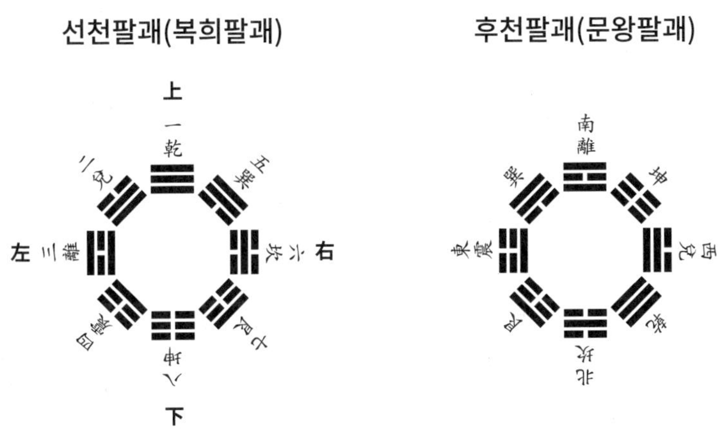

◆ 정역팔괘도(正易八卦圖)

정역팔괘도는 조선 후기의 실학자 김일부(金一夫, 1826~1898)가 저술한 『정역(正易)』에서 제시한 배열이랍니다. 그는 복희와 문왕의 괘도를 바탕으로 역경(易經)의 궁극적 완성을 도모하며, 변화의 완성 구조를 추구하였죠.

　정역팔괘도는 숫자 1에서 10(一~十)까지의 수리체계(數理體系)와 음양의 대칭 구조를 기반으로 합니다. 괘는 진행과 회귀, 성숙과 재생을 표현하는 방식으로 배열됩니다. 시간과 공간을 넘은 우주변화의 종합적 구조로 '하늘의 5수(五數) + 땅의 5수' → 천지합덕(天地合德), 즉 선후천을 통일하는 체계이죠.

　정역에서는 기존 역학이 지닌 선천 중심적 체계를 후천으로 전환하고, 다시 정역으로 귀결시켰습니다. 우주의 변화가 완성되는 새로운 질서를 제시한 것으로 '정역'은 문자 그대로 '바른 역(易)'이라는 뜻이죠. 역의 종교적·우주론적 완성 체계를 이루어낸 조선 사상사의 독창적인 발전이자, 선천·후천의 구분을 넘어서 인류 문명의 대전환기를 상징하고 있습니다.

◆ **종합적 고찰**

　팔괘도는 단순한 괘의 배열에 그치지 않고, 각 시대의 우주관, 인간관, 세계관을 상징합니다. 복희팔괘도는 형이상학적 우주질서, 문왕팔괘도는 현실적 변화의 질서, 정역팔괘도는 종합적 우주변화의 귀결을 나타낸답니다. 이 세 가지는 단절된 체계가 아니라, 역사적으로도 철학적으로도 연결되는 진화의 흐름이라고 할 수 있습니다.

복희팔괘도는 우주의 근원을, 문왕팔괘도는 현실의 변화를, 정역팔괘도는 그 변화의 완성과 귀결을 상징적으로 표현합니다. 이 세 가지 팔괘도는 동양 역학(易學) 사상에서 시간과 공간, 정태와 동태, 질서와 창조의 변증법적 통일을 모색하는 상징체계이며, 그 비교를 통해 우리는 동양 사상의 깊은 사유 체계를 엿볼 수 있습니다.

오늘날 이러한 팔괘도를 이해하면 단순한 점술이나 전통 지식의 영역을 넘어서, 인간과 자연, 질서와 변화, 전통과 혁신의 조화를 모색하는 현대적 사유에도 깊은 영감을 줄 수 있습니다.

3. 『주역(周易)』의 괘체와 괘사 및 효사가 지닌 의미

『주역(周易)』은 하늘과 인간세계의 변화를 이해하기 위한 고전으로, 크게 괘(卦)와 사(辭)로 이루어져 있습니다. 그중에서도 괘의 구성 방식과 내용을 이해하는 핵심 개념이 바로 괘체(卦體), 괘사(卦辭), 효사(爻辭)입니다. 이 세 요소는 주역의 해석 체계를 구성하는 토대이므로, 그 의미를 분명히 이해하시는 것이 주역 공부의 출발점이라 할 수 있습니다.

◆ 괘체(卦體)의 의미

괘체란 한 괘가 어떤 두 개의 삼효괘(三爻卦)가 결합하여 만들어졌는지를 말하며, 다시 말해 괘의 '구조적 형상'을 가리키는 개념입니다. 주역의 64괘는 각각 상괘(上卦)와 하괘(下卦)가 합쳐지는 방식으로 형성되므로, 괘체를 분석한다는 것은 이 두 괘가 지닌 상징적 의미, 음양의 배치 그리고 그 조합이 드러내는 상황의 본질을 파악하는 작업입니다.

예를 들어 건(乾)은 세 개의 양효가 겹쳐진 순수한 양의 구조를 가지고 있고, 곤(坤)은 세 개의 음효로 이루어진 순수한 음의 구조를 지닙니다. 이 두 괘가 각각 상·하로 결합하면 상징적 의미가 크게 달라집니다. 건이 위, 곤이 아래에 있으면 하늘이 땅 위에 있는 질서가 되고, 반대로 곤이 위, 건이 아래에 있으면 그 의미가 전혀 달라지는 것입니다.

따라서 괘체는 괘가 표현하는 상황의 근본적 성격, 즉 자연 질서나 인간관계의 구조적 관계를 알려주는 역할을 합니다.

◆ 괘사(卦辭)의 의미

괘사는 하나의 괘 전체에 대한 총괄적 판단이자, 그 괘가 상징하는 상황의 핵심 메시지를 담은 문장입니다. 괘의 성격, 길흉, 처세의 방향, 전체적인 기세(氣勢)를 일괄적으로 설명하는 역할을 하므로, 괘 해석의 방향을 잡아주는 지침이라고 할 수 있습니다.

괘사는 보통 짧고 함축적이며, 직접적인 설명보다는 상징과 비유를 통해 의미를 전달합니다. 예를 들어 「건괘」의 괘사인 '元亨利貞 (원형이정)'은 건괘가 지닌 '창조적인 순수 양의 흐름'이 '원대함·형통함·이로움·정함'을 낳는다는 뜻을 보여줍니다. 이는 괘 전체가 가진 기본적 분위기와 그 속에서 인간이 취해야 할 태도를 제시하는 것입니다.

따라서 괘사는 '전체의 메시지', '큰 방향성', '상황의 성질'을 알려주는 주역 해석의 중심축입니다.

◆ 효사(爻辭)의 의미

효사는 괘를 구성하는 여섯 개의 효(爻) 각각에 붙은 설명입니다. 각 효는 서로 다른 위치와 음양으로 구성되며, 효마다 나타내는 상황과 처지가 다릅니다. 효사는 구체적인 순간, 개별 단계, 혹은 특정 상황에서의 길흉과 행동 지침을 설명하는 내용이라고 할 수 있습니다.

효사에는 종종 '초구(初九)', '육이(六二)'와 같은 표현이 붙는데, 이는 효의 위치(초는 가장 아래, 상은 가장 위), 음양(구는 양효, 육은 음효)을 뜻합니다. 예를 들어 건괘의 초구 효사인 '潛龍勿用(잠룡물용)'은 첫 단계의 양이 아직 드러날 때가 아님을 뜻하며, 이는 초기 단계에서는 기다림과 준비가 필요하다는 함의를 담습니다.

효사는 괘사보다 훨씬 상세한 상황을 보여주며, 인간이 처한 단계별 변화와 선택의 의미를 세밀하게 제시합니다. 결국 괘사는 '전체의 큰 흐름', 효사는 '구체적 단계의 세부 해석'이라 할 수 있습니다.

정리하자면, 괘체는 괘의 구조와 본질을 파악하는 틀이고, 괘사는 괘 전체의 의미와 방향을 제시하는 메시지이며, 효사는 각 단계에서의 구체적 길흉과 처세를 설명하는 해설입니다. 『주역(周易)』을 깊이 있게 공부하려면 이 세 요소를 통합적으로 이해하는 것이 매우 중요합니다. 괘체가 상황의 구조를 밝히고, 괘사가 큰 방향을 정하며, 효사가 실제 삶 속에서 실천해야 할 구체적 지침을 제공한다는 점에서, 세 요소는 서로 보완적인 관계를 이루고 있습니다.

4. 하도와 낙서에 담긴 역학 및 숫자의 원리

◆ 하도와 낙서

　동양학에 관심을 가지고 있는 사람이라면 우주의 변환원리인 역학(易學)의 방계학문에 한두 번쯤은 눈길을 주었을 겁니다. 그 대표적인 것이 하도(河圖)와 낙서(洛書)하고 할 수 있죠. 하도와 낙서는 고대 동양사회의 신화적 도형으로 동양의 철학과 수학 및 우주관의 기초를 형성한 대표적 상징입니다. 전해 오는 이야기에 따르면, 하도는 황하에서 용마가 물 위로 나타나 등에 문양을 새기고 있었던 모습을 형상화한 것이고, 낙서는 낙수에서 거북이 등에 새겨진 문양으로 출현했다는 전설에서 유래합니다. 이 두 도형은 동양학의 근간이 되고 있는 음양오행은 물론 천문, 역학(易學), 수리철학 등과 긴밀히 연결됩니다.

　하도는 흑과 백의 점으로 표현되며, 양의 수(1, 3, 5, 7, 9)는 흰색, 음의 수(2, 4, 6, 8, 10)는 검은색으로 표시되어 왔습니다. 이 배열은 오행의 방향성과 수리적 균형을 담고 있으며, 자연의 질서를 수로 표현한 고대인들의 우주관을 나타냅니다.

　낙서는 3×3의 정방형에 수가 배치된 마방진의 형태로, 가로세로 대각선의 합이 모두 15가 됩니다. 이는 수학적 조화와 질서를 반영하며 동양사상 최초의 마방진으로 간주됩니다.

◆ 용마와 신화적 상징

　하도의 전승에서 등장하는 '용마(龍馬)'는 상상의 동물로 용과 말의

속성을 함께 지녔습니다. 고대 중국에서는 용이 하늘과 신성을 상징하고, 말은 하늘과 인간세계의 연결을 의미했습니다. 하도를 등에 지고 물속에서 올라온 용마는 하늘(신)과 인간(속세) 사이의 매개체로서, 하늘의 법칙과 수리 질서를 인간에게 전달하는 존재로 해석됩니다.

이러한 신화는 단순한 전설을 넘어, 고대 동양인들이 자연 현상과 우주의 이치를 해석하려는 시도와 지혜의 산물로 기능하였죠. 하도와 낙서는 단순한 도형이 아니라 우주의 원리와 인간 사회의 질서를 상징하는 종합적 사유의 결과물이라 할 수 있습니다.

◆ 마방진과 수리적 개념

'마방진(魔方陣, Magic Square)'은 정사각형의 격자 안에 수를 배열하여, 각 행, 열, 대각선의 합이 같아지도록 한 것입니다. 낙서는 동양에서 가장 오래된 마방진으로 여겨지며, 그 구조적 완성도와 철학적 의미가 매우 깊다고 할 수 있습니다.

3×3 마방진(낙서)은 다음과 같습니다.

$$\begin{matrix} 4 & 9 & 2 \\ 3 & 5 & 7 \\ 8 & 1 & 6 \end{matrix}$$

이 배열은 모든 방향의 합이 15가 되며, 이는 단순한 수학적 재미를 넘어서서 '균형, 조화, 중심(5)'의 철학을 내포합니다. 특히 중앙의 숫자 5는 음양의 중용을 상징하며, 오행(목·화·토·금·수)의 중심으로 작용합니다. 마방진은 이후 동서양에서 발전되어 다양한 차원의 수학적 탐구의 대상이 되었고, 대수학, 조합론, 그래프 이론 등 현대수학의 여러 분야와도 연결됩니다.

◆ 현대적 의미와 응용

오늘날 하도와 낙서, 마방진은 단순한 고대 도형이 아니라, 수학적·철학적·예술적 의미를 복합적으로 지닌 문화유산으로 재해석되고 있습니다. 현대사회에서 이들은 다음과 같은 방식으로 응용되거나 재조명되고 있습니다.

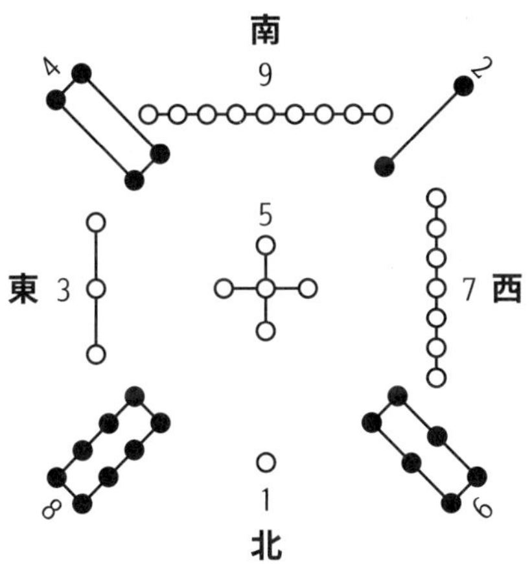

디자인과 예술: 하도낙서의 점 배열이나 마방진의 구조는 현대 그래픽 디자인, 건축, 미디어 아트 등에 활용되며, 균형과 대칭의 미학적 원형으로 활용되고 있습니다.

암호와 알고리즘: 마방진의 수리적 구조는 현대 암호학, 정보 배열, 퍼즐 디자인 등 다양한 알고리즘 개발에 응용되고 있습니다.

교육적 가치: 고대 수리철학을 이해하면, 논리적 사고와 창의력을 기를 수 있습니다. 동양철학의 수리적 표현은 융합 교육(STEAM 교육)에도 활용됩니다.

철학과 사상: 동양의 전통 우주관과 질서 개념은 현대 철학, 심리학, 시스템 이론 등 다양한 학문 분야에서 활용되고 있습니다. 특히 균형과 중용의 개념은 지속 가능성, 생태철학, 인문학적 통찰에 연결되기도 합니다.

이상에서 살펴보았듯 하도와 낙서는 고대 중원의 신화와 철학에서 출발하여, 수리적 정교함과 철학적 깊이를 겸비한 상징체계입니다. 이들은 단순한 도형이 아니라, 인간이 자연과 우주를 이해하고 질서를 부여하려는 지적 시도의 결과물이라 할 수 있습니다.

현대사회에서는 이들을 단순한 전통 유산으로 보기보다는 수리와 논리, 예술, 디자인, 교육, 철학 등 다방면에서 융합적인 사고를 가능하게 하는 매개체로 활용하고 있습니다. 동서양을 아우르는 수리적 상상력과 문화적 다양성을 이해하는 데 있어 하도낙서와 마방진 등은 여전히 유의미한 연결고리로 작용하고 있습니다.

5. 64괘의 구성 원리와 순서에 관하여

◆ 64괘의 구성 원리

『주역(周易)』의 64괘(卦)는 음(陰)과 양(陽)이라는 두 근원적 원리의 상호작용에서 비롯됩니다. 가장 기초 단위는 한 획으로 표현되는 효(爻)이며, 효에는 두 가지 형태가 있습니다.

양효(—): 끊기지 않은 선으로, 능동·창조·확장의 의미를 지닙니다.
음효(- -): 가운데가 끊어진 선으로, 수용·응대·정지의 의미를 가집니다.

이 두 효를 조합하면, 세 효로 이루어진 팔괘(八卦)가 형성됩니다. 팔괘는 건(乾)·곤(坤)·진(震)·손(巽)·감(坎)·리(離)·간(艮)·태(兌)의 여덟 괘로, 각각 하늘·땅·우레·바람·물·불·산·못 등 자연의 근원적 현상을 상징합니다. 주역의 64괘는 이 팔괘가 상하로 중첩(重卦)되어 이루어진 것입니다. 즉, 아래쪽의 괘를 하괘(下卦), 위쪽의 괘를 상괘(上卦)라 하며, 팔괘×팔괘의 조합을 통해 총 64개의 괘가 만들어집니다.

이러한 구성은 단순한 수학적 조합이 아니라, 우주의 생성과 변화 원리를 상징적으로 표현한 철학적 구조입니다. 즉, 주역의 64괘는 음양의 상호 작용 속에서 만물이 생겨나고 변하는 자연의 질서를 도식화한 우주론적 체계라 할 수 있습니다.

◆ 64괘의 순서 원리(괘서의 체계)

현재 『주역(周易)』에 전해지는 괘의 배열 순서는 문왕괘서(文王卦序)라고 부릅니다. 전설에 따르면 주나라 문왕(文王)이 옥중에서 괘의 순서를 새로 정리하였다고 전해집니다. 그 이전에는 복희씨(伏羲)가 세운 복희괘서(伏羲卦序)가 있었으며, 두 괘서는 그 구성 목적과 철학적 방향이 서로 다릅니다.

(1) 복희괘서의 원리, 우주 생성의 순환 질서

복희괘서는 우주의 생성 원리, 즉 천지의 개벽과 만물의 생성을 상징적으로 배열한 것입니다. 첫 괘는 건(乾)으로 시작하여 하늘의 창조적 운동을 나타내며, 두 번째 괘는 곤(坤)으로, 땅의 수용적 성질을 상징합니다. 건곤의 교합을 통해 만물이 생겨나고, 이후의 괘들은 자연의 순환과 인간의 삶이 그 안에서 전개되는 과정을 표현합니다.

복희괘서는 일종의 우주 발생론적 도식, 즉 '태극(太極)에서 양의 분화가 일어나고, 음양이 교합하여 만물이 생성된다'는 형이상학적 원리를 상징적으로 드러낸 배열이라 할 수 있습니다.

(2) 문왕괘서의 원리, 인간사회의 도덕적 전개

문왕괘서는 복희괘서의 자연철학적 질서를 인간 중심으로 재구성한 것입니다. 즉, 우주의 변화 원리를 인간사회의 도덕·정치적 질서로 전환하여 배열하였습니다.

1~2괘(乾·坤): 하늘과 땅, 즉 창조와 수용의 근원적 질서

3~4괘(屯·蒙): 만물의 시작과 미성숙의 단계

5~6괘(需·訟): 사회적 관계와 갈등의 출현

7~8괘(師·比): 조직과 협력, 공동체의 형성

이후의 괘들은 정치, 가정, 인간관계, 도덕적 수양 등의 문제를 순차적으로 다루며, 인간사회가 질서와 조화를 이루어가는 과정을 상징합니다. 즉, 문왕괘서는 자연의 도(道)가 인간의 덕(德)으로 구체화되는 우주적 질서에서 인륜적 질서로의 변환 과정을 배열의 원리로 삼은 것입니다. 또한 괘와 괘는 짝을 이루어 대칭 구조를 형성합니다.

예를 들어, '1괘 건(乾) ↔ 2괘 곤(坤): 하늘과 땅, 11괘 태(泰) ↔ 12괘 비(否): 교통과 단절, 63괘 기제(旣濟) ↔ 64괘 미제(未濟): 완성과 미완'을 나타냅니다. 이처럼 주역의 괘서는 대립과 조화, 완성과 미완의 순환적 구조로 되어 있으며, "모든 변화는 끊임없이 이어진다"는 『주역(周易)』 철학의 근본 사상을 드러내고 있습니다.

◆ 괘의 상호 관계와 철학적 의미

각 괘는 독립된 의미를 지니면서도 서로 유기적으로 연결되어 있습니다. 효(爻)의 변화에 따라 한 괘는 다른 괘로 전환되며, 이는 곧 "변화하는 가운데에도 변하지 않는 도(道)가 있다"는 『주역(周易)』의 핵심 사상을 상징합니다.

'역(易)'이라는 단어 자체에도 세 가지 의미가 담겨 있습니다.

변역(變易): 끊임없는 변화

불역(不易): 변하지 않는 근본 원리

역역(易易): 변화 속의 조화와 평이함

64괘의 배열 원리 또한 이 세 의미를 모두 포괄합니다. 즉, 변화 속에서도 일정한 질서가 유지되고, 그 질서 속에서 다시 새로운 변화가 일어나는 순환적 우주관을 표현하고 있습니다.

결론적으로 주역 64괘의 구성과 순서 원리는 자연의 창조 질서와 인간사회의 도덕 질서를 동시에 포괄하는 상징적 체계입니다. 복희괘서는 우주적 원리를, 문왕괘서는 인륜적 전개를 표현합니다. 음양의 조화, 상하의 대응, 완성과 미완의 순환을 통해 '변화 속에서도 일정한 도가 존재한다'는 통찰을 드러냅니다. 따라서 64괘는 단순한 점술의 도구가 아니라, 천도(天道)와 인도(人道)의 합일을 상징하는 철학적 우주 모형이라 할 수 있습니다.

주역의 64괘는 음과 양을 수리적으로 조합한 것이지만, 그 이면에는 변화와 조화의 철학이 깊이 스며 있습니다. 64괘의 배열 속에는 '일즉다(一卽多), 변즉통(變卽通), 순환즉조화(循環卽調和)'의 원리가 구현되어 있습니다. 결국 주역은 변화의 질서 속에서 불변의 도를 깨닫게 하는 인간 지혜의 지도(地圖)이며, 그 64괘의 구조와 순서는 우주와 인간, 변화와 영원의 관계를 탐구하는 동양 사상의 정수를 담고 있다고 할 수 있습니다.

6. 『주역(周易)』은 비슷한 것들과 성질에 따라 분류한 책

『주역(周易)』은 고대 동양철학의 정수로, 우주 만물의 변화 원리를 상징적으로 담은 역(易)의 철학입니다.

하늘은 높고 땅은 낮으니 역의 문호인 하늘인 건과 땅인 곤이 정해집니다. 땅은 낮고 하늘은 높음으로써 펼쳐지니 존귀함과 비천함이 자리를 잡게 됩니다. 움직임과 고요함에도 일정한 법칙이 있으니 굳셈과 부드러움으로 나뉘게 됩니다. 삶의 방법에 따라 끼리끼리 모이게 되고 사물의 빛깔인 물색에 따라 무리를 나누다 보니 길하거나 흉함이 생기게 된답니다. 하늘에서는 어떤 조짐인 상이 이루지고 그에 따라 땅에서는 형체가 이루어지다 보니 느릿한 변(變)과 빠른 화(化)인 변화가 나타나게 된답니다.

天尊地卑(천존지비), *乾坤定矣*(건곤정의). *卑高以陳*(비고이진), *貴賤位矣*(귀천위의). *動靜有常*(동정유상), *剛柔斷矣*(강유단의). *方以類聚*(방이류취), *物以群分*(물이군분), *吉凶生矣*(길흉생의). *在天成象*(재천성상), *在地成形*(재지성형), *變化見矣*(변화현의).

그중 '*方以類聚*(방이류취), *物以群分*(물이군분)'이라는 구절은 인간과 사물, 자연 만물이 유사한 것끼리 모이고, 같은 성질끼리 나뉘어 분류된다는 자연스러운 원리를 설명합니다. 이는 단순한 관찰을 넘어서 질서의 생성, 사회적 분화, 지식 분류, 인간관계의 형성 등 다양한 차원에서 깊은 철학적 함의를 담고 있습니다.

◆ 원문 해석과 고대적 의미

'方以類聚(방이류취), 物以群分(물이군분)'은 『주역(周易)』「계사전(繫辭傳)」에 등장하는 문구로, '사람은 비슷한 성향끼리 모이고, 사물은 성질에 따라 군집을 이룬다'는 의미입니다. 여기에는 인간사회의 질서가 억지로 조정된 것이 아니라 자연스럽고 자생적으로 형성되는 것이라는 사상이 깔려 있습니다.

이 사상은 유교와 도교 모두에 영향을 끼쳤으며, 특히 도덕적 감화와 인간관계의 자발적 형성에 대해 말할 때 자주 인용되었습니다. 같은 성격의 사람끼리 교류하고, 같은 속성을 지닌 사물은 같은 범주에 속한다는 인식은 질서정연한 세계관의 근간이었죠.

◆ 인간사회와 심리학적 해석

현대심리학에서도 '방이류취, 물이군분'과 유사한 개념은 다양하게 발견됩니다. 대표적인 것이 동조성(social conformity)과 동류집단(ingroup) 형성 이론입니다. 사람들은 자신과 가치관이나 성격이 비슷한 사람들과 더 잘 어울리고, 낯선 집단보다는 유사성이 높은 소속 집단에 좀 더 신뢰와 소속감을 느낍니다. 이는 진화심리학적으로도, 생존과 안정성을 위한 본능적 선택으로 해석됩니다.

또한, 이 말은 사회적 네트워크 이론(social network theory)과도 연결됩니다. 동질성(homophily)은 비슷한 특성을 가진 사람들끼리 더 잘 연결된다는 이론적 토대를 제공합니다. 즉, 같은 관심사, 같은 교육 수준, 비슷한 가치관을 지닌 사람들이 서로 연결되면서 하나의 '군'을 형성하는 것이죠.

◆ 자연과학과 생물학에 활용

'물이군분'은 생물학의 진화와 생태계 이론에서도 찾아볼 수 있습니다. 예를 들어, 동종의 생물은 같은 환경에서 군집을 형성하고, 유사한 유전적 특성을 공유하는 개체끼리 번식하는 경향이 있습니다. 이는 '자연선택(natural selection)'의 기초가 되며, 종의 보존과 확산에도 중요한 역할을 합니다.

또한 분류학(taxonomy)은 생물들을 '유사성'에 따라 체계적으로 분류하는 학문인데, 이는 '류취(類聚)'의 과학적 실천이라 할 수 있습니다. 현대생물학에서는 유전자 분석을 통해 더욱 정밀한 '류(類)'를 구분하고 있으며, 이 과정은 인류가 『주역』 시대부터 가지고 있던 자연 관찰과 분류의 욕망이 과학화된 결과입니다.

◆ 데이터 과학과 인공지능에 활용

'방이류취, 물이군분'은 현대 데이터 과학에서도 핵심 개념으로 활용됩니다. 군집 분석(Clustering), 패턴 인식(Pattern Recognition), 기계 학습(Machine Learning) 등의 기술은 모두 비슷한 특성끼리 묶고, 그 차이에 따라 분류하는 것을 목표로 합니다.

예를 들어, 소비자 행동 데이터를 분석할 때 비슷한 구매 습관을 가진 사람들을 '클러스터'로 묶는 방식도 류취(類聚)의 구현이죠. 또, 인공지능의 학습 알고리즘 역시 입력되는 수많은 데이터를 특징(feature)에 따라 분류(classification)하거나 예측(prediction)하는 방식으로 작동합니다. 이 역시 물이군분의 현대적 기술 실현이라고 볼 수 있습니다.

◆ 사회적·철학적 함의

'방이류취, 물이군분'은 단순히 유사성에 따른 분류를 넘어, 자연 질서의 회복과 조화로운 사회 구성에 대한 철학적 통찰을 제시합니다. 현대사회는 다양성을 중시하는 동시에 같은 관심과 목표를 가진 사람끼리 모이는 구조로 움직입니다. 온라인 커뮤니티, 직장 조직, 학문적 협업 등은 모두 성향과 목적에 따라 유사한 이들이 군을 이루죠.

하지만 이 사상은 차별이나 폐쇄성으로 오해될 여지도 있습니다. 현대적 맥락에서 우리는 '유사한 것끼리 모인다'는 원리를 인정하되, 그것이 다름에 대한 배제로 이어지지 않도록 성찰해야 합니다. 『주역(周易)』은 궁극적으로 변화와 조화를 추구하는 책이므로, '군분'을 고정이 아니라 유기적인 흐름 속 분화로 이해해야 합니다.

◆ 결론은 고대 사유와 현대 과학의 접점

'方以類聚(방이류취), 物以群分(물이군분)'은 인간과 세계를 이해하는 보편 원리를 간명하게 담은 구절입니다. 유사한 것은 끌어당기고, 성향에 따라 질서가 형성된다는 이 사상은 단지 철학적 이상이 아니라, 현대 과학과 사회 구조 속에서도 광범위하게 재현되고 있습니다.

따라서 우리는 이 고대의 사유를 현대의 과학기술·심리학·사회이론의 기반 개념들과 연결하여 보다 깊은 통합적 이해를 도모할 수 있습니다. 『주역』이 말한 질서의 원리는 여전히 살아 있으며, 지금도 인간 사회와 과학 발전의 핵심 원리로 작용하고 있습니다.

7. 건괘의 원형이정(元亨利貞)은 어떤 뜻을 담고 있을까?

건은 으뜸이면서 형통하고 이로우면서도 올곧답니다.
乾(건), 元亨利貞(원형이정).

『주역(周易)』 64괘의 첫머리를 장식하는 건괘(乾卦)는 여섯 효 모두가 양(陽)으로 이루어진 '순수한 양(純陽)'의 상태를 상징하며, '우주 만물의 근본적 창조력, 생명력, 능동성'을 대표합니다. 건괘의 괘사로 제시된 네 글자, '원형이정(元亨利貞)'은 주역 전체를 관통하는 핵심 원리이자, 변화와 성취를 이루는 보편적 규범입니다. 따라서 이 네 글자를 정확히 이해하는 것은 주역의 철학을 꿰뚫는 첫걸음이라 할 수 있습니다.

먼저 '원(元)'은 '시원(始原)'이자 '크다', '근본이 된다'는 의미를 지닙니다. 이는 건괘의 창조적 에너지가 만물의 발생 단계에서 가장 근본적인 추진력으로 작용함을 보여줍니다. 우주의 질서가 태동하는 순간, 가장 먼저 작동하는 힘이 바로 이 '원'이며, 인간의 삶에서도 새로운 시작을 여는 원대한 기획과 정신적 기반을 상징합니다. 따라서 '원'은 시작의 도리, 즉 어떤 일이든 올바른 근본과 큰 뜻에서 출발해야 한다는 교훈을 담고 있습니다.

다음의 '형(亨)'은 '형통함', '막힘없이 나아감'을 뜻합니다. 근본이 제대로 서면 그다음 과정은 스스로 순조롭게 열린다는 『주역(周易)』의 원리를 보여줍니다. 이는 억지나 무리한 힘이 아니라, 자연스럽게 흐르는 기운에 조화롭게 응하여 길이 열리는 형통을 의미합니다. '형'은 성취의 과정이 안정적으로 펼쳐지는 모습을 말하므로, 일의 추진력이 부족한 것이 아니라 너무 조급하거나 억지로 굴리는 데서 오는 장애를 경계하는 의미도 담고 있습니다.

세 번째 글자인 '이(利)'는 '이롭다', '마땅하다'는 뜻으로, 정당한 이익과 타당한 이로움 그리고 적절하게 행하는 방법을 가리킵니다. '형'이 자연스럽게 열리는 과정이라면, '이'는 그 과정 속에서 선택하고 실행하는 행동이 도리에 맞아야 함을 강조합니다. 『주역(周易)』은 이로움이 단순히 개인적 만족이 아니라, 시의(時義)에 맞는 이로움, 즉 때와 상황에 조화를 이루는 행동이 진정한 '이'라고 말합니다. 이는 건괘의 강건함이 자칫 독선으로 흐르지 않도록 균형을 잡는 역할을 합니다.

마지막으로 '정(貞)'은 '바름', '굳게 지킴'이라는 뜻으로, 변화하는 과정 속에서 지켜야 할 궁극적 기준을 상징합니다. 건괘의 창조적 역동성은 끊임없이 앞으로 나아가려는 에너지를 갖지만, 그 방향이 바르지 않으면 오히려 과도한 강함이 도리어 해로워질 수 있습니다. 따라서 '정'은 변화 속에서도 중심을 잃지 않는 올바름, 곧 도덕적 기준과 정신적 지조를 의미합니다.

이 네 글자를 종합하면, 건괘가 제시하는 길은 근본을 바로 세우고(元), 자연스러운 흐름 속에서 성취를 이루며(亨), 시의적절한 이로움을 취하고(利), 궁극의 바름을 지속하여 지켜나가는 것(貞)입니다. 이는 삶의 모든 과정인, 시작, 전개, 선택, 완성을 아우르는 보편적 규범이기도 합니다.

결국, '원형이정'은 단순한 길흉 판단이 아니라 인생과 리더십, 창조적 실천의 원리를 집약한 네 개의 축이라 할 수 있습니다. 건괘의 순수한 양기는 강건하되 조화를 잃지 않는 힘이므로, 이 네 덕목을 균형 있게 갖출 때 비로소 건도(乾道)의 창조성이 온전히 드러나게 됩니다. 이는 인간이 크고 넓은 뜻을 품되, 바른 도리 위에서 지속적으로 힘을 펼쳐야 한다는 지혜를 전하고 있습니다.

8. 「계사하전」의 천도(天道)·지도(地道)·인도(人道)가
오늘날에도 유효한 이유

『주역(周易)』「계사하전(繫辭下傳)」은 우주의 질서를 설명하는 과정에서 천도(天道)·지도(地道)·인도(人道)의 세 가지 원리를 제시하고 있습니다. 이는 하늘과 땅 그리고 인간의 관계를 통해 변화와 조화의 철학을 드러내는 사상 체계입니다.

천도(天道)는 자연의 변화 원리로, 끊임없는 운동과 생성소멸의 순환을 뜻합니다. 이는 음양의 변화 속에서 질서와 조화를 유지하는 하늘의 법칙입니다.

지도(地道)는 하늘의 명을 받아 만물을 품고 길러내는 수용과 생명의 원리입니다. 땅은 하늘의 기운을 받아들이며, 그 속에서 만물이 생장하고 완성됩니다.

인도(人道)는 천도와 지도를 본받아 인간이 마땅히 실천해야 할 길을 말합니다. 인간은 천지 사이에서 도덕적 존재로서 자연의 조화를 깨닫고, 이를 사회적·윤리적으로 구현해야 합니다.

이와 같은 세 도는 독립된 것이 아니라 상호작용합니다. 하늘이 변화를 열면 땅은 그것을 받아 생명을 낳고, 인간은 그 질서를 본받아 사회적 조화를 이룹니다. 따라서 인간의 행위가 천지의 이치와 조화를 이룰 때, 세상이 바르게 돌아간다고 봅니다.

◆ 먼저 천도(天道)는 자연의 운행 원리로서, 끊임없는 변화와 순환의 법칙을 의미합니다. 하늘은 음양의 운동을 통해 만물을 변화

시키며, 그 속에서 질서와 조화를 유지합니다. 이러한 천도는 '스스로 그러함(自然)'의 원리를 따르며, 인간이 이를 거스르지 않고 순응할 때 올바른 길을 걷게 된다고 봅니다.

◆ 이에 대응하는 지도(地道)는 하늘의 명을 받아 만물을 품고 길러내는 땅의 도리입니다. 땅은 하늘의 변화를 수용하여 생명을 낳고, 만물이 자라도록 돕습니다. 다시 말해, 하늘이 변화의 근원을 제공한다면 땅은 그 변화를 현실로 드러내는 포용의 힘을 지닙니다. 천도가 능동적 원리라면, 지도는 수용적 원리로서 우주 전체의 균형을 이루는 역할을 담당합니다.

◆ 마지막으로 인도(人道)는 천도와 지도를 본받아 인간이 마땅히 실천해야 할 도리를 뜻합니다. 인간은 천지 사이에 존재하는 도덕적 존재로서, 하늘의 변화와 땅의 포용을 삶 속에서 조화롭게 구현해야 합니다. 「계사하전」은 인간이 천지의 이치를 깨닫고 그것을 사회적·윤리적 차원에서 실천할 때 세상의 질서가 완성된다고 보았습니다. 따라서 인도는 단순한 윤리 규범이 아니라, 천지의 도를 생활 속에서 구현하는 실천적 지혜라 할 수 있습니다.

이러한 사상은 현대 사회에서도 여전히 중요한 의미를 가집니다. 오늘날 우리는 급격한 기술 발전과 물질적 풍요 속에서 자연과 인간, 사회의 조화를 잃어가고 있습니다. 이때 천도는 '변화의 법칙'을, 지도는 '생명의 수용과 균형'을, 인도는 '그 둘의 조화를 통한 올바른 삶의 실천'을 상징합니다. 인간은 변화 속에서도 자연의 질서를 존중하고, 타인과 사회와의 조화를 추구해야 합니다. 이는 환경 문제,

사회적 갈등 등 현대의 다양한 문제를 해결하는 데에도 깊은 통찰을 제공합니다.

역을 이루는 글들은 넓고 커서 세상의 이치를 다 갖추어서 천도(天道)가 있으며, 인도(人道)가 있고, 지도(地道)가 있으니 삼재를 두루 겸해서 두 번 거듭한답니다. 그러므로 여섯이니, 여섯이란 다른 것이 아니라 삼재의 도랍니다. 도가 변동하는 것을 효라 일컬었고, 효에 차등이 있기 때문에 만물이라 일컬었으며, 사물이 서로 섞이므로 무늬라 일컬었고, 무늬를 이룸이 합당하지 못해서 길흉이 생겨난답니다.

易之爲書也(역지위서야), *廣大悉備*(광대실비), *有天道焉*(유천도언), *有人道焉*(유인도언), *有地道焉*(유지도언), *兼三才而兩之*(겸삼재이량지). *故六*(고육), *六者非它也*(육자비타야), *三才之道也*(삼재지도야). *道有變動*(도유변동), *故曰爻*(고왈효), *爻有等*(효유등), *故曰物*(고왈물), *物相雜*(물상잡), *故曰文*(고왈문), *文不當*(문부당), *故吉凶生焉*(고길흉생언).

결국 「계사하전」의 천도·지도·인도 사상은 고대의 우주론을 넘어, 인간이 변화 속에서 조화를 찾아야 한다는 윤리적 메시지를 전달합니다. 하늘의 질서를 깨닫고, 땅의 포용력을 본받으며, 인간의 도를 실천하는 것, 이것이 곧 현대적 의미의 인도라 할 수 있습니다. 이러한 통합적 세계관은 자연과 인간, 사회의 관계를 새롭게 성찰하게 하며, 오늘날 지속 가능한 삶과 공동체 윤리를 모색하는 철학적 기반이 됩니다.

9. 『주역(周易)』의 십익과 서양철학의 만남

『주역(周易)』은 동양 사상의 가장 근원적인 경전으로, 그 핵심은 '변화의 철학'입니다. 그중에서도 십익(十翼)은 주역을 단순한 점서에서 우주적·도덕적 철학으로 승화시킨 문헌으로, 우주의 생성 원리와 인간의 도덕 실천을 일체화한 '동양의 형이상학'이라 할 수 있습니다.

놀랍게도 이러한 사고는 서양의 변증법, 과정철학, 존재론적 사유와 깊이 통하기도 합니다. 특히 헤겔(Georg Hegel), 화이트헤드(A. N. Whitehead) 그리고 노자(老子)의 사상은 『주역(周易)』의 십익이 담고 있는 변화와 조화의 원리를 서로 다른 언어로 해석한 것이라 할 수 있습니다.

◆ 십익(十翼)의 철학적 성격

십익은 『주역』의 경문(괘사卦辭·효사爻辭)에 대한 해설로, 모두 열 편의 주석서로 구성됩니다. 그중에서도 특히 「繫辭傳(계사전)」은 주역의 사상을 철학적 체계로 완성한 핵심입니다. 「繫辭傳(계사전)」은 이렇게 시작하죠.

역에는 태극이 있으니, 그로부터 음양(陰陽)이라는 양의(兩儀)가 생기고, 양의가 태음·소양·소음·태양이라는 사상(四象)을 낳으며, 이 사상이 일건천天☰·이태택澤☱·삼리화火☲·사진뇌雷☳·오손풍風☴·육감수水☵·칠간산山☶·팔곤지地☷라는 팔괘(八卦)를 낳고, 이 팔괘가 길흉을 정하며, 이 길흉이 만물을 이룬답니다.

易有太極(역유태극), *是生兩儀*(시생양의), *兩儀生四象*(양의생사상), *四象生八卦*(사상생팔괘), *八卦定吉凶*(팔괘정길흉), *吉凶生大業*(길흉생대업).

이 구절은 『주역』 철학의 핵심인 생성론(生成論)을 명확히 보여줍니다. 태극(太極)은 고정된 실체가 아니라, 끊임없이 스스로를 전개하는 원리이며, 음양(陰陽)은 그 전개의 운동 양식이죠. 즉, 십익의 세계관은 정태적 존재론이 아니라 동태적 생성론, 즉 '움직이는 존재(Being in motion)'의 철학입니다. 이 사상은 헤겔의 변증법(Dialectic) 및 화이트헤드의 과정철학(Process Philosophy)과 근본적으로 통합니다.

◆ 『주역』과 헤겔의 변증법

헤겔의 철학은 '변증법적 운동'을 중심으로 전개됩니다. 그의 유명한 명제인 "존재는 곧 생성이다(Sein ist Werden)"는 『주역』의 사상과 거의 일치한다고 볼 수 있습니다. 헤겔에 따르면, 모든 것은 정(正)·반(反)·합(合)의 과정 속에서 스스로를 전개합니다. 이 운동은 단순한 대립이 아니라, 대립을 통한 통합(aufheben)으로 나아가죠. 즉, 모순은 파괴가 아니라 자기 전개의 필수적인 단계입니다.

이 구조는 『주역』의 음양(陰陽) 관계와 정확히 일치합니다. 음과 양은 서로 대립하지만, 동시에 서로를 낳고 완성합니다. 즉 "하나의 음과 하나의 양으로 나아가는 것을 도라고 한다(일음일양지위도―陰―陽之謂道)"는 겁니다.

헤겔이 말한 '절대정신(Absolute Spirit)'은 『주역』의 '태극(太極)'과 유사한 개념입니다. 둘 다 모든 존재와 변화를 포괄하며, 스스로를 드러내는 원리입니다. 헤겔의 정신이 역사와 사회 속에서 자기인식으로 발전하듯, 『주역』의 태극도 음양의 상호작용 속에서 천지와 인간의 도를 실현합니다. 즉, 『주역』의 십익과 헤겔의 변증법은 각각 동서양에서 '변화 속의 절대적 통일'을 탐구한 철학이라 할 수 있습니다.

◆ 『주역』과 화이트헤드의 과정철학

화이트헤드는 『과정과 실재(Process and Reality)』에서 우주의 본질을 '사건(events)' 혹은 '과정(process)'으로 보았습니다. 그에게 존재란 고정된 물체가 아니라, 끊임없이 생성되는 경험의 연속입니다. 이 역시 『주역』의 "변하면 통한다(변자통야變者通也)"는 사상과 일치합니다.

십익의 우주는 항상 변하지만, 그 변화 속에는 질서가 있습니다. 태극이 음양으로 분화하고, 다시 통합되는 순환은 화이트헤드가 말하는 '창조적 진동(creative advance)'과 일맥상통합니다. 화이트헤드는 신을 '영원한 객체(Eternal Object)'로서 과정의 목표로 보았는데, 이는 십익에서 말하는 "성인(聖人)은 천지를 본받는다"는 구절과 깊이 맞닿아 있습니다. 즉, 인간은 단순히 변화를 겪는 존재가 아니라, 그 변화의 의미를 자각하고 도(道)를 체현하는 존재라는 거죠.

주역과 과정철학 모두 '존재는 관계 속에서만 의미를 가진다'는 점에서 공명합니다. 존재는 독립된 실체가 아니라, 서로 얽히고 반응하는 관계적 네트워크 속에서만 생동합니다. 이것이 십익이 말하는 "천지와 나는 함께 나고, 만물과 나는 하나다(天地與我並生 천지여아

병생), 萬物與我爲一(만물여아위일))"라는 철학입니다.

◆ 『주역』과 노자의 도(道)

노자(老子)의 『도덕경』과 『주역』은 모두 '도(道)'를 우주의 근원 원리로 봅니다. 그러나 접근 방식에는 약간의 차이가 있답니다. 노자는 '도'를 무위(無爲)와 자연(自然)의 원리로 표현했고, 『주역』은 '도'를 변화(變化)와 조화(調和)의 원리로 설명했습니다.

노자가 말한 "道生一(도생일), 一生二(일생이), 二生三(이생삼), 三生萬物(삼생만물)"은 『주역(周易)』「계사전」의 "易有太極(역유태극), 是生兩儀(시생양의), 兩儀生四象(양의생사상), 四象生八卦(사상생팔괘)"와 전개방식이 호응합니다. 즉, 『주역』은 노자의 사상을 구체적 상징체계(괘상)로 체현한 철학이라 할 수 있습니다. 노자가 '도'를 말로 표현하지 않고 '상(象)'으로 가리켰듯, 『주역』은 괘상(卦象)과 효사(爻辭)를 통해 그 도의 움직임을 상징적으로 제시합니다. 따라서 십익은 노자의 도 사상과 더불어 동양적 생성철학의 정점을 이룹니다.

◆ 현대적 통찰, 변화 속의 인간

십익은 단지 우주론뿐만이 아니라, 인간 스스로 도를 찾는 철학입니다.

건의 원(元)은 비로소 형통해지는 것이며, 이(利)와 정(貞)은 후천의 정(情)을 선천의 성(性)으로 되돌리는 것이고, 건이 비로소 아름다운 이로서 천하를 이롭게 하는 것이며, 이로운 바를 말로는 다할 수 없으니 참으로 크십니다!

乾元者(건원자), *始而亨者也*(시이형자야). *利貞者*(이정자), *性情也*(성정야). *乾始能以美利利天下*(건시능이미리리천하), *不言所利*(불언소리), *大矣哉*(대의재)!

'*乾元者*(건원자), *始而亨者也*(시이형자야)'는 현대사회에서도 인간이 자기 가능성을 '창조적으로 발현'해야 함을 의미한다고 볼 수 있습니다. 『주역』과 서양철학은 모두 인간을 '변화를 인식하고 방향을 선택할 수 있는 존재'로 본 겁니다. 헤겔에게 인간은 '정신의 자기의식'이고, 화이트헤드에게 인간은 '과정의 공진자(participant)'이며, 『주역』에게 인간은 '하늘의 도를 이어받은 존재(繼天之道者)'입니다.

오늘날 우리는 인공지능, 기후위기, 사회 변화의 급류 속에 살고 있습니다. 이럴 때 십익의 사상은 이렇게 말하죠. "변하면 통하고, 통하면 오래 간다(變則通변즉통, 通則久통즉구)", 즉, 진정한 지혜는 변화에 저항하는 것이 아니라, 그 흐름 속에서 중심(中)을 지키고 도(道)에 합하는 것이라는 겁니다.

결론을 말하자면, 『주역』의 십익은 동양철학의 최고봉이자, 서양의 변증법과 과정철학에 앞서 존재한 보편적 사유의 원형입니다. 헤겔의 변증법이 정과 반을 통합해 절대정신으로 향하고, 화이트헤드의 과정철학이 사건의 연속 속에서 신적 조화를 찾듯, 『주역』은 음양의 변화 속에서 도의 일치를 구합니다. 결국 이들은 모두 같은 진리를 말한 것이라 할 수 있죠.

　“모든 것은 변하지만, 변화의 중심에는 불변의 질서가 있다”는 명제에 대해 십익은 그 불변의 질서를 도(道)라 부르고, 헤겔은 그것을 정신(Spirit)이라 부르며, 화이트헤드는 과정(Process)이라 불렀을 뿐입니다. 즉, 『주역』은 동서양을 넘어 인간이 우주의 질서와 함께 살아가는 법을 가르쳐주는 '변화의 철학이자 생명의 철학'인 겁니다.

10. 도덕심이 없으면서 지위만 높다면 재앙이다

『주역(周易)』「계사전(繫辭傳)」에는 다음과 같이 구절이 있습니다.

공자께서 말씀하시길 "덕은 적은데 지위는 높으며, 아는 것은 적은데 큰일을 도모하고, 능력은 부족한데 책임이 무거우면 재앙이 미치지 않을 이가 드물게 됩니다. 역에 이르길 '솥의 발이 부러져 공의 밥을 엎으니 그 몸이 젖어 흉하다'고 했으니, 그 책임을 감당하지 못함을 말한 겁니다"라고 했습니다.

子曰(자왈): 德薄而位尊(덕박이위존), 知小而謀大(지소이모대), 力小而任重(역소이임중), 鮮不及矣(선불급의). 易曰(역왈): 『鼎折足(정절족), 覆公餗(복공속), 其形渥(기형악), 凶(흉).』 言不勝其任也(언불승기임야).

"'덕박이위존(德薄而位尊), 지소이모대(知小而謀大), 역소이임중(力小而任重), 선불급의(鮮不及矣)'는 인간과 사회가 조화를 이루기 위해 반드시 지켜야 할 근본 원칙을 일깨우는 말입니다. 이는 개인의 능력과 도덕적 기반 그리고 맡은 지위와 책임 사이의 균형이 깨질 때 어떤 위험이 발생하는지를 명확하게 드러내고 있습니다. 즉 '도덕심은 없으면서 지위만 높고, 지혜는 작은데 도모하는 것은 크고, 역량은 작은데 막중한 임무를 맡게 되면 재화(災禍)가 미치지 않을 이가 드물 것이다!'라는 내용입니다. 즉 사회적인 도덕심과 지혜로움도 없으면서 막중한 임무를 맡은 사람치고 그 신상에 재앙이나 화를 당하지 않은 사람이 드물다는 겁니다.

먼저 '덕박이위존(德薄而位尊)'은 덕이 얕은 데 지위가 높은 상태를 말합니다. 『주역』에서 말하는 덕이란 단순한 선의가 아니라, 자신을 절제하고 타인을 배려하며 공동체를 안정시키는 인격적 힘을 의미합니다. 이러한 덕이 충분히 갖추어지지 않은 사람이 높은 자리에 오르게 되면, 권력을 사적으로 사용하거나 공정한 판단을 내리지 못할 가능성이 커집니다. 결국 이는 조직 내부의 불신과 갈등을 낳고, 사회 전체의 질서를 해치는 결과로 이어질 수 있습니다.

즉 덕박이위존이란 도덕심도 없으면서 지위만 높다는 뜻으로, 인격과 능력을 먼저 갖추지도 않은 채 오직 자신의 출세를 위해 기회주의적인 행동을 일삼는 사람을 가리키는 말이다.

'지소이모대(知小而謀大)'는 지혜와 식견이 부족함에도 불구하고 지나치게 큰일을 도모하는 태도를 경계하는 말입니다. 자신의 이해와 경험이 충분하지 않은 상태에서 거창한 목표만을 앞세우면, 현실을 제대로 파악하지 못한 채 그릇된 판단을 반복하기 쉽습니다. 이러한 상황에서는 정책이나 계획이 실패할 가능성이 높아지고, 그로 인한 피해는 개인이 아니라 다수의 사람들에게 전가되게 됩니다. 『주역』은 이러한 무모한 판단이 결국 화를 부른다고 보았습니다.

'역소이임중(力小而任重)'은 힘과 역량이 부족한데 무거운 책임을 떠안는 경우를 뜻합니다. 책임은 의욕이나 명분만으로 감당할 수는 없느니, 실제로 이를 수행할 수 있는 능력과 준비가 필요합니다. 역량이 부족한 상태에서 과도한 책임을 맡게 되면, 스스로를 소진시킬 뿐만 아니라 주변 사람들에게도 부담과 피해를 주게 됩니다.

이 세 가지 상황이 겹치게 되면 '선불급의(鮮不及矣)', 즉 재앙을 피하기 어렵다는 결론에 이르게 됩니다. 이는 단순한 개인의 실패를 넘어, 사회 전체의 불안과 혼란으로 이어질 수 있음을 경고하는 말입니다.

오늘날 이 구절은 정치 지도자, 기업 경영자, 조직의 책임자뿐 아니라 모든 사회 구성원에게 중요한 시사점을 줍니다. 높은 자리에 오를수록 더 깊은 덕과 책임 의식이 요구되며, 자신의 능력과 한계를 정확히 인식하는 태도가 필요합니다. 또한 사회 역시 지위나 외형적 성과를 중시하지 말고, 인격과 역량이 조화를 이루는 사람에게 책임을 맡겨야 할 것입니다. 『주역』의 이 가르침은 시대를 넘어 오늘날에도 여전히 유효한 경계와 성찰의 메시지라 할 수 있습니다.

11. 근취저신과 원취저물이 오늘날의 우리에게 주는 지혜

옛날 포희씨(복희씨)가 천하세상을 다스릴 때 고개를 들어 우러러서는 하늘에서 형상을 관찰하였고, 고개를 숙여 구부려서는 땅의 법식을 관찰하였답니다. 새와 짐승의 모양새와 땅의 마땅함을 관찰하면서 가까이는 자신에게서 취하고 멀리서는 다른 사물에서 취하였고, 이에 따라 비로소 팔괘를 그려서 신명의 덕을 통함으로써 만물의 실정에 따라 분류하였답니다. 노끈을 매어서 그물을 만들어 사냥하고 물고기를 잡았으니, 대개 불을 상징하는 리괘(離卦)에서 취하였답니다.

古者包犧氏之王天下也(고자포희씨지왕천하야), 仰則觀象於天(앙즉관상어천), 俯則觀法於地(부즉관법어지), 觀鳥獸之文(관조수지문), 與地之宜(여지지의). 近取諸身(근취저신), 遠取諸物(원취저물), 於是始作八卦(어시시작팔괘), 以通神明之德(이통신명지덕), 以類萬物之情(이류만물지정). 作結繩而爲網罟(작결승이위망고), 以佃以漁(이전이어), 蓋取諸離(개취저리).

'근취저신(近取諸身), 원취저물(遠取諸物)', 즉 "가까이는 자신에게서 취하고 멀리서는 다른 사물에서 취하라"는 『주역』「계사전」에 나오는 말입니다. 언뜻 들으면 평범한 말처럼 보이지만, 이 짧은 문장은 삶을 관통하는 지혜를 담고 있습니다. 특히 자기 성찰이 부족하고, 외부 정보에 과도하게 의존하는 오늘날의 우리에게 깊은 울림을 줍니다.

'근취저신'은 자기 자신을 돌아보는 것이죠. 현대인은 엄청난 속도로 변하는 사회 속에서 자신의 감정, 생각, 신념이 무엇인지조차 자주 놓치는 경우가 많은 것 같습니다. 스마트폰의 알림 소리, SNS의 비교, 뉴스의 자극 속에서 우리는 타인의 평가와 외부 기준에 맞춰 사는 삶에 익숙해져 버렸습니다. 그럴수록 더욱 중요한 것이 내면으로의 회귀입니다.

'나는 왜 이 선택을 하는가? 지금 내 마음은 무엇을 느끼는가? 어떤 가치에 따라 살아가고 싶은가?' 이런 질문은 우리를 다시 중심으로 돌려놓습니다. 요즘은 명상, 저널링(journaling), 심리상담 등 다양한 방법이 있지만, 결국 핵심은 자신과 솔직하게 마주하는 용기입니다. 이것이 '근취저신'의 시작이죠.

하지만 자기 안에만 머물러선 안 됩니다. 그래서 『주역』은 말하죠. "멀리서는 다른 사물에서 취하라(원취저물)." 세상은 거대한 텍스트이고, 사람은 이를 해석하며 살아가는 독자일 수 있습니다. 타인의 말과 행동, 자연의 순리, 사회의 구조 속에서 우리는 배울 수 있습니다. 단, 조건이 있죠. 열린 마음과 관찰하는 눈입니다. 나와 다른 생각을 틀렸다고 단정 짓지 않고, 낯선 사람을 경계하지 않고, 불편한 현실에서 배울 점을 찾는 태도, 이것이 '원취저물'의 현대적 실천입니다.

예컨대, 복잡한 도시 교통 시스템에서 '질서'의 가치를, 회사 조직 내 갈등에서 '조율'의 지혜를, 자연의 계절 변화에서 '때를 기다리는 법'을 배울 수 있습니다.

이처럼 '근취저신'은 중심을 세우는 일이고, '원취저물'은 세상과 조화를 이루는 길입니다. 둘은 따로가 아니라 함께 가야 합니다. 자기 안에 기준이 없으면 외부에 휘둘리고, 외부 세계에 눈뜨지 않으면 자기 성찰은 독단이 되기 쉽습니다.

오늘날 많은 사람들이 불안정한 시대를 살고 있습니다. 정도는 사라지고, 방향은 흐릿합니다. 이럴수록 『주역』의 이 구절은 더 큰 의미를 가집니다. 자기를 깊이 들여다보고, 세상을 넓게 바라보며, 그 둘을 연결하는 것이야말로 우리가 흔들리지 않고 살아가기 위한 방편이 될 수 있습니다.

12. 미래를 예측하려는 점은 언제 치는 게 좋을까?

미래를 예측하고자 주역점 등 점은 언제 치는 게 가장 좋을까요? 결론적으로 말하면 잠에서 깨어난 새벽이나 이른 아침이 좋답니다. 점(卜)과 관련한 한자로 높을 탁(卓)과 바깥 외(外)가 있는데, 어떤 의미를 담고 있을까요!

높을 卓(탁)은 점 복(卜)과 새벽 조(早)로 이루어져 있습니다. 卜(복)은 갑골문이나 금문 그리고 소전에서 현재의 자형과 별반 차이 없이 거의 원형 그대로 전해져 오는 글자 중의 하나랍니다. 대부분 그 해석을 거북이의 등딱지나 소의 견갑골을 불에 구울 때 만들어지는 잔금으로 보고 있는데, 그렇게 보기에는 갈라진 균열이 너무 단순합니다. 그 단순한 금을 보고서 하늘의 계시를 얻는다고 보기에는 무언가 설득력이 부족합니다. 필자의 생각으로는 거북이의 목을 끈에 매달아 불에 굽는 모양으로 'ㅣ'은 거북이 몸체이며, 옆으로 그은 'ㅡ'은 가열된 몸체에서 '뽁'하며 터지는 소리 요소일 겁니다. 그렇게 해서 점을 볼 수 있는 금이 생겨난 모양을 담은 글자가 바로 뭔가 조짐을 알 수 있는 兆(조) 자이죠. 早(조)는 태양을 본뜬 해 일(日)과 열 십(十)으로 구성되었는데, 자형하부의 十(십)을 해가 뜬 높이를 가늠하여 시간을 알 수 있는 '측량 막대'로 해석합니다. 그러나 아침 朝(조)를 보면 해(日)를 중심으로 상하에 풀 초(艹)의 생략형으로 십(十)을 배치하고 달(月)을 첨가하여 '아직 해는 수풀 속에 잠겨 있고 달은 서녘 하늘가에 걸려 있는 새벽'을 뜻한 데서 볼 수 있듯, 早(조)는 이제 막 수풀(十) 속을 벗어나 떠오르는 해(日)의 운행 시점을 본뜬 것

임을 알 수 있답니다. 따라서 卓(탁)의 전체적인 의미는 해가 뜰 무렵
인 이른 아침(旦)에 점(卜)을 보아야만 신의 계시를 탁월하게 알아낼
수 있다는 뜻이 담겨 있답니다. 그러한 반면에 외(外)에는 어떠한 의
미가 담겨 있는지 살펴보기로 합니다.

 밖 外(외)는 저녁 석(夕)과 점 복(卜)으로 이루어져 있습니다. 夕(석)
은 해가 서산으로 지고 반달이 동쪽 산허리에 걸친 모양이라 할 수
있답니다. 갑골문에는 반달 모양으로 그려져 있어 月(월)이나 夕(석)
의 구분이 뚜렷하지 않았습니다. 그러다 후대로 오면서 月(월)은 달
자체를, 夕(석)은 밤을 뜻하다, 밤을 뜻하는 夜(야)의 등장으로 夕(석)
은 또다시 해질 녘으로 세분화되었죠. 卜(복)은 거북이를 불에 굽기
위해 올가미를 씌워 옆에서 본 것을 상형화한 글자로 특히 복갑(腹
甲)의 갈라진 금을 보고서 점을 쳤답니다. 그 갈라진 금(卜)을 보고서
말(口)해 주는 게 바로 점(占)이죠. 이러한 행위는 해 뜰 무렵인 이른
아침(旦)에 점(卜)을 보아야만 신의 계시를 탁월(卓)하게 알아낼 수 있
는 것이지, 신성한 기운이 사라진 밤(夕)에 보는 점(卜)은 계시에서 벗
어난다(外)고 여겼답니다.

 이러한 주역 점법의 효용성은 의사결정의 질을 높이는 데에 있습
니다. 점을 치는 과정은 마음을 가라앉히고 욕심이나 편향을 잠시
내려놓게 하며, 사안을 넓은 관점에서 바라보도록 돕습니다. 괘의
상징은 정답을 주기보다는 해석의 틀을 제공함으로써, 전체의 조화
를 고려하며 판단할 수 있는 지적 여지를 마련합니다. 세상의 변화
는 단선적이지 않고 음과 양이 서로 전환되므로, 점을 통해 변화의
전조를 미리 읽으면 시비의 실마리를 조기에 잡을 수 있고, 필요 이

상의 추진을 경계하며, 기다림이 필요한 순간도 구분할 수 있습니다. 『주역』의 점은 미래를 확정적으로 예언하는 것이 아니라 현재의 구조를 밝힘으로써 미래의 가능성을 정리해 주는 방식으로써 그 가치를 지닌다고 할 수 있습니다.

한자어원풀이

바꿀 易(역)에 대한 분분한 해석은 네 가지로 나타난답니다. 첫째, 변화무쌍한 '도마뱀'을 상형한 것으로 '도마뱀 蜴(척)'의 원래 글자라는 주장이랍니다. 둘째, 갑골문의 자형에 따른 것으로 용액을 의미하는 세 점(氵)과 주석덩어리를 나타낸 '주석 錫(석)'의 본자라는 설입니다. 셋째, 시간의 변화를 주도하는 해와 달의 상형설인데, 갑골문이나 금문과는 전혀 다르고 현재자형으로 확립된 소전을 보고서 해석한 것이랍니다. 넷째는 초기 갑골문의 자형을 보고서 두 손을 이용하여 그릇에 담긴 물을 다른 용기에 붓는 모양으로 해석하며, 그릇에서 다른 용기로 물을 붓는 모양에서 '바꾸다'라는 뜻을 유추하기도 한답니다. 대체로 네 번째의 주장을 따르고 있으나, 글자 역시 사상의 변화를 반영하는 것이기에 현재자형을 무시할 수는 없답니다. 양기(日)와 음기(月)의 성쇠에 따라 계절이 바뀌므로 '변화'의 뜻을 잘 반영하고 있는 것으로 해석해도 될 것 같습니다.

날 經(경)은 앞에서 이미 설명했으니, 참조하시길 바랍니다. 또 한편으로 '역경(易經)'을 '주역(周易)'이라고도 하니, 이때 쓰인 周(주) 자에 대해 살펴봅니다.

는 갑골문을 살펴보면 밭을 뜻하는 田(전)에 여러 개의 점(丶)들이 찍혀 있는데, 즉 농작물이 빽빽하게 심어진 밭의 모양으로 그려져 있습니다. 그러나 소전체에 이르러서는 쓸 용(用)과 입 구(口)로 이루어진 현재자형과 같은 형태를 지니게 되었습니다. 복잡한 그림과 같은 갑골문과 금문의 글씨들을 진시황제가 이사에게 통일된 자형을 만들게 했는데 그것이 바로 인문학적 의미를 부여하면서 제작한 소전(小篆)이랍니다. 用(용)은 '나무통' 혹은 '울타리'를 본떴다고 하는데, 그 쓰임새에 따라서 '쓰다'라는 뜻이 파생된 것이죠. 이에 따라 말(口)을 할 때는 두루두루 마음을 써야(用) 한다는 데서 '주밀(周密)하다', '두루', '둘레'라는 뜻이 파생하였답니다.

이란 대자연의 변화원리(易)를 음양이원론으로 해석한 괘체와 함께 성현의 말씀을 기록한 책입니다.